新疆师范大学马克思主义学院
“全国重点马院学术丛书”

青年大学生思想政治教育理论与实践

陈　玲◎著

天津出版传媒集团
天津人民出版社

图书在版编目(CIP)数据

青年大学生思想政治教育理论与实践 / 陈玲著. 天津 : 天津人民出版社, 2025. 1. --（新疆师范大学马克思主义学院“全国重点马院学术丛书”）. -- ISBN 978-7-201-20822-0

Ⅰ. G641

中国国家版本馆CIP数据核字第2024NX1557号

青年大学生思想政治教育理论与实践

QINGNIAN DAXUNSHENG SIXIANG ZHENGZHI JIAOYU LILUN YU SHIJIAN

出　　版　天津人民出版社
出 版 人　刘锦泉
地　　址　天津市和平区西康路35号康岳大厦
邮政编码　300051
邮购电话　(022)23332469
电子信箱　reader@tjrmcbs.com

责任编辑　吴　丹
装帧设计　卢炀炀

印　　刷　天津新华印务有限公司
经　　销　新华书店
开　　本　710毫米×1000毫米　1/16
插　　页　1
印　　张　22.25
字　　数　321千字
版次印次　2025年1月第1版　2025年1月第1次印刷
定　　价　78.00元

序　言

青年是党和国家的未来,民族的希望。青年兴则国家兴,青年强则国家强。青年一代有理想、有本领、有担当,国家就有前途,民族就有希望。站在“两个一百年”奋斗目标的交汇点上,青年大学生是实现中华民族伟大复兴梦、建设社会主义现代化强国的最坚实的力量所在。2017年,习近平总书记在全国高校思想政治工作会议上强调:“高校思想政治工作关系高校培养什么样的人、如何培养人以及为谁培养人这个根本问题。要坚持把立德树人作为中心环节,把思想政治工作贯穿教育教学全过程,实现全程育人、全方位育人,努力开创我国高等教育事业发展新局面。”做好青年大学生思想政治教育不仅关乎到大学生自身的成长成才,更是培养德智体美劳全面发展的社会主义建设者和接班人的关键所在。

第一,关键是用好思想政治理论课教学这个主渠道。习近平总书记强调:“要用好课堂教学这个主渠道,思想政治理论课要坚持在改进中加强,提升思想政治教育亲和力和针对性,满足学生成长发展需求和期待,其他各门课也都要守好一段渠、种好责任田,使各类课程与思想政治理论课同向同行,形成协同效应。”思想政治理论课在青年大学生思想政治教育中发挥着不可替代的作用,如何应对经济社会发展的新形势与新要求,结合青年大学生的思想特点,不断创新思想政治理论课教学模式、方法和途径,推进思想政治理论课教学的高质量发展是加强当前青年大学生思想政治教育要解决的首要问题。

第二，强化社会主义核心价值观的道德实践。习近平总书记在全国高校思想政治工作会议上指出："高校要成为锻炼优秀青年的大熔炉，要把社会主义核心价值观贯穿于高校办学育人全过程，用社会主义核心价值观引领知识教育、引领师德建设，引导广大师生做社会主义核心价值观的坚定信仰者、积极传播者和模范践行者。培育和践行社会主义核心价值观始终是青年大学生思想政治教育的核心问题。"在新的历史发展时期，高校应以培养担当民族复兴大任的时代新人为着眼点，通过强化教育引导、实践养成、制度保障，充分发挥社会主义核心价值观的价值引领作用，并将其转化为青年学生的情感认同和行为习惯。

第三，筑牢青年大学生思想根基。习近平总书记在同各界优秀青年代表座谈时的讲话中提出："广大青年要坚定理想信念、要练就过硬本领、要勇于创新创造、要矢志艰苦奋斗、要锤炼高尚品格，旨在历练宠辱不惊的心理素质，坚定百折不挠的进取意志，保持乐观向上的精神状态，善于变挫折为动力，用从挫折中吸取的教训启迪人生，使人生获得升华和超越。"这一要求为做好青年大学生的思想政治教育工作提出了具体的标准与要求。思想政治教育从宏观上看是回答培养什么样的人、如何培养人以及为谁培养人的问题，从微观上讲是为学生解答人生应该往哪努力、对谁用情、如何用心、做什么样的人的过程。面对当前纷繁复杂、思想文化多元的国内外环境，如何确立正确的世界观、人生观、价值观，需要不断加强思想政治教育工作，引导学生坚持正确政治方向，要在学生中坚持不懈传播马克思主义科学理论，抓好马克思主义理论教育，为学生一生成长奠定科学的思想基础和理论基础。

第四，加强网络思想政治教育阵地建设。伴随全媒体时代的到来，如今的社会是一个网络化、信息化高度发达的时代，网络已经成为青年大学生学习、生活、工作中不可或缺的一部分，青年学生的思维方式、交往方式和行为方式发生了革命性的变化，各种社会政治力量借助网络提升自己的话语权，把网络作为争夺青年学生的重要阵地，这给大学生思想政治教育工作带来了严峻挑战。习近平总书记强调:“我们要本着对社会负责、对人民负责的态度,依法加强网络空间治理,加强网络内容建设,做强网上正面宣传,培育积极健康、向上向善的网络文化,用社会主义核心价值观和人类优秀文明成果滋养人心、滋养社会,做到正能量充沛、主旋律高昂,为广大网民特别是青少年营造一个风清气正的网络空间。”当前需要我们守好网络思想阵地,不断增强网络思想政治教育的科学性、实效性和针对性。

第五,铸牢青年大学生中华民族共同体意识。习近平总书记在中央民族工作会议上强调:“以铸牢中华民族共同体意识为主线,推动新时代党的民族工作高质量发展。”中华民族共同体意识是新时代党的民族工作的思想主线,是思想政治教育和民族团结教育的主旋律,更是新时代加强民族地区青年大学生思想政治教育的必然要求和崭新内容。引导青年大学生始终维护祖国统一和民族团结,不断增强对伟大祖国、中华民族、中华文化、中国共产党、中国特色社会主义的高度认同,牢固树立休戚与共、荣辱与共、生死与共、命运与共的共同体理念,共筑各族青年大学生共有精神家园。

目　录

第一部分　青年大学生思想政治理论课教学

第二部分　青年大学生社会主义核心价值观培育

第三部分 青年大学生思想教育和引导

第四部分 青年大学生网络思想引领

第五部分　青年大学生铸牢中华民族共同体意识

第一部分

青年大学生思想政治理论课教学

论思想政治理论课教学中的“情”与“理”*

习近平总书记在全国高校思想政治工作会议上强调:“要用好课堂教学这个主渠道,思想政治理论课要坚持在改进中加强,提升思想政治教育亲和力和针对性,满足学生成长发展需求和期待。”①要增强思想政治理论课的获得感,提升思想政治理论课教学质量,就必须从教学主体的特点出发,遵循教育的基本规律。思想政治教育能够解其惑、通其心、正其道、善其行,思想政治理论课教学是“动之以情,晓之以理”的教育过程,“情”就是要在教育者、教学语言、教学方式与情境三个方面着力,关注教学的“温度”,以情动人;而“理”就是要在教学内容上下功夫,体现教学的“深度”,以理服人。“情”与“理”相互融合,相得益彰,才能体现思想政治理论课教学有情有义、有滋有味,从而增强教学的吸引力、说服力、感染力,最终实现思想政治教育的根本目的。

一、思想政治理论课教学的“理”

内容是事物一切内在要素的总和,是事物存在的基础。思想政治理论

---

* 本文原载于《思想理论教育》2019年05期,与王汐牟合作,选入本书时有删改。

① 习近平在全国高校思想政治工作会议上强调:把思想政治工作贯穿教育教学全过程 开创我国高等教育事业发展新局面[N].人民日报,2016-12-09(01).

课能否发挥育人作用关键在于教学内容。思想政治理论课教学的“理”首先指的是要“信理”,坚持教学内容的政治性与理论性,发挥思想政治理论课价值引领的功能,引导学生坚定马克思主义的立场和信念;其次是要“明理”,深入研究教学内容的理论问题,回归理论逻辑本身,将马克思主义理论观点讲清楚讲明白讲透彻,体现伟大理论的思想魅力,培养学生理性分析问题的能力,使学生终身受益;再次是要“化理”,在“讲理”和“明理”的基础上,教学还要能够回应当代世界和社会中的热点难点问题,用教学内容的科学性和真理性为学生解疑释惑,提升思想政治理论课的说服力和吸引力。

(一)信理:思想政治理论课课程性质与任务的应有之义

2018年4月,教育部印发的《新时代高校思想政治理论课教学工作基本要求》(以下简称《要求》)明确指出,思想政治理论课承担着对大学生进行系统的马克思主义理论教育的任务,是巩固马克思主义在高校意识形态领域指导地位、坚持社会主义办学方向的重要阵地,是全面贯彻党的教育方针、落实立德树人根本任务的主干渠道和核心课程,是加强和改进高校思想政治工作、实现高等教育内涵式发展的灵魂课程。《要求》清晰地指明了高校思想政治理论课的基本性质,即意识形态性、政治性和理论性,因此,思想政治理论课教学的首要原则是坚持正确的政治方向,强化马克思主义理论的价值引领功能。传道者自己首先要明道、信道,才能引导学生坚定正确的立场和方向。思想政治理论课教师在教学中应始终坚持马克思主义立场、观点和方法,坚定“四个自信”,只有做到真信,才能自觉地将马克思主义基本原理以及党的理论创新最新成果贯穿融入教学,充分体现课程的思想性、理论性、时效性。

(二)明理:提升思想政治理论课教学质量的必然要求

增强学生对思想政治理论课的获得感关键在于提升课程的教学质量,教学内容的高度和深度是影响教学质量的决定性因素。思想政治理论课教师必须把教学内容的基本观点和问题讲清楚、讲明白、讲透彻，不仅真信，还要真懂。在教学过程中，不仅要讲清楚是什么，更重要的是讲清楚为什么。思想政治理论课的教学内容具有较强的思想性与理论性，有些基本原理比较抽象，如果不能很清楚地阐释前因后果与来龙去脉，学生容易一知半解，无法真正领会和理解思想的精髓和要义，那更谈不上信服与运用了。一些教师在教学过程中由于自身理论素养不足，蜻蜓点水，浮于表面，学生就会认为课程没有理论深度，与初高中阶段的思想政治课并无差别，这就使课程的理论性和说服力大打折扣。因此，要提升思想政治理论课教学质量，就必须将教学内容讲深讲透，满足学生理性思维和求知的需要。

（三）化理：加强思想政治理论课实效性的现实需要

理论的价值在于指导实践，思想政治理论课教学的实效性体现在能否有力回应时代问题。当前，面对国内外众多社会思潮迅速传播的影响，加之网络新媒体时代多元价值观的挑战，大学生存在着太多的疑惑，这都影响和冲击着思想政治教育。理论的引领力是否强大，解释力是否到位，说服力是否过硬，这都决定了能否在这场意识形态斗争中获得胜利，能否发挥思想政治理论课主阵地的作用。这就需要思想政治理论课教师在教学中彻底地澄清学生容易产生的错误认识，用理论的科学性和真理性去回答和解释学生的困惑以及关注的热点难点问题，深刻批驳某些社会思潮的错误本质，引导学生运用辩证唯物主义和历史唯物主义的观点认识和分析问题，最终拨开迷雾重现光明。

二、思想政治理论课教学的“情”

思想政治理论课教学不仅要达“理”，更需要通“情”，这里的“情”指的是通过加强教育者、教学语言、教学手段和方式等教育要素的吸引力、亲和力、感染力、渗透力，体现理论教学的“温度”，使思想政治理论课合情合理、有情有义。

(一)教师要有情怀

习近平总书记在全国教育大会上指出:“教师是人类灵魂的工程师,是人类文明的传承者。”[①]思想政治理论课教师不仅肩负着传播先进思想文化的教育职责,更担负着培养社会主义的坚定拥护者和信仰者,立德树人,塑造时代新人的历史使命。要想成为一名优秀的思想政治理论课教师,首先,应拥有心系国家和人民的大爱之心。习近平总书记在学校思想政治理论课教师座谈会上指出,思想政治理论课教师“情怀要深,保持家国情怀,心里装着国家和民族,在党和人民的伟大实践中关注时代、关注社会,汲取养分、丰富思想”[②]。“家国情怀”是一个人对自己国家和人民所表现出来的深情大爱,是对国家富强、人民幸福所展现出来的理想追求,是对自己国家的一种高度认同感和归属感、责任感和使命感。思想政治理论课教师更要有这样的家国情怀,只有“先天下之忧而忧,后天下之乐而乐”,关心国家大事,了解国家大政方针,做党执政的坚定支持者,才能在教学中讲出真诚、讲出激情、讲出肺腑之言。其次,思想政治理论课教师还应对教学有敬畏之心。“敬”体现了教师严谨的教学态度和良好的职业道德素养,认真上好每一堂课,兢兢业业,淡泊名利;“畏”是指教师能够坚持政治原则,严肃课堂纪律的操守,做到勤于修身、严于律己。最后,思想政治理论课教师应拥有对学生的仁爱之心。思想政治理论课教师担负着成为学生健康成长的指导者和引路人的职责,课下沟通交流表现出对学生的关爱,更能拉近课上师生之间的距离,体现教学的“暖意”。

(二)教学语言要有情致

师生之间的交流主要依靠语言作为媒介和载体,教学语言在教学过程

---

① 习近平在全国教育大会上强调:坚持中国特色社会主义教育发展道路培养德智体美劳全面发展的社会主义建设者和接班人[N].人民日报,2018-09-11(01).

② 习近平主持召开学校思想政治理论课教师座谈会强调:用新时代中国特色社会主义思想铸魂育人贯彻党的教育方针落实立德树人根本任务[N].人民日报,2019-03-19(01).

中具有传播知识、引导思维、提高认识、交流情感和提升能力的功能。如果把思想政治理论课比作一盘菜肴，不仅内容素材要有“营养”，装盘要“精致”，更重要的是一定要“有味道”，如何让学生尝起来有味道，就要使用有一定价值且风趣生动的教学语言。饱含情感的教学语言更能吸引学生，与学生形成思想共鸣，从而产生价值共识和认同，不仅有助于彰显理论的思想魅力，更能体现思想政治理论课的人文情怀。

（三）教学方式要有情境

“德育实践的过程，是学生选择、理解和整合德育者所传递的各种信息的过程。学生最终形成怎样的德行，跟德育发生的情境和氛围息息相关”[①]。思想政治理论课教学不仅要“配方”先进、“工艺”精湛，也需要时尚的“包装”，通过创新教学模式与方法，创设积极正向的教学情境，强化师生之间的互动和实践体验，是增强思想政治理论课吸引力、感染力和渗透力的必然要求。在课堂教学中，愉悦的课堂气氛是取得良好教学效果的重要条件，学生情感高涨和欢欣鼓舞之时往往是知识内化和深化之时；在网络教学中线上线下的师生交流互动，能激发学生理论学习的积极性和主动性，弥补传统课堂全程参与的不足；在实践教学中，通过学生自身的参与体验，有利于培养学生的创造性思维，提高学生适应社会的能力。

三、实现思想政治理论课教学的“情”“理”交融

教学是由教师主体、教学内容、教学语言、教学方式与情境等多种要素相互联系、相互影响、相互作用的人才培养过程。一方面，教学内容是核心，它决定和制约着其他要素的生成，要讲授怎样的教学内容，决定了教师应具备怎样的素质，运用什么形式的语言，使用什么样的教学方式，创立怎样的教学情境。而另一方面，教育者、教学语言、教学方式与情境又影响着教学内容的呈现，发挥能动作用。因此，思想政治理论课教学的“理”和

---

① 芮鸿岩.高校德育亲和力的价值意蕴与实践路径[J].江苏高教，2018(01)：86-90.

“情”是辩证统一的关系，二者相互影响、不可分割，只有实现思想政治理论课教学的“情”“理”交融，才能切实提升教学质量。

（一）实现信理与情怀的统一

在中国传统文化中，古人很注重修身养性，追求君子型的理想人格，要求君子从求诸己做起，作为传道、授业、解惑的教育者更应该首先“身正为师”才能“行为世范”。如何“身正”，要求思想政治理论课教师用马克思主义理论武装自己，加强自身理论素养，做坚定的马克思主义者；如何“示范”，要求思想政治理论课教师在“信理传道”中以德立身、以德立学、以德施教。

一是读经典、学经典、用经典。“活到老学到老”，对于教育工作者来说，加强学习是受用终身的必修之课。作为思想政治理论课教师，研读和学习经典是提升政治理论素养的重要途径和方式。经典不仅包括马克思主义经典著作、基本原理及其发展史，还包括中国特色社会主义理论体系的最新理论成果、习近平总书记的重要讲话和论述摘编等。教师要进行深入而全面的研读，全面把握马克思主义理论学科的基本理论以及前沿问题，增强自身的理论知识储备，成为马克思主义理论的精通者。

二是加强科研能力，潜心研究马克思主义与现实社会的理论和实践问题。做好科学研究是提升理论教学质量的必然要求。思想政治理论课教师要时刻关注国内外形势变化，关注当代社会思潮的影响与发展，善于捕捉学生关心的热点与难点问题，做到心中有国家、心中有课堂、心中有学生。“学而不思则罔，思而不学则殆”，思想政治理论课教师应秉持科研精神研读教材，把教学内容中的重点难点问题作为科研问题来突破，提高阐释理论问题的能力。

三是实现师生之间教学相长，互通有无。一方面，教师个人素养的提升离不开集体的力量，要强化教研室集体备课制度，群策群力，共同进步。集体备课是研读教材的很好形式。刚入职的新教师和拥有丰富经验的老教师，优秀的教学能手和教学名师，以教学内容中的理论难点和热点作为研讨主题，集思广益、碰撞思想，互相学习借鉴，整体提升教学能力和水平。另一方面，加强师生之间的情感交流沟通，通过联系辅导员、联系班级、联系学生，更多地关心关注存在思想偏差的学生，利用课余时间走近学生，了解学生所思所想，把握学生对教学的期待。

（二）实现明理与情致的统一

习近平总书记指出："思想政治教育要用真理说服人、用真情感染人、用真实打动人。"[①]一方面，思想政治理论课教师要"明理"，以理服人。一是讲清楚是什么。教学中应准确把握课程内容所包含的基本概念的内涵、外延以及相关范畴，这需要对教学内容熟记于心并能保证阐释的正确性和严谨性。二是讲清楚为什么。这需要实现由教材体系向教学体系的转化，结合学术研究，深入破解专题教学中的重大理论问题，解释清楚为什么，才能以理服人。三是讲明白专题内容的逻辑脉络和问题之间的内在关联。逻辑性是彰显理论魅力的关键因素，具有逻辑分析和严谨推理的学理阐释使问题之间环环相扣、层序分明，有助于抓住学生的好奇心和注意力，提升课程的吸引力。

另一方面，理论的阐释需要语言来表达和渲染，能否讲清楚、讲透彻，教学语言起到至关重要的作用。2008年3月，习近平总书记在中央党校春季开学典礼上强调，要"运用中国人民喜闻乐见的民族语言来阐述马克思主义理论"[②]。

思想政治理论课教学同样需要锤炼教学语言，提升理论的感染力和渗透力。一是能够运用通俗易懂的语言将深奥的道理讲清楚讲明白，做到深入浅出，如"马克思主义基本原理概论"课中关于马克思主义哲学的内容比较抽象，教师应多采用生活化、接地气的话语，将抽象的理论阐释清楚，解析理论逻辑体系，分析演绎观点，形成独具特色的语言风格。二是善于讲

① 习主席国防和军队建设重要论述读本（2016年版）［N］.解放军报，2016-05-25（02）.

② 十七大以来重要文献选编（上）［M］.北京：中央文献出版社，2009：241.

好中国故事,传播好中国声音,学会挖掘和运用中华民族传统文化中的经典资源。比如,在“中国近现代史纲要”课中可以讲好爱国英雄事迹,引导学生从英雄人物身上了解中国历史,加强爱国主义教育。三是适当地使用新媒体话语,拉近与学生的亲近感,建立情感同构的桥梁。当代大学生生活在网络时代,作为教师应积极地了解网络经典流行语,在课堂中合理适当地运用,弥合与学生之间的代沟,使课堂气氛更为生动和有趣。

(三)实现化理与情境的统一

理论解释与回应的有效性,学生理性反思和逻辑能力的培养,不仅需要传统课堂中的知识传授和灌输,还需要创新创设更有吸引力、说服力和感染力的多元教学方式与情境,实现教学内容润物细无声地内化于心、外化于行。当代大学生朝气蓬勃、思维活跃、好奇心强、求知欲旺盛,敢于尝试新生事物,网络时代带给他们巨大的信息和资源,他们身上蕴藏着巨大的创造能量和活力。因此,新时代思想政治理论课要积极探索适合学生特点的多种教育模式,创设多样的教学情境。一是在课堂中创设学生参与教学的情境,如小组讨论、学习成果展示、学习经验交流反馈等,调动学生参与学习的积极性和主动性,提升学生学习思考的能力,让学生实现从理论认知、自我反思、反馈交流到价值认同,从而反哺理论教学。二是在课堂以外增设实践教学情境,以学生喜闻乐见的方式开展实践教学活动,如组织团体辅导、参观红色教育基地、志愿者服务、支教支农等,让学生在理论与实践相结合的互动体验情境中获得启发,产生深刻的心理体验,引发共鸣。三是不断创新网络教学情境。目前,很多高校都已开始运用多媒体信息技术平台,实现线上线下教学的互补,推动传统教学方式与现代信息技术有机融合,这是需要肯定的新的教学情境尝试,但需要注意的是教学方式的选择要以传授教学内容为基本遵循。

论思想政治理论课教师“思维要新”*

习近平总书记在学校思想政治理论课教师座谈会上指出：“思政课教师思维要新，学会辩证唯物主义和历史唯物主义，创新课堂教学，给学生深刻的学习体验，引导学生树立正确的理想信念、学会正确的思维方法。”① 思想政治理论课（以下简称“思政课”）建设关键在教师，思维要新是党和国家立足新时代、新理论和新使命，对思政课教师推进教学改革与建设，提升教学质量与水平提出的新要求和新任务。思政课教师思维要新要求每一位教师解放思想，拓展思路，探索教学的新理念、新内容和新方法。在教学过程中，学会运用辩证唯物主义和历史唯物主义方法论，深耕新思想、深研新教材，不断探索课堂、实践和网络教学新模式。

一、思政课教师“思维要新”的现实意蕴

思政课面对当前中国特色社会主义建设和发展的新时代，习近平新时代中国特色社会主义思想的新发展以及培育担当民族复兴大任时代新人

* 本文系北京高校思想政治理论课高精尖创新中心课题“中国共产党70年执政实践与经验”（19GJJB002）的阶段性成果，原载于《北京教育》（德育）2019年05期，与曹兰胜合作，选入本书时有删改。

① 习近平主持学校思想政治理论课教师座谈会强调：用新时代中国特色社会主义思想铸魂育人贯彻党的教育方针落实立德树人根本任务［N］. 人民日报，2019-03-19(01).

的新使命，需要与时俱进，在改进中不断加强。要上好思政课，教师必须紧跟新时代的步伐，研究社会的新问题和承担培育新人的新使命，这是当前现实背景下思政课改革与发展的客观需要。

时代新跨越需要思政课教师“思维要新”。党的二十大报告指出：“从现在起，中国共产党的中心任务就是团结带领全国各族人民全面建成社会主义现代化强国、实现第二个百年奋斗目标，以中国式现代化全面推进中华民族伟大复兴。”迈向新征程，意味着中华民族高高举起了中国特色社会主义伟大旗帜，更意味着中国更能给世界带来解决人类问题的中国智慧和中国方案。百年大计，教育为本，社会时代的变迁需要教育做出回应。思政课是全面贯彻党的教育方针、落实立德树人根本任务的主干渠道和核心课程，在新时代背景下更需要立足历史发展的新坐标，抓住时代的发展契机，彰显时代化特征。这需要思政课教师把握新时代的主要特征，认识新问题、总结新内容，在教学过程中以新的时代眼光推进新认知，才能跟上时代发展的必然要求。

理论新发展需要思政课教师“思维要新”。新时代呼唤新理论，习近平新时代中国特色社会主义思想是马克思主义与当代中国实际结合的最新理论成果，是当代马克思主义中国化的创新之举，是建设和发展中国特色社会主义的风向标和指南针。它立足时代之基，科学回答了“坚持和发展什么样的中国特色社会主义、怎样坚持和发展中国特色社会主义”这一重大时代课题。思政课的根本任务是开展马克思主义理论教育，巩固马克思主义在高校意识形态领域的指导地位，将马克思主义中国化最新理论成果融入思政课全过程，全面推动新思想进教材进课堂进学生头脑，这是思政课义不容辞的责任和义务。这就需要思政课教师用新思想武装头脑，对新思想的伟大时代意义、核心要义、理论体系、实践要求以及思想方法进行全面、系统、深入地阐释，凸显思想的真理性、理论的科学性、方法的实践性。

教育新使命需要思政课教师“思维要新”。党的十九大提出了“培养担当民族复兴大任的时代新人”的战略要求。首先，时代新人要有崇高的理想信念。当代大学生在全球一体化的影响中，在多元世界文化和多样的社会思潮挑战中，在网络信息化大潮的冲击中，能够不被各种不良思想和行为诱惑、误导、传染，坚定中国特色社会主义理想和实现共产主义的信念，需要思政课教师不断提升自身职业素养，勇于和善于应对学生出现的新问题，解疑释惑，担当广大青年学生的指导者和引路人。其次，时代新人还需要有高强的本领才干和全面发展的基本素质，才能担负起实现中华民族伟大复兴中国梦的历史使命。这也需要思政课教师不断完善自身的理论知识和授课水平，引导学生掌握正确的思维方法，培养学生扎实的理论素养，使思政课成为青年学生终身受益的课程。

二、思政课教师“思维要新”的具体要求

新时代、新理论和新使命对当下思政课的建设和改革提出了新的要求和挑战，需要思政课教师在明确指导思想和教学原则的基础上，进一步解放思想，拓展思路，探索教学的新理念、新内容和新方法。

一是尝新教学理念，培养学生思维能力。教学理念是教育主体对教学活动的总体看法和持有的基本态度和观念，它是实现教学目标和提升教学质量的关键。大部分思政课教师都能很好地正确认识和把握教学目标，但是不是所有的教师都有共同的教学理念。然而，教学理念是衡量一名教师教学效果的前提和基础。一些教师认为思政课是灌输马克思主义理论的课程，只要学生认识和理解了相关理论知识就完成了教学任务和教学目标。其实不然，思政课教学根本的目的在于培养学生具备科学的思维方法和能力，这是奠定学生一生成长的思想根基。正如马克思主义指出：“马克思的整个世界观不是教义，而是方法。它提供的不是现成的教条，而是进一步研究的出发点和供这种研究使用的方法。”[①]思政课教师思维要新，就要应对新时代背景下出现的新情况新问题，在教学中不断更新自身的教学理念，认识到通过教学提升学生系统性、客观性、批判性等科学思维方式的重要性，从而引导学生树立正确的价值理念，提高思考问题和辨别是非的

① 马克思恩格斯选集（第4卷）[M].北京：人民出版社，2012：101.

能力。

二是更新教学内容，深化学生理论认知。习近平总书记明确要求："用新时代中国特色社会主义思想铸魂育人。"[①]这是党和国家对新时代思政课教学内容提出的新要求。同年，思政课教材全面改版，其中每门课程中都有机融入了习近平新时代中国特色社会主义思想。思政课教师做到思维要新，就必须紧跟时代的步伐，及时更新教学内容，在教学中将新思想的精髓要义融会贯通，切实满足学生对当下党的最新理论、方针、政策学习和了解的需求，从而深化学生对新时代、新思想、新使命的理论认知。

三是创新教学方法，重构学生学习体验。思政课教师思维要新更重要的是体现在不断创新教学方法上，这是教师新思路、新想法的最直接表现。在网络化、信息化、电子化时代，学生的思想和认知都发生了巨大的变化，在教学过程中，如何以学生为主体、以教师为主导，调动学生学习的积极性和主动性，是每个思政课教师必须考虑和解决的问题。思政课教学不仅需要"配方"先进，还需要"工艺"精湛、"包装"时尚。这就要求思政课教师不断创新有效的教学方法，拓展贴近学生实际的教学模式。大胆创设多样的教学情境，不断探索实践教学和网络教学新样态，增添学生不同寻常的学习体验。唯有这样，才能提升思政课的吸引力、亲和力和感染力，才能体现课程的针对性，也才能增加学生在课程学习中的获得感和满意度。

三、思政课教师"思维要新"的实践路径

实现思政课教师思维要新的具体要求，不仅需要每一位教师以身作则，更重要的是身体力行。在教学过程中，学会运用辩证唯物主义和历史唯物主义方法论，深耕新思想，深研新教材，不断探索课堂、实践和网络教学新模式。

一要掌握辩证唯物主义和历史唯物主义方法论。习近平总书记强调思政课教师思维要新，关键要学会辩证唯物主义和历史唯物主义方法论。

① 习近平.思政课是落实立德树人根本任务的关键课程[M].北京：人民出版社，2020：6.

马克思说："任何真正的哲学都是自己时代的精神上的精华，是人类文明的活的灵魂。"[①]这里的"真正的哲学"就是指辩证唯物主义和历史唯物主义，这是马克思主义哲学的精华，也是贯穿习近平新时代中国特色社会主义思想体系活的灵魂。思政课教师教学理念的更新、分析问题能力的提升以及教学内容的研究都需要掌握辩证唯物主义和历史唯物主义方法论，这是教师治学传道的根本。思政课教师要用心研读马克思主义哲学经典著作，学习马克思主义基本原理，深刻把握和理解辩证的唯物论、唯物的辩证法和辩证唯物主义的认识论，掌握关于人类社会发展一般规律的理论、阶级分析问题的方法等。在马克思主义哲学方法论的指导下，构建系统性、客观性和批判性的思维模式，引导学生养成科学思考和看待问题的习惯和能力。

二要深耕新思想，深研新教材。习近平新时代中国特色社会主义思想是当前思政课最重要的教学内容之一，需要思政课教学将这一新思想融入教学的全过程，尤其是在课堂中讲深讲透理论的精神实质。这就需要思政课教师对新思想的时代背景、价值意蕴、核心要义、组成部分以及专题问题进行深入地研究和学习。首先，积极参与新思想进教材的培训活动。党和国家从不同层面组织了关于习近平新时代中国特色社会主义思想的学习班、研讨会以及2018版新教材线上线下的培训活动，这为思政课教师提供了很好的学习与交流的机会，有助于教师正确领会和把握新思想的内容。其次，定期组织集体备课活动。集体备课是教师之间对教学过程中相关问题进行研讨和交流的有益方式和平台。各高校各教研室应重视建立集体备课制度，使这一活动形成常态化的运行机制，并不断提升集体备课的质量和效果。最后，发挥传帮带作用，形成老中青教师互学互鉴的良好氛围。青年教师是学校教育教学的有生力量，与学生容易建立比较亲近的联系，但是相比资深教师在理论素养和知识储备上还有所欠缺，这需要发挥资深教师的优势，帮助青年教师不断磨炼和成长，尽快能够把握教学内容中的重点、难点和热点问题。

---

① 马克思恩格斯全集(第1卷)[M].北京：人民出版社，1956：120-121.

三要探索课堂、实践和网络教学新模式。思政课教师在掌握思维方法、深耕教学内容的基础上，还需要不断探索新的教学方式。如何创新教学方式，可以从课堂教学、实践教学和网络教学三个层面着手。首先，课堂教学是思想政治理论课教学的主渠道，学生获得的学习第一体验来自课堂教学。课堂教学的主要方式不只有灌输，还可以挖掘学生感兴趣的更多更有新意的形式，在课堂中创设不同的教学情境。如在理论讲解后，给予学生一定的思考和讨论时间，将课堂交给学生来分享交流学习体会，实现翻转的效果；再如可以在课前给学生布置教学预习，设置讨论问题，在课上进行展示汇报，学生中开展互评，教师给予评价总结；还可以根据教学主题开展工作坊的活动，通过写作、表演、艺术等多种形式来内化教学内容。其次，实践教学是课堂教学的延伸拓展，在学生完成知识目标的学习后需要实现能力目标，实践教学是考查学生思维方法，培养学生能力的有益途径。在开展实践教学中应注意因材施教，结合学生专业特点组织实践活动，这样会收到更好的效果。如艺术专业的学生擅长用唱歌、绘画或其他表演方式诠释教学主题，而法律专业的学生则更倾向于开展辩论、竞答等活动。还可以结合地域特色挖掘社会资源，在有条件的情况下带领学生更多地参与社会实践活动。最后，网络教学是课堂教学的有益补充，思想政治理论课教师应不断提升自身的网络技术，适应当下网络化迅速发展的趋势，探索现代信息技术与传统教学的有机融合，增强教学的吸引力和亲和力。教师可以尝试使用一些网络教学平台，拉近与学生之间的距离，使用公众号、微博、微信和学生进行交流等，用学生喜闻乐见的方式开展教学活动。

关于推进新时代高校思想政治理论课“深度”教学的几点思考*

2018年9月10日，习近平总书记在全国教育大会讲话中指出：“培养什么样人，是教育的首要问题。”[①]面对新时代意识形态领域的诸多挑战，培养一代又一代拥护中国共产党领导和我国社会主义制度、立志为中国特色社会主义事业奋斗终身的时代新人成为教育的根本任务。高校思想政治理论课教学是高校开展马克思主义理论教育的重要形式，是高校思想政治工作的关键环节，推进思想政治理论课“深度”教学是应对时代挑战，加强大学生思想政治教育，实现教育根本任务的必然要求。思想政治理论课“深度”教学指的是在教学中不断加强课程的政治性，深化课程的理论性，永葆思想政治理论课坚定的政治功能和鲜明的理论本色。只有不断加强课程的政治性，才能坚定社会主义办学方向，坚定马克思主义理论的政治立场和观点，明确教学主阵地的社会主义政治方向；只有不断深化课程的理论性，才能彰显课程的思想性和学术性，将理论讲明白、讲透彻，做到以

---

* 本文系2018年新疆师范大学教学改革和研究一般项目“重点马克思主义学院推动习近平新时代中国特色社会主义思想‘三进’研究”（SDJG2018-23）和新疆师范大学马克思主义学院“名师工作室”阶段性成果，原载于《开封教育学院学报》2019年第39卷第1期，与王汐牟合作，选入本书时有删减。

① 习近平．坚持中国特色社会主义教育发展道路 培育德智体美劳全面发展的社会主义建设者和接班人[N]．人民日报：2018-09-11(01).

理服人，最终实现思想政治教育与知识体系教育的有机统一。

一、推进思想政治理论课“深度”教学的时代意蕴

党的十九大报告指出：“中国特色社会主义进入了新时代，这是我国发展新的历史方位。”[①]进入新的历史方位，国内外社会形势复杂而多变。面对当前思想文化交流、交融、交锋态势下社会主义和资本主义价值观的无声较量，面对新时代经济快速发展过程中的思想意识多样多变的新特点，面对网络新媒体时代多元价值导向的碰撞与冲击，当今的大学生正在接受这个时代思想领域的巨大挑战与考验。一方面他们容易接受新事物、新思想，具有强烈的好奇心和求知欲；另一方面，价值判断的能力尚不成熟，对主流价值观缺乏认知与认同，容易受到西方价值观或非主流社会思潮的影响，甚至会被别有用心之人煽动或蛊惑。虽然一部分学生在专业学习中成绩优异，但是未能形成坚定的马克思主义信仰，用马克思主义的政治立场和科学方法去辨别是非、分析问题的能力有限，一定程度上缺乏助力国家和社会发展的担当。面对当前大学生的特点，如何应对国内外意识形态领域安全的挑战，实现培养时代新人的教育根本目标，是我们必须思考且不可回避的问题。

高校思想政治理论课是大学生思想政治教育的主渠道和主阵地，推进课程教学的政治性建设，能够引导和帮助学生坚定中国特色社会主义理想信念，把握正确的政治立场和方向，树立正确的世界观、人生观和价值观，最终引导他们立志为社会主义事业奋斗终身。推进课程教学理论性建设，将理论讲透彻，才能有效提升高校思想政治理论课教学质量和教学效果，引导学生明辨是非，以理服人；发挥马克思主义理论思想的引领作用，最大限度满足学生的理论化学习需求，才能使思想政治理论课真正走进学生内心，使其彻底信服。

---

① 习近平.决胜全面建成小康社会 夺取新时代中国特色社会主义伟大胜利——在中国共产党第十九次全国代表大会上的报告[M].北京：人民出版社，2017：10.

二、推进思想政治理论课“深度”教学存在的问题

近年来，高校思想政治理论课建设取得了相当大的进展，尤其是在2016年12月全国高校思想政治工作会议召开后，各高校高度重视思想政治理论课工作，在机构建设、经费支持、教师配备等方面给予了大力支持，各学院在教学方法改革以及实践教学探索方面也获得了一定的教学成果，但在推进思想政治理论课“深度”教学中还存在一些问题，对于加强课程政治性和深化课程理论性的认识不够，实践不足。

第一，教学淡化政治性，仅仅注重知识性灌输。政治性是思想政治理论课的根本属性，应放在首要位置。但某些教师教授思想政治理论课时未能坚持以马克思主义立场、观点和方法来引导学生分析问题，甚至在政治立场、政治方向和政治原则上与党中央领导不能保持高度一致，出现了偏差。出现问题的原因在于某些教师的政治意识和观念不强，加上跨学科的背景，未能形成马克思主义理论素养的深厚积淀，对国家制度和发展道路的认识不够清晰，自然不具备家国情怀，如此一来，在教学中会出现立场摇摆不定甚至是坚持了错误的立场和观点的情况。教师是学生的引导者和引路人，如果教师自身都缺乏正确的认识，那么学生更会出现思想的混乱和模糊的认识。还有的教师认为，思想政治理论课与其他课程并无区别，只要传输知识就可以了，并不着重强调政治立场问题，让学生全盘接受所有的知识和观点，甚至灌输给学生一些可能存在争议的观点，不加辨别分析，不做正本清源，长此以往，思想政治理论课教学仅仅是知识灌输的过程，抹杀了课程最根本的政治属性和政治功能。

第二，教学忽略理论性，照本宣科，教学内容浮于表面。在教学过程中，彰显教学的理论性是对教师提出的时代要求，这需要教学信理、讲理、化理，有效实现教材体系向教学体系的转化。教材用于帮助授课教师把握课程内容的主线和理论逻辑体系，阐释教学内容的重点和难点，但仅仅是辅助教学的工具，教师要学会将教材中的内容进行熟悉消化，并能做理论升华，这是有效展开思想政治理论课教学的关键。有些教师

在授课过程中过分依赖教材，照本宣科，教材说什么就讲什么，教学内容完全照搬教材内容，只讲是什么，不讲为什么，对内容缺乏学理分析。由于目前一部分教师放松了对自身理论素养和科研能力的提升，认为思想政治理论课就是通识课程，完成教学任务即可，只要讲的都是正面的内容，没有乱讲，没有犯错误，忽略了课程的理论性要求，从而使课程教学质量大打折扣。

教学方式一味求新，形式为主，内容为辅。目前，各高校都在不遗余力地创新和挖掘更具有亲和力与针对性的思想政治课教学方式方法，尤其是探索与网络新媒体的融入和结合，但也存在一些问题。某些高校认为，思想政治理论课内容相对其他课程易懂好学，便完全开展慕课或线上教学，学生只要完成线上视频课程的观看学习，在网上完成机考，而不用参加课堂面授课程就可以顺利完成该门课程的学习和考核任务。某些高校是加大线上教学的比例，而缩小课堂面授的课时，这样的方式虽然迎合了当下学生的网络学习新模式，减轻了教师的授课压力，但思想政治教育的实效性究竟如何，我们很难评判。可以说，这些新的教学方式的创新和尝试都是有必要的，符合这个时代的发展要求，但在使用的同时也要有个限度，如果把课程教学完全变成了计算机、软件、手机操控形式，就会违背教学的初衷，形式较内容来讲毕竟只是辅助，核心还是内容，有些教师对教学内容一知半解，只是在教学方式上一味求新就得不偿失了，所以，对于教学方法的创新还需要冷静思考。

三、推进新时代思想政治理论课“深度”教学的路径选择

第一，关注热点，有力回应时代问题。理论来源于实践，还要回到实践中加以检验，最终才能正确指导实践，这是人类认识的基本规律。理论产生的目的和意义就在于指导实践；因此，思想政治理论课教学的政治性和理论性还体现在能否有力回应时代问题上。思想政治理论课讲授的理论观点和内容是基于时代发展需要，国家和社会发展需要以及青年大学生个人成长成才需要应运而生，经过反复锤炼打磨，凝练总结形成的，如何使这

些理性认识回归实践，关键在于在讲清楚理论的同时能够运用理论解决学生的困惑和关注的热点问题。当前社会存在的一些错误思潮对主流价值观产生了冲击和影响，包括消费主义、“普世价值”、历史虚无主义以及新自由主义等，部分大学生被其带有隐蔽性和迷惑性的表现形式所蒙蔽，认为其中的一些观点是社会历史发展的必然结果。面对错误思潮给意识形态领域带来的挑战，思想政治理论课教师需要做出有力回应，并结合错误思潮引发的热点和焦点问题，将这些思潮的缘由、本质、目的、表现以及危害讲清楚、讲明白、讲透彻，引导学生坚定正确的价值观，秉持追求真理的态度，学会运用辩证唯物主义和历史唯物主义的科学方法认识与分析现象及问题。

第二，破解难点，回归理论逻辑本身。研究教材，深入了解教学内容，破解关键性难题是提升思想政治理论课教学理论性的基础。厘清教材中的理论逻辑体系是全面把握教学内容的首要任务。以《思想道德修养与法律基础》第三章“弘扬中国精神”为例，要讲清楚第一个问题“什么是中国精神”，就必须破解一系列理论难点，包括什么是精神、民族精神的基本内涵、为什么爱国主义是中华民族精神的核心、时代精神的科学内涵、为什么改革创新是时代精神的核心，以及民族精神和时代精神的辩证统一关系。破解以上难点需要教师在备课过程中认真研读相关理论，花大量时间对理论知识进行凝练总结，最终在课堂中能够游刃有余地给学生讲清楚、讲明白、讲透彻，这一过程既实现了由教材体系向教学体系的有效转化，也提升了教学的理论魅力。当然，在破解理论难点时，还要注意把握两个方面。一方面对教学内容的理论阐释要做到有理有据，逻辑自洽，以马克思主义基本观点和方法为基础，从马克思主义经典著作以及习近平总书记的重要讲话论述摘编中寻找活水源头，不能随意总结概况，或者任意以西方社会的某些理论观点作为依据解释，偏离教学的政治性和科学性；另一方面，吸取和借鉴国内专家学者对教学内容的解读，尤其是重视教材编写组专家开展的新教材培训课程，通过培训帮助自身更好地把握教学内容的理论逻辑体系和重难点问题。

第三，适用方法，坚持教学内容为核心。内容和形式是辩证统一的关系，二者相互影响，密不可分，教学内容与教学方式之间亦是如此。授课时间十年以上的教师依据多年的教学经验会形成内容为王的看法和认识，这正体现了在教学中教学内容为核心的重要原则。教学内容是神和魂，课程是否有精气神，归根到底要靠内容来体现，而教学方式是形和法，是手段和途径，如何做到神形一致才是关键。以“思想道德修养与法律基础”课为例，在教学方式的选择上，建议采用专题化教学，每个专题以问题链式的教学方法设计教学内容，环环相扣，逻辑严密，循序渐进。问题链式的教学设计就是把这个专题的主题词像剥洋葱一样，一层一层剥开来，最终揭示真相，这可以引导学生深入把握内容，培养学生探究问题的兴趣和能力。在教学安排上，专题化教学可以利用微课这个新媒体，将每个专题问题录制成微视频发给学生作为课前预习和课后总结的资源。在课堂教学过程中，可以就问题链中的问题开展小组讨论等，通过探究式合作学习，激发学生学习的积极性。

第四，勤勉修身，提升自我政治与理论素养。思想政治理论课教师是教学的主导者，个人的政治立场与理论化教学水平的程度直接决定并影响着课程的导向性和思想性。这就需要教师勤勉修身，提升自我政治与理论素养。一是坚持研读经典，不断加强政治理论的学习。俗话说：“活到老学到老。”对于一个站在讲台上的教师来说，这句话可以受用终身，加强学习是教师的必修之课，研读经典是政治理论学习的重要方式。二是增强科研能力，提升理论素养。科研与教学应该是“你中有我，我中有你”的关系，科研做得好不好也会直接影响教学水平高不高，一位教学出色的教师一定也是科研能手。教师可以把教学内容中的重难点问题作为科研问题来突破，而获得的科研成果可以理所当然地运用到教学中，在教学中也要发挥科研精神研读教材，这样才能有毅力去破解教学中的理论难点问题。三是积极落实教研室集体备课，群策群力，共同进步。俗话说：“三人行必有我师。”教师提升个人素养，应在集体的帮助下共同完成，集体备课是研读教材的最佳形式，刚入职的新教师和拥有丰富经验的老教师，优秀的教学能手和教学名师，可以教学内容中的理论难点和热点作为研讨主题，大家集思广益，思想互相碰撞，互相学习借鉴，提升教学能力和水平。同时，还可以利用集体备课，进行教学展示、说课比赛、理论热点领学等活动，充分发挥教研室集体备课的作用，让每个思想政治理论课教师在集体中拥有成就感、获得感和幸福感。

以社会主义核心价值观引领新疆高校思想政治理论课*

党的十八大报告提出培育和践行社会主义核心价值观，这为高校马克思主义理论教育以及思想政治教育提出了新的任务，指明了新的发展方向。高校思想政治理论课是进行马克思主义理论教育以及思想政治教育的主渠道和主阵地，培育和践行社会主义核心价值观成为高校思想政治理论课的又一重要而崭新的任务。在高校思想政治理论课教学过程中，深刻学习和理解社会主义核心价值观，是引导大学生践行社会主义核心价值观重要的途径之一。

新疆高校所处的特殊区情决定了新疆高校思想政治理论课肩负着特殊的重任和使命，是大学生反分裂意识渗透教育、马克思主义“五观”“四个认同”教育、民族团结教育的前沿阵地。长期以来，新疆高校十分重视思想政治理论课的教育教学工作，坚持新疆高校思想政治理论课主阵地，将课堂教育与实践教育相结合，也是社会主义核心价值观在新疆高校培育的必然要求。

一、新疆高校思想政治理论课教学的历史沿革和基本经验

在全国思想政治理论课发展的推动下，新疆高校也在循序渐进地推进

---

* 本文原载于《乌鲁木齐职业大学学报》2014年第23卷第3期，选入本书时有删改。

思想政治理论课的发展和改革。自20世纪50年代初，根据教育部《关于高等学校政治理论课规定》的要求，新疆高校开设了“马列主义基础”“中国革命史”“政治经济学”和“辩证唯物主义和历史唯物主义”四门课程，初步形成了思想政治理论课的课程体系。1961年，教育部又制定了《改进高等学校共同开设政治理论课程教学意见》，规定文科各专业开设“中共党史”“政治经济学”“哲学”三门课程，其他专业开设“中共党史”和“马列主义概论”两门课程。到“文化大革命”期间，政治理论课暂停，取而代之的是“老三篇”“老五篇”。

改革开放以后，新疆高校思想政治理论课的发展在全国教育发展的大好形势下呈现了新的景象。1982年，在中宣部和教育部的批准下，新疆在高等学校和中等专业学校开设了“马克思主义民族理论和党的民族政策”课程，体现地区的教育特色。1985年，根据国家要求，原有的思想政治理论课程改为了“中国革命史”“中国社会主义建设”“马克思主义原理”和“世界政治经济和国际关系”。1992年，根据新疆历史文化的特点，新疆维吾尔自治区党委和教育厅在全疆高校增设了“新疆地方史”地方性课程，以有利于学生全面了解新疆历史，真正理解为什么新疆自古以来就是祖国不可分割的一部分。1998年6月，教育部制定了“两课”课程的“98方案”，规定高校马克思主义理论课开设“马克思主义哲学”“马克思主义政治经济学”“毛泽东思想概论”“邓小平理论概论”和“当代世界政治与经济”五门课程，同时开设“大学生思想道德修养”“法律基础”“形势与政策”三门思想品德课程。

“98方案”实施后，新疆高校的“两课”也进入了一个新的发展阶段。到2003年，新疆在“两课”的基础上，增设了“科学无神论”地方性课程，目的在于防止“三股势力”向高校的渗透，在意识形态领域反分裂斗争中抢夺主阵地。2005年，经过多方考虑，新疆维吾尔自治区教育厅决定将两项地方性课程整合成“新疆历史与民族宗教理论政策教程”课程，至此，新疆高校政治理论课在全国统一课程改革的同时，也初步形成了地方性课程体系。

党的十六大召开，对高校大学生思想政治理论课的设置提出了新的要求。2006年9月,全国高校思想政治理论课课程设置实施了新的方案,新的课程体系包括“马克思主义基本原理”“毛泽东思想和中国特色社会主义理论体系概论”“中国近现代史纲要”“思想道德修养与法律基础”四门课程,再加上“形势与政策”课程。在此基础上,新疆继续开设“新疆历史与民族宗教理论政策教程”。

多年来,新疆高校始终按照国家关于思想政治理论课教育教学的要求和部署,开设相关课程,同时结合新疆的特点,挖掘增设地方性课程,形成了国家和地方相结合的思想政治理论课程体系,积累了丰富的经验和资源。

(一)注重地方特色课程建设

二十多年来,新疆高校先后开设了“马克思主义民族理论和党的民族政策”“新疆地方史”“科学无神论”三门地方性课程。“05方案”实施后,又将上述三门课程整合成“新疆历史与民族宗教理论政策教程”一门课程,目的就是通过学习了解新疆地方发展史及民族发展史,新疆多种宗教演变史,马克思主义民族理论与党和国家的民族政策,马克思主义宗教理论与党和国家的宗教政策,深化新疆高校大学生的马克思主义“五观”和“四个认同”教育,帮助大学生认清“三股势力”的罪恶本质,增强大学生辨别是非的能力,引导大学生坚定地反对民族分裂主义,维护祖国统一,维护民族团结和社会稳定。

(二)搭建发展平台,建立高校思想政治评估体系

在新疆高校思想政治理论课教育教学发展上,新疆教育管理部门做了大量的工作,努力搭建发展平台,加强了新疆大学生思想政治教育的科学研究,培养和造就了一批中青年学科带头人和骨干教师,同时强化了思想政治理论课实践教学。在对思想政治理论课的教学研究上,各高校鼓励任课教师积极深入探讨研究,创新教学理念,挖掘新颖的教学方法,取得了较好的学术成果。新疆大学在自治区最早实现了高校马克思主义基本原理

博士学位授予和马克思主义理论一级学科硕士点授予。新疆师范大学也在2012年获得马克思主义理论一级学科博士学位授予权。石河子大学、新疆农业大学、喀什师范学院等院校也都有马克思主义理论的二级学科硕士点。新疆维吾尔自治区教育厅为了加强和改进大学生思想政治理论教学,实施了"三大工程",即"思想政治教育学科带头人和骨干教师重点扶持工程""思想政治理论课重点课程建设工程""思想政治教育理论研究工程",以加强新疆高校思想政治理论学科和师资队伍建设,为思想政治理论课建设搭建坚实而良好的发展平台。

二、以社会主义核心价值观引领新疆高校思想政治理论课主阵地

新疆高校思想政治理论课教育教学的发展历程和取得的基本经验告诉我们,思想政治理论课一直以来都是新疆高校大学生思想政治教育的主阵地。面对当今社会发展的新形势,面对党和国家提出的培育和践行社会主义核心价值观的战略任务,必须以社会主义核心价值观引领新疆高校思想政治理论课的主阵地。

(一)在思想政治理论课中引导大学生全面把握社会主义核心价值观的内涵

调查显示,大学生了解社会主义核心价值观的各种途径中,包括电视、网络、报刊、广播等,思想政治理论课是所占比例最高的途径。因此,在思想政治理论课中引导学生全面把握社会主义核心价值观的内涵是最好的契机和方式。

首先,更新教育理念。思想政治理论课教育应该走在时代的前沿,必须随着实践的发展不断充实新的教育内容,用马克思主义发展的最新理论成果来教育广大学生。党的十八大报告提出,倡导富强、民主、文明、和谐,倡导自由、平等、公正、法治,倡导爱国、敬业、诚信、友善,积极培育和践行社会主义核心价值观。这是我们党继社会主义核心价值体系之后对于社

会主义核心价值理念的最新理论成果。任课教师应该有意识、有目的、有计划地在每一门课程中体现这一教育目标。同时在教学过程中,也应该引导教育大学生倡导践行具有新疆大学生特色的社会主义核心价值观,与新疆精神相结合,使两者在各门课程教学中融会贯通,形成强大合力。

其次,更新教育内容。如何将社会主义核心价值观的内涵完整而全面地融入每一门课程的教学内容中,这是学生能否全面把握社会主义核心价值观内涵的关键所在。在课堂教学过程中,各门课程的性质、基本内容和教学目标决定了在进行社会主义核心价值观教育中又各有侧重。在"马克思主义基本原理概论"的教学中,价值与价值观是两个非常重要的哲学范畴。对于社会主义核心价值观的理解首先应该从哲学的角度深刻挖掘它的内涵。大学生对于社会主义核心价值观整体的认识和把握可以通过学习"马克思主义基本原理概论"中的马克思主义哲学部分来完成。这对于大学生世界观、人生观和价值观的建立具有相当重要的作用。正如1843年,马克思就在《黑格尔法哲学批判》导言中指出:"哲学把无产阶级当作自己的物质武器,同样,无产阶级也把哲学当作自己的精神武器;思想的闪电一旦彻底击中这块朴素的人民园地,德国人就会解放成为人。"[①]马克思主义哲学认识论中深刻阐释了价值观的内涵和方法论意义。价值观就是人们对人和事物的评价标准、评价原则和评价方法的观点的体系。社会主义核心价值观是党和国家在实践过程中形成的,反映了人民群众的要求,对历史发展和社会进步起着促进作用。当代大学生应该将社会主义核心价值观作为自身的价值评价标准而努力践行社会主义核心价值观。

在"毛泽东思想和中国特色社会主义理论体系概论"和"中国近现代史纲要"的教学过程中,学生通过对于马克思主义中国化的伟大理论成果以及中国人民选择社会主义道路的历史进程的学习,深刻体会到中国特色社会主义道路的来之不易,实现中华民族伟大复兴这一中国梦有了坚实的基础和来源,大学生能够更加理性地接受和认同"富强、民主、文明、和谐"这

① 马克思恩格斯选集(第1卷)[M].北京:人民出版社,1995:15-16.

一中国特色社会主义发展的最终价值目标。因此，在教学过程中，应将课程内容与社会主义核心价值观融合在一起，用理论和历史来解释价值理念的渊源。

在“思想道德修养与法律基础”教学过程中，道德教育部分最重要的内容就是引导学生遵守正确的道德准则，爱国、敬业、诚信、团结、互助、奉献这些价值理念同时也是德育内容中相契合的部分；而在法律教育部分，自由、平等、公正、法治则体现了社会主义的法律精神，应将这些价值理念融入大学生法律意识的培养和法律知识的学习内容中。

在“形势与政策”“新疆历史与民族宗教理论政策教程”教学过程中，应结合新疆的历史和目前的发展形势，将新疆高校大学生应倡导的社会主义核心价值观融入课程的学习中，同时，将社会主义核心价值观教育与反分裂反渗透教育、马克思主义“五观”和四个认同教育结合起来，引导学生深刻认识它们之间的关系，有助于学生对社会主义核心价值观的理解认知。

最后，更新教学方法。在调查中，部分学生对于思想政治理论课教学状况不满意最主要的原因就是教学形式单一枯燥。因此，思想政治理论课教师应该提高课堂吸引力，在教学方法和艺术上苦下功夫。比如运用多媒体教学手段，播放影像资料，通过生动的教学形式，让学生了解祖国和新疆的历史，激发他们的爱国主义情怀。在教学中还可以进行演讲式教学，鼓励学生将价值理念中深有感触的想法通过演讲展现出来，与其他同学分享心得，从而加深对价值理念的认识。讨论交流也是一种很好的教学方式。在课程中设置讨论交流的环节，拟定与社会主义核心价值观价值理念相关的主题，引导学生参与讨论发言，并且可以结合身边的事和人进行分析，对遇到的难题和困惑进行交流，碰撞学生思想深处的火花。还可以开展以社会主义核心价值观为主题的系列学术沙龙活动，培养学生对这一问题的学术研究的兴趣。

在课堂教学中，树立与时俱进的教育理念，是引导学生全面把握社会主义核心价值观内涵的前提和保证。学生要走在时代前列，引领社会思潮,老师就必须与时俱进,加以引领。对于所有教授思想政治理论课的教师来说,社会主义核心价值观教育应该是每个人的责任和义务,也是培育和践行社会主义核心价值观的最好体现。融会贯通教学内容是引导学生全面把握社会主义核心价值观内涵的关键。这要求任课老师首先必须深刻理解社会主义核心价值观,在教学过程中结合当下发展的最新形势,结合新疆的实际和学生关心的热点难点问题,生动讲解。更新教学方法是引导学生全面把握社会主义核心价值观内涵的手段,目的的实现要靠一定的方式和手段,新颖的教学方式总能起到事半功倍的效果,因此,教学在社会主义核心价值观教育过程中应挖掘丰富的教学方式,使学生在情感上产生共鸣,最终实现价值认同。

(二)将课堂教学与实践学习有机结合

马克思主义认为实践是认识的基础,是认识的来源,当感性认识上升到理想认识后,认识再次回到实践接受实践的检验,实践,认识,再实践,再认识,认识运动不断反复和无限发展,最终完成改造主客观世界的目的。如果说课堂教学是对理论“灌输”的过程,那么还必须将理论回归实践中进行检验和升华,唯有这样才能使理论融会贯通,发挥理论的力量,改造实践。因此,在进行社会主义核心价值观教育过程中,课堂教学一定要与实践学习有机结合,这样才能将社会主义核心价值观贯穿到思想政治理论教育的全过程,将社会主义核心价值观内化到学生的思想和行为中。

思想政治理论课教学中必须加强实践教育的探索。在课程安排上,应将实践学习的计划明确列入教学计划中,并且保证一定的学时。目前,新疆高校的思想政治理论课都已经涉及了实践教学,但是时间很短,最多的不足八个学时,甚至很多教师只是应付了事,认为课堂教学才是重点,实践与否都不会影响考试的效果,因此,思想政治理论课的实践学习效果大打折扣。在调查过程中,当谈到对社会主义核心价值观在新疆高校实践的建议时,很多学生都提出理论学习枯燥难懂,学习缺乏实践引导。因此,仅仅将社会主义核心价值观作为大学生思想政治理论课的内容或是政策方针加以宣传是不够的，还应加大探索思想政治教育的实践过程。

实践教学有多种方式可以尝试。这就是一种研究式和体验式的学习。这种实践教学改变了价值观教育原有的纯理论和单向知识流动的方式，而是与学生的认知、情感、意志和行为相结合并生活化了，让学生动起来，走出狭小的课堂，进入室外广阔的空间，在生活中实现价值改造、思想教化和能力提升的目的。如将社会主义核心价值观中的价值理念，比如团结互助作为专题研究的主题，在讲座中，并不直接讲授“团结互助”本身的理论，而是把它分解为“民族政策和宗教政策的理解与学习”“公民意识的培养”“各民族融合班级宿舍的自我管理”等题目引导学生对具体问题进行研究，把团结互助这一核心价值理念转化为具体而微观的问题进行探讨和交流，从中获得对这一价值理念的深刻感受。还可以组织学生进行体验式学习，如开设体验人生价值的“关怀课堂”“服务教育”，组织学生做志愿服务，到捐献站、养老院等进行实际锻炼，培养学生的奉献精神，倡导诚信友善，引导他们用心去感受，这种体验实践式的教育能够成为“隐性课堂”，从而与课堂教学相辅相成。

感恩教育实践教学模式在“思想道德修养与法律基础”课程中的应用探讨*

“思想道德修养与法律基础”课程(以下简称“‘基础’课程”)是高校大学生思想政治理论课的第一课,在大学生思想政治教育过程中起到至关重要的开篇作用。“基础”课程主要以培养什么样的人,怎样培养人的问题展开教育活动,以社会主义核心价值观为主线,从提升思想道德素质与法律素质两个方面着手,引导大学生成为合格的社会主义建设者和接班人。

目前,各高校“基础”课程教学的途径主要以课堂教学与实践教学为主。如何有效组织实施“基础”课程实践教学,探索和创新发展“基础”课程实践教学模式,是本课程教学研究势必解决的关键性问题。感恩意识的培养是提升大学生思想道德素质中重要的内容之一,对于处理人与自身、人与他人、人与社会以及人与自然之间的关系具有积极良好的推动作用。探讨感恩实践教学模式对于提升和创新“基础”课实践教学水平和效果具有重要的意义和作用。

一、“基础”课程感恩教育实践教学的意义

“基础”课程中,引导学生树立正确的人生观,传承中华传统美德,提升

* 本文系新疆师范大学2016年教学改革研究项目“‘思想道德修养与法律基础’课程教学方法、手段、效果研究”(SDJG2016-19)阶段性成果,原载于《西部素质教育》2016年第2卷第13期,选入本书时有删改。

道德素质是教学的主要内容，涉及人生观教育以及道德教育部分的教学内容。感恩是个体高尚品质的体现，也是中华传统美德的重要内容。在“基础”课程中开展感恩教育实践教学，对于引导大学生树立正确的人生观以及道德观具有重要的意义。

第一，感恩引导大学生树立积极、正确的人生观、价值观。感恩是一种积极的人生态度和生活哲学，对于提高个体的生活质量，促进个体、他人，以及个体和社会的联结有一定的积极作用。个体懂得感恩，愿意表达自己的感恩，感受到生命的丰富感，能够促进其树立正确的人生观，实现个人与他人、个人与社会，以及个人与自然的和谐统一。

第二，感恩能够促进自我身心和谐，科学对待人生环境。感恩意识能够促进个体的身心健康。马斯洛“需要层次理论”将人的需求分为五个层次，其中个人被他人与社会关注和肯定，实现自我价值处于最高层次的需求。感恩意识能够满足个人以上的心理需求，提高个体的自我认同感，促进大学生实现身心和谐，引导学生创造有价值的人生。

第三，感恩是大学生传承中华传统美德的重要体现。感恩是中国文化中倡导的重要美德之一。对中国人而言，为人最基本的就是要做到知恩、感恩、报恩。记住一个人的恩是至关重要的，“知恩图报”“滴水之恩，当涌泉相报”“知恩不报非君子”等都反映了中国文化对感恩的重视。培养大学生的感恩意识，能提升大学生的道德素质，促进社会美德的发展，对加强社会主义道德具有重要意义。

二、“基础”课程感恩教育实践教学实施现状及问题

（一）“基础”课程感恩教育实践教学实施现状

1.“基础”课程感恩教育实践教学目标

感恩教育实践教学活动的教学目标就是通过实践活动激发学生的感恩情怀，培养学生的感恩意识，提升学生的感恩能力，从而引导学生与他人、社会以及自然和谐相处，创造有价值的人生并传承与发扬感恩这一中

华传统美德，增强学生的道德素质。

2.“基础”课程感恩教育实践教学组织和实施

以新疆师范大学为例，“基础”课程感恩教育实践教学活动以工作坊的形式进行组织和实施。工作坊人数为1个行政班级30～40人左右，活动时间一般为3个小时，活动场地以每人1把椅子的会场为宜，实施过程中使用的设备包括音乐播放器、油画棒（4～6人1套）、白纸等。首先，说明感恩教育工作坊的目的和意义，安排学生按照出生日期进行排队，组成若干小团体，一般以8人1组，组内成员轮流进行自我介绍，增加熟悉度；小组成员承诺保守秘密，建立小团体的规范和契约。其次，进行感恩实践活动。活动包括闭目专心聆听歌曲《感恩世界》，引发感恩的情怀；“感恩”主题绘画，用艺术评议等表达感恩。例如，笔纸练习“我想对你说”，努力思考“怎样提升感恩的能力”，群策群力找方法等。最后，教师对本次感恩教育活动做答疑及总结。

3.“基础”课程感恩教育实践教学效果评价

以新疆师范大学为例，感恩教育实践活动对学生的考核坚持过程考核与结果考核相结合。一方面，学生在活动结束后递交书面心得体会或感想论文，作为50%的实践教学成绩；另一方面，学生在实践教学活动中产生的成果以及参与程度与表现作为剩下成绩的评定内容。实践教学环节结束后，学院将感恩教育活动成果汇编成册，开展教师互评及学生评教座谈会进行实践教学效果评价。学院教研室采集评价反馈信息，根据存在的问题对需要改进的地方制定改进措施。

（二）“基础”课程感恩教育实践教学模式存在的问题

目前，对“基础”课程感恩教育实践模式的探讨已经初见成效，但在实施过程中还存在很多问题，需要进一步完善和解决。第一，教学模式相对单一。以新疆师范大学为例，感恩教育实践活动课时为三个学时，时间较短，仅限于室内活动，方式比较单一。用艺术的方式以及语言的方式表达感恩并不能完全激发学生的感恩之情，课后的跟踪实践没有完善。第二，感恩教育实践活动未能纳入整体实践教学计划中，力量略显单薄，与其他实践活动没有形成连续性与统一性，教学目标、教学内容以及教学学时都需进一步完善。第三，感恩教育实践活动经费保障不到位。以新疆师范大学为例，学校未能设立此项实践活动的专项经费，活动经费由教师和学生自行承担，这在一定程度上限制了实践活动的规模与形式。第四，考核评价方式过于简单。心得体会和学生课堂表现仅能体现学生参与本次活动的学习效果，未能真正考查学生感恩意识培养的效果，未能实现评价的持续性与动态性。

三、改革“基础”课程感恩教育实践教学模式的思考

（一）感恩教育实践教学方式多元化

目前，感恩教育实践活动的载体主要是课堂，这一单一的教学方式远远满足不了教学目标的实现。我们应进一步挖掘和创新更多的实践教学方式，实现教学方式的多元化。

一是主题班会。在课堂主阵地之外，利用课余时间进行感恩教育实践活动。开展以“感恩教育”为主题的班会活动、演讲比赛、情景剧表演以及头脑风暴班级讨论等，激发学生的感恩情怀，培养学生的感恩意识。二是社团活动。成立组织举办以传承和发扬感恩美德为主旨的社团活动，定期举行实践活动，通过社团形式将感恩实践活动长期化、规范化、制度化。三是勤工俭学社会实践活动。勤工俭学社会实践能够引导学生懂得靠辛勤的劳动创造财富，并引导他们将劳动所得回馈给家人、社会以及身边有困难的人。四是志愿者服务实践活动。志愿者服务实践活动是回馈他人与社会的最好方式。

（二）感恩教育实践教学实施制度化

教学计划是保证课程正常实施的必要条件。同样，“基础”课程也十分重视教学计划的制定与实施，尤其是实践教学内容，唯有科学明确的教学

计划才能保证实践教学的规范化与制度化。以新疆师范大学为例,教研室已经制定了感恩教育实践活动教学计划,但是还需进一步完善,实现制度化。一是进一步明确教学目标。感恩教育实践教学对于引导大学生树立正确的人生观和价值观、传承与发扬中华传统美德有着重要的意义,这一主题的实践教学目标应切合于教学内容,在实践教学过程中,始终以教学目标为导向,安排设置实践教学活动。二是完善教学内容。以新疆师范大学为例,感恩教育实践活动的教学内容比较单一,还需进一步完善。教学内容丰富与否决定了教学效果的好坏。三是增加教学学时。一个行政班级只有三个学时的感恩教育实践活动显然是不够的。充足的学时是保证教学内容和方式充分展开的前提和基础。根据教学内容的安排,此项实践活动的教学学时应保证在4~6个学时。

(三)感恩教育实践教学经费保障化

教学经费是实现教学目标、完成教学活动,以及产生教学效果的关键性保障。实践活动效果如何,很大程度上取决于是否有足够的经费支撑。以新疆师范大学为例,“基础”课程实践教学的经费投入相对于其他专业课程来说捉襟见肘。学校应设立专项的“基础”课程实践活动经费,其中很重要的一部分就是感恩教育实践活动经费。感恩教育实践活动经费应纳入思想政治理论课实践经费总体规划中,实现其制度化与持续性。如在课堂实践教学活动组织中,经费用于教室布置、学生奖品,活动器材等;课外实践活动的组织中,经费用于学生出行交通、活动组织策划、学生奖品及活动所需物品等,让其成为感恩实践活动顺利开展的重要保障。

(四)感恩教育实践教学评价动态化

实践教学评价方式不仅是一个时间节点的静态取向,更重要的是在大学生成长过程中,对于道德素质提升的动态评价。一次比赛获奖或是一篇心得体会不足以评价大学生的思想道德素质本身的发展状况。在学生成长过程中,随着受教育程度的深入,思想上发生的变化更能体现思想道德素质是否提升。因此，感恩教育实践活动的评价方式也应实现动态化。

首先，从对感恩意识认知成绩的评定发展到对于学生感恩能力提升的考查上来。在课堂感恩教学实践环节结束后，要关注学生对于感恩实践活动多种方式的体验过程，根据自己的实践情况，发挥自身特长，尤其是依据课后学生的行为改变与实际作为来评价感恩教育实践教学效果。其次，用发展的眼光看待学生感恩能力提升的水平与行为表现，而不是以最终的结果作为评判标准。实践教学评价的最终结果不应局限于一个学期，而是延长至大学四年整个学习生涯。在思想政治理论学习实践教学过程中，每个阶段的学生都会不断认识自我、评价自我、发展自我，感恩教育实践活动只是其中一个部分或一个阶段，在此阶段的评价结果仅仅代表一个时期的表现。因此，可以说，学生感恩能力的提升应以动态发展的眼光来评价。最后，不断提升学生自我约束、自我提升、自我教育的能力，将感恩意识内化于心、外化于行。评价活动是从外部推动学生加强和提升感恩意识与能力，而外因要通过内因才能真正起作用。因此，关键在于激发学生内在的自我调节能力，引导学生自觉自省，真正实现教学评价效果的最大化，实现德育评价育人育才的目的。

综上所述，感恩教育实践教学活动对于引导和培养当代大学生人生观以及道德观具有重要的意义。教育工作者应积极思考，改革“思想道德修养与法律基础”课程感恩教育实践教学模式，从而进一步提升大学生的感恩意识，促进其全面发展。

社会主义核心价值观融入“思想道德修养与法律基础”课程实践教学研究*

自十八大提出社会主义核心价值观以来，培育和践行社会主义核心价值观是党和国家凝聚中华民族价值共识，提升中国软实力，实现中华民族伟大复兴的中国梦的重要战略任务。2013年，中共中央办公厅印发的《关于培育和践行社会主义核心价值观的意见》中指出，要改革、创新高校思想政治理论课教育教学，推动社会主义核心价值观进教材、进课堂、进学生头脑。2015年，全国高校思想政治理论课教材进行了全面修订，其中“思想道德修养与法律基础”课程教材明确以社会主义核心价值观作为逻辑主线，将“三个倡导”的基本内容贯彻于课程教学设计及教学内容之中，并最终提出当代青年大学生要努力成为社会主义核心价值观的积极践行者的教学目标。可以说，把培育和践行社会主义核心价值观贯穿于“思想道德修养与法律基础”课程的教育教学全过程，是深刻回答了为谁培养人、培养什么样的人和怎样培养人的时代问题，体现了中国特色社会主义最新理论成果与高校思想政治理论课的契合，也是对高校思想政治理论课教学适应时代发展特点提出的新要求。如何使“思想道德修养与法律基础”课程能够适应时代需求、教育需求、学生需求和发展需求，如何增加课程的实效

* 本文系新疆师范大学质量工程建设教学研究与改革项目“‘思想道德修养与法律基础’课程教学方法、手段、效果研究”（SDJG2016-19）阶段性成果，原载于《成才之路》2017年第22期，选入本书时有删改。

性，培养德才兼备的优秀人才，是必须认真研究的重要课题。

一、落实社会主义核心价值观融入“思想道德修养与法律基础”课程实践教学要求

“思想道德修养与法律基础”是高校大学生思想政治理论课的第一门课程，也可以说是学生进入大学的第一课。它具有与其他课程不同的特点，在实现课程的知识目标、能力目标和价值目标过程中，更应注重的是能力的培养与价值情感的体验。课程的特点要求高校注重开展内容丰富且形式多样的实践教学，通过实践活动使大学生在情境中认知理论，深刻理解，产生共鸣，从而更好地优化自身的价值体系，树立正确的世界观、人生观和价值观，锻炼和提升解决问题的实际能力，成为优秀的社会主义核心价值观的践行者。

“思想道德修养与法律基础”课程教材经过2015年全面修订之后更加完善，社会主义核心价值观作为重要内容贯穿于整个课程教学中，并成为课程的逻辑主线。因此，社会主义核心价值观也应成为“思想道德修养与法律基础”课实践教学中必不可少的重要内容，必须将其系统地落实在“思想道德修养与法律基础”课程实践教学的要求中。一方面，“思想道德修养与法律基础”课的实践教学需要社会主义核心价值观来引领，积极培育和践行社会主义核心价值观是大学生提高思想道德素质和法律素质的根本途径；另一方面，社会主义核心价值观需要通过开展形式多样的实践教学活动来培育和践行，价值观教育仅仅依靠课堂讲授是远远达不到效果的，更重要的是通过身体力行实现内化于心，这样才能外化于行。

二、构建社会主义核心价值观融入“思想道德修养与法律基础”课程实践教学专题体系

以社会主义核心价值观为引领和主线，将社会主义核心价值观融入“思想道德修养与法律基础”课程教学中，设计以社会主义核心价值观为主题的实践教学专题体系，是有效实施和推进“思想道德修养与法律基础”课

程实践教学的前提与基础。这体现了内容与形式的紧密结合,一切形式是为内容服务的,所以内容才是关键所在。可以说,在“思想道德修养与法律基础”课程教材中,各章、节、目的教学主题都与社会主义核心价值观有着一定的契合度,如何更加鲜明地体现社会主义核心价值观为主题的实践教学专题体系,是高校需要认真解决的问题。

基于目前“思想道德修养与法律基础”课教学内容的框架体系和知识结构,可以设计以下六个实践教学专题内容。专题一:人生蓝图的畅想与描绘。这一专题的内容主要来自绪论部分,在这一专题中,要让大学生对社会主义核心价值观的历史发展、重大意义以及科学内涵有一个全面的了解,使大学生在总体上对社会主义核心价值观建立整体认识。课时可选择两个学时,主要完成对社会主义核心价值观认知和了解的教学目标。专题二:理想信念的坚守与追求。在这一专题中,社会主义核心价值观的融入体现在对社会主义共同理想的认识中。中国特色社会主义共同理想是实现中华民族伟大复兴的中国梦,这与社会主义核心价值观提出的倡导“富强、民主、文明、和谐”的价值理念存在高度的一致性,国家层面的价值追求正体现了实现中华民族伟大复兴中国梦这一共同理想,使大学生认识到二者的内在统一性。专题三:民族精神与时代精神。以爱国主义为核心的民族精神,彰显了社会主义核心价值观中个人层面的“爱国”这一价值理念,要注重引导大学生深刻认识个人与国家之间最基本的道德要求,弘扬爱国主义精神,让大学生做一名忠诚的爱国者。而以改革创新为核心的时代精神也告诉我们改革开放以来国家是如何通过不断改革和创新解决社会主义社会在发展过程中的平等、公正问题,这使大学生能够结合时代背景更好地认知社会主义核心价值观中社会层面“平等、公正”这两个价值理念的深刻内涵。专题四:人生价值的追问与创造。在这一专题中,课程对什么是有价值的人生,如何创造人生价值提出了思考。这其实也是在解答“人的一生如何努力实现人的全面而自由的发展”问题,正彰显了社会主义核心价值观中“自由”的价值理念。在引导大学生追求高尚人生目的、确立积极进取的人生态度的同时,高校教师也可以将“自由”的理念引入人生观中。专题五:道德的传承与实践。这个专题,可以说与社会主义核心价值观相契合的内容最为丰富。中华传统美德和中国革命道德是社会主义核心价值观的根与源,学习与了解中华传统美德和中国革命道德正是帮助学生认识社会主义核心价值观从何而来,而社会公德、职业道德、家庭美德以及个人品德修养,与社会主义核心价值观中提出的"爱国、敬业、诚信、友善"是一致的,社会主义核心价值观中个人层面的倡导体现了公民个人的基本道德规范。专题六:法治理念与法治精神。这一专题,包括教材的最后三章法律基础方面的内容。

三、创新社会主义核心价值观融入"思想道德修养与法律基础"课程实践教学模式

虽然内容是基础,决定着形式,但是形式也直接影响着内容的发展,一个好的形式当然会对内容起到积极的促进作用。因此,要构建社会主义核心价值观融入"思想道德修养与法律基础"课的实践教学专题体系,就必须创新社会主义核心价值观融入"思想道德修养与法律基础"课程实践教学模式。

首先,设计社会主义核心价值观融入"思想道德修养与法律基础"课程实践教学计划。教学计划是保证教学活动顺利有序持续开展的关键所在。目前,各高校开展实践教学的情况并不乐观,实践教学内容比较单调,缺乏吸引力,教师指导实践教学的积极性和创造性不高。因此,在课程教学设计中,要精心制定社会主义核心价值观融入"思想道德修养与法律基础"课程实践教学目标、教学内容、教学方法及教学评价等一系列教学计划,形成系统性、全方位、整体性的统筹安排。唯有这样,才能增强实践教学的实效性。

其次,拓展社会主义核心价值观融入"思想道德修养与法律基础"课程实践教学空间。高校教师应该明确实践教学应包括课内和课外两个教学空间,既指课堂内开展的案例讨论、视频分析、演讲朗诵展示、情景剧表演等活动,也包括课堂之外的社会调查、参观访问等多种形式的活动。在实

践教学的创新上,需要解决的是转变教学理念。教师应意识到实践教学空间必须得到拓展,必须超越课堂,走出课堂,最后回归课堂,着力构建内外兼修的实践教学形式。这样才能使社会主义核心价值观全方位、立体化地融入“思想道德修养与法律基础”课程教学中。以新疆师范大学为例,思想政治教育教研室集体开展了“思想道德修养与法律基础”课程实践教学活动———制作“弘扬社会主义核心价值观”一分钟微视频。实践活动安排在专题五“道德的传承与实践”中,活动主题是培育和践行“爱国、敬业、诚信、友善”的核心价值理念。活动由教研室统一策划安排,由任课教师在任课班级进行组织实施。具体要求如下:一是大学生利用手机或摄像机等设备拍摄身边的真人真事,要能寓意“爱国、敬业、诚信、友善”的核心价值理念,不刻意伪装,不弄虚作假。二是将全班学生分成十人左右的小组,策划、收集素材、拍摄、剪辑等任务由各小组分工完成。每个小组选择一个核心价值理念为拍摄主题,完成时间为一周。三是各小组将完成的作品在全班进行展示,并由小组代表负责阐释作品寓意。教师评选出优秀作品,并推荐到学校网站及其他媒体进行宣传,倡导全校大学生培育和践行社会主义核心价值观。例如,在“爱国”这一主题中,某一组学生拍摄了升国旗的场景。又如,在“友善”这个主题中,某一组学生拍摄了“民族团结一家亲”的场景。这种情景式的体验,留给大学生触及内心的感悟,使大学生对社会主义核心价值观内涵的理解更为深刻而真实。

最后,发挥社会主义核心价值观融入“思想道德修养与法律基础”课程实践教育合力。具有实效性的实践教学,应该是教学各要素的合理配置与有机组合。一是教学资源的共享。实践教学模式的有效推进,需要集中共享校内或校外多种形式的教学资源,充实实践教学活动的内容并保证教学活动顺利完成,这需要各个部门及思想政治教育工作队伍通力合作,建立良好、畅通的沟通机制。二是学校、社会和家庭的联动。实践教学活动涉及学校、社会和家庭多个领域,除了学校之外,实践活动更需要社会及学生家庭的支持与参与,唯有这样才能形成教育合力。三是制度、人力、物力、财力的大力支持。活动的开展需要各方面的有力保障,校方应切实从制度、人、财、物等方面给予实践教学最大的保障，确保实践教学活动的顺利开展。四是教学改革创新的动力。“思想道德修养与法律基础”课实践教学的发展需要与教学研究互动共进，教学研究成为创新实践教学形式的动力和手段，同时，活动的开展也为教学研究提供了一定的素材，提出了需要解决的问题。因此，只有实现教学研究与实践教学良性互动，才能增强课程教学效果，有效提高大学生的思想道德素质，从而为国家培养德才兼备的优秀人才。

活动型学科课程中议题式教学实施“三步曲”

活动型学科课程是新课程改革的热点话题，议题式教学是实现高中思想政治课向活动型学科课程转变的有效途径，在活动型学科课程中开展议题式教学是重要之一。通过精心选择议题、精巧创设情境、精准开展评价等促进活动型学科课程的顺利展开，使整个课堂成为学生的课堂，激发学生问题意识，培养学生思维能力，落实学生核心素养的教学目标。

一、精心选择议题：活动型学科课程实施的前提

活动型学科课程中议题式教学顺利开展的关键，在于确定开展活动时议题的选择。议题式教学“围绕议题而议论”，议题是线索，好的议题是围绕理论与现实等多个维度进行的，为创设情境与学生活动奠定一定的基础。由此可见，议题是课堂教学开始的起点和基石，精心选择议题对教学目标达成和学生核心素养的培养起着不可缺少的重要作用。

议题选择源于课标和学生生活。在活动型学科课程中设计议题时，教师首先要研读《普通高中思想政治课程标准（2017年版）》（以下简称“新课标”），从新课标出发。学生是教学的主体，教学应突出学生主体地位，让学生在议题中引发对现实生活的思考，激发学生认识现实、解决问题的能力。另外议题的选取应符合学生实际，直面现实生活。如“价值判断与价值选择——从‘绿水青山就是金山银山’的余村实践说起”以“面对价值冲突如

何选择”为议题，在价值冲突中明晰价值选择的标准。“价值冲突与价值选择”这一议题源于新课标，让议题有据可循。在设计“面对价值冲突如何选择”将根据余村的实际情况，契合学生实际的两个议题：第一个活动议题为矿山要不要关，第二个活动议题为规划余村未来发展，两个都以村民委员会的形式展开讨论。这样一来学生可以在实际中考虑，并作出方案给出自己的理由。一节课的内容要为培养学生核心素养目标服务，在设计议题过程中也离不开学生核心素养的渗透与落实。

议题选择指向现实矛盾。议题的选取指向现实矛盾更加有针对性，这也是学生学习过程中的重点、难点。议题可以是现今社会中存在的各种社会热点问题，人们所关注的焦点问题，议题可以直接指向生活中的矛盾和两难问题。高中阶段是学生树立人生观、价值观的重要时期，学生在面对现实生活的矛盾展开讨论学习，在思维相互碰撞的过程中，形成正确的人生观、价值观。

议题选择突出时事政治元素。时事政治与高中政治课堂密不可分，时事政治元素涉及国家的政治、经济、文化以及各方面的政策信息变化和调整。在活动型学科课程中实施议题教学，设计议题应关注到时事政治元素在思想政治课中旨在培育学生学科核心素养，教师要将思想政治学科内容提升到学生学科核心素养培育进行教学设计，将教学目标指向知识的建构、能力的培养、必备品格的养成和核心价值的引领，进而转化为学生知识体系和能力的培养、必备品格的养成。努力挖掘时政元素的核心知识，让学生在合作学习的过程中，可以通过分析事件发生的背景、起因、经过和结果，从不同角度去深入学习讨论最终解决一节课的目标。教材所呈现的内容可能局限在一个范围内，但议题设计指向时事政治元素可以开拓学生的视野，涵养学生的学科核心素养，达成思想政治课教学的目标。如“价值与价值观”这一课，选择运用《感动中国2020年度人物颁奖盛典》的材料，涌现出的一批精神人物，设计一系列议题。让学生通过观看张定宇、张桂梅、陈陆等精神人物的视频，让学生以小组为单位讨论中央电视台评选感动中国人物的标准，通过这样的设计让学生走进身边杰出人物的故事中，学生在讨论中进而思考她们能成为“感动中国十大人物”的原因，在讨论思考的过程中进一步涵养政治认同、公共参与等核心素养，最终达成思想政治课教学的目标。

二、精巧创设情境：活动型学科课程实施的关键

活动型学科课程议题式教学是以议题为引领，创设情境为载体，实施活动为路径的教学方法。议题式教学如果没有情境，也就缺少了“桥梁”，议题式教学就无法进行。创设议题情境要以学生为本从学生的现实生活出发，情境突出问题意识，围绕价值冲突导向等多个角度引导学生分析现实问题，更准确地领悟现实生活的意义，掌握分析问题的核心能力。

以学生为本创设生本情境。生本情境是指议题式教学创设情境时要突出学生主体地位，选择与学生现实实际生活相近的材料，关注学生内心情感体验。学生是教学的主体，以学生为本，议题式教学强调为学生提供主动学习合作学习的情境，让学生在合作学习的过程中引发对现实生活的思考，激发学生认识现实、解决问题的能力。学生都是独立的个体，在高中阶段每个学生的学情不一样，在选择情境时应遵循学生最近发展区原则，充分考虑学生的接受能力以及喜好。选择的情境贴近学生现实生活，联系学生现实生活，学生则能在贴近现实生活的真实情境中有感而发，有言而发，在言论过程中明晰自身价值观。这样一来不同学生可以在实际中考虑，使学生在问题处理的过程中产生对问题的思考，才能有感而发。坚持“从学生中来，到学生中去的”理念，这样生本情境才能真正为学生服务，真正做到以学生为主体，才能激发学生的学习兴趣与热情。一节好的思想政治课的内容要为培养学生核心素养目标服务，在学生活动过程中也离不开学生核心素养的渗透与落实。

突出问题意识创设思辨性情境。思辨性情境是指在议题式教学过程中创设的情境是让学生在合作学习的过程中学会自主分析、推理、评价问题的能力，在一系列的过程中阐明观点。在高中思想政治课的教学中选取让学生思辨性问题情境能使学生从打开自己思维和拓宽看问题的角度去

解释现象，具体情况具体分析研究，从而提出更多的解决方案。教师在设计思辨性情境时，要明确三个方面：思辨的主体是谁、思辨的客体和思辨的思维方式。在“树立正确的就业观”这一课中教师运用以下情境，大学生小王室内设计专业毕业后，家里让她回到老家，给她介绍了一份会计的工作，工作稳定轻松。但小王个人很喜欢室内设计这个专业，她该如何选择？在这样的情境中，将全班学生分成两组，一组是大学生毕业听从家里的安排，一组是不听从家里的安排，共出示三个问题，每个问题分别由两个小组选取两名同学进行辩论。在此过程中，模拟真实的辩论场景，在进行正反方交换，互相辩论。教师设计这样的情境会发现学生会说得很精彩，最后让学生决定小王面对就业的问题应怎么去做选择。这一情境中学生也许对于就业形势并不了解，但对小王该如何做选择很感兴趣，学生会联系自身实际，给出一定的理由。在明晰理由这过程中，学生通过自主分析、推理、评价一事物的正反两面，从而阐明自身观点。整个情境学生通过真实地辩论参与，课堂充满“思辨”氛围，在思辨的过程中学生的思维也得以训练，培养学生分析问题解决问题的能力，最后让学生在问题解决的过程中树立正确的自主择业观。

围绕价值冲突创设两难性情境。两难性情境是指学生在一个问题中陷入进退两难的思考与选择。“两难性议题”是一个具有争议性的问题，通过现实生活中学生遇到的左右为难的问题创设的情境，使学生的道德认知、思考能力、辨识能力得以提升。在高中思想政治课设置“两难性议题”是很有必要的，道德两难作为测评道德发展水平的一个依据。设计“两难性议题”使学生在思维碰撞中，形成正确的价值观。在“树立正确的价值观”这一课中，教师最后设计具有争议性的议题，学生陷入两难困境中，小刚的叔叔是下岗工人，在一工厂重新找了一份工作，在签订劳务合同时，老板给的工资是同行中最高的，但是没有休息时间，如果休息另外扣除工资。小刚叔叔该怎么办？答案A是工资高不休息，答案B是工人休息是应该的，应该举报。学生在面临现实与利益的冲突的时候，会如何选择，让学生在利益与现实之间树立理性精神，培育法治意识。议题式教学设计这样的

“两难”情境有利于学生在“两难”情境中提升道德情感,面对“两难”问题明晰自身观点,引导学生学会面对现实生活中的矛盾与冲突,培养学生自主解决问题的能力。

三、精准给予评价:活动型学科课程实施的反馈

“无论是哪一种课堂教学的组织形式,究竟能够取得多大程度的理想的教学效果,都必须经过教学评价才能得出结论”。教学评价是活动型学科课程课堂教学的组成部分,能够在活动型学科课程中检验议题式教学的教学成果的质量和效果。学生在合作学习活动中的表现,既有显性的行为,也有隐性的行为。在合作学习活动中,教师及时对学生的行为活动表现给予评价,能激励学生在课堂中探索的积极性,展现自我、提升学科素养。活动型学科课程中的议题式教学评价体现在以下三个方面。

(一)核心素养达成的评价是目标

学生学科核心素养体现在学生的必备品格与能力,是检验学生能否运用学科内容应对各种复杂社会生活情境的问题和能力。实施议题式教学最显著的特征是培育学生学科核心素养,议题式教学的每一环节与过程都要渗透学科核心素养,学生学科核心素养的水平通过不同类型的任务得以体现,也可以在不同的情境中表现出来。例如教师在讲授“价值判断与价值选择”这一课时,学生以“村干部”“矿主”“矿工”“农民”四种不同身份角色参与讨论发言。这些角色发言实质上指向了科学精神、法治意识、公共参与素养,学生在不同的角色情境中会有不同的行为表现,教师对学生行为活动评价时,要根据新课标对核心素养水平的划分,教师应及时、准确地对学生表现出来的行为进行分析,对核心素养达成程度进行评价,提升议题式教学的效果。

(二)过程表现性的评价是关键

学生在议题、情境、序列化的活动中表现出来的能力不同,要着重评估

学生在这一情境中解决问题的过程和结果。例如教师在讲授“树立正确的就业观”一课中，设置的情境是毕业该听从家里安排还是不听从家里的安排？说说理由。在这个情境中让学生们分成两组，每个学生回答出的答案不唯一，充分给机会让学生展示各自观点。学生在这一过程中都能积极表达自己的观点，每个同学提出与其他同学不一致的观点，学生在回答的过程中表达观点就是对彼此的一种评价。但在这一过程学生表现出来的有显性行为与隐性行为，教师要对这些回答的学生给予总结性的评价。学生只根据教师的评价在合作学习过程中才能逐步提升，议题式教学才能顺利完成。

（三）学业水平能力的评价是重点

新课标提出以学科任务导向为标志，由关键行为表现、学科任务、评价情境和学科内容构成高中思想政治学业能力评价的四个维度。课堂教学中，授课活动是形式，知识是内容，在坚持“活动与内容相结合”的同时，要坚持“课程内容活动化”的原则；议题式教学是实现课程内容活动化的一种形式。教学过程中一系列的教学活动，最终都要通过学业水平能力来检验，也是教学中应有之义。例如教师在“树立正确的就业观”这一课结束时，结合当前严峻的就业形势，让学生根据相应的情境回答，党、国家、劳动者自己应该如何应对严峻的就业形势。教师要善于抓住学生的课堂表现，通过分析其行为表现、学科任务、评价情境和学科内容四个维度，只有这样学生才能更好地将所学的知识转化成能力运用到实际生活中。

在活动型学科课程中实施议题式教学是对传统教学模式的继承与创新，给学生提供更多机会参与课堂，注重培养学生的学科核心素养，实现对学生有效的价值引领。对于议题式教学的实施教师还需充分挖掘相关资源，进一步丰富议题内容、创设相关情境、精准给予评价，要持之以恒推进议题式教学的有效实施和深入开展，实现为素养而教、为素养而学的目标，落实“立德树人”根本任务。

伟大建党精神融入思想政治理论课教学的理与路*

伟大建党精神是中国共产党的红色基因，也是精神谱系的源头与根脉，始终贯穿于中国共产党的全部奋斗过程中。将党的伟大精神和鲜明品格融入思想政治理论课教学，探讨融入的价值向度、核心要义和现实路径，是引导学生传承红色基因、赓续红色血脉，弘扬中国精神的应有之义，也是不断提升思政课教学思想性、理论性和时代性，落实思政课立德树人根本任务的必然要求。

一、伟大建党精神融入思想政治理论课的价值向度

伟大建党精神是中国共产党在百年伟大实践中创造的价值精神和精神指南。作为思想政治理论课的重要教学资源，伟大建党精神蕴含深厚的教育价值，是帮助青年坚定真理、怀抱理想、滋养初心、担负使命、勇敢斗争、根植人民的价值动力和精神给养。

（一）以"坚持真理、坚守理想"为引领，培育科学真理的忠诚信仰

"坚持真理、坚守理想"是伟大建党精神之魂，彰显了中国共产党百年

* 本文系新疆师范大学教学研究和改革项目"运用新疆红色文化资源提升思想道德与法治课教学效果研究"（SDJG2022-06）的阶段性成果，原载于《双语教育研究》2023年第7卷第2期，与寇钰合作，选入本书时有删改。

奋斗进程中劈波斩浪取得胜利的强大思想优势，承载着中国共产党人奔赴新的赶考之路的精神密码。“中国共产党为什么能，中国特色社会主义为什么好，归根到底是马克思主义行，是中国化时代化的马克思主义行”①。学习和弘扬伟大建党精神，首先要培育青年对马克思主义的忠诚信仰以及坚定共产主义远大理想和中国特色社会主义共同理想，引导青年对真理的自觉关切，对理想的不渝追求。只有帮助青年对马克思主义进行深刻剖析，穷究真理本质，以及正确感悟马克思主义的科学伟力，内化辩证唯物主义和历史唯物主义的两大理论品格，才能超拔青年内心错误思想的主导，廓清青年对待马克思主义的错误态度。同时，厚植青年的爱国主义情怀，加强青年审度时事的哲学深度，以科学真理正确纾解青年的内心困惑，引领青年主动以科学的态度对待科学，以真理的精神追求真理、揭示真理，并最终笃行真理。当青年深刻感受到伟大建党精神是个人精神之必需，并深刻领悟到建党精神的科学性时，会将其作为一生之所信。一时强弱在于力，千秋胜负在于理。质言之，只有将科学真理培育为青年的忠诚信仰，青年才能心怀远大理想，志存高远、积蓄奋发，才能将信仰逐渐与现实生活中所遇难题相互耦合，与时代发展之间相互联动，在观察和解决难题时自觉地以正确思想为遵循，并将科学真理作为人生实践之路的理论指引，以科学理论指引点燃追逐理想的星星之火，最终铸造无愧于国家、无愧于时代的精彩人生。

（二）以“践行初心、担当使命”为旨归，坚定民族复兴的使命担当

“践行初心、担当使命”充分彰显了中国共产党人的性质宗旨、政治立场和奋斗目标。在革命、建设、改革的漫长奋斗征程中，初心和使命始终激励着中国共产党人踔厉奋发、勇毅前行。壮阔百年，中国共产党的中心任务已转变为团结带领全国各族人民全面建成社会主义现代化强国、实现第

① 习近平.高举中国特色社会主义伟大旗帜为全面建设社会主义现代化国家而团结奋斗——在中国共产党第二十次全国代表大会上的报告[M].北京：人民出版社，2022：16.

二个百年奋斗目标，以中国式现代化全面推进中华民族伟大复兴。中心任务的转变不仅是中国共产党执政实践的生动写照，也凸显了其对初心和使命的赓续，还表明了对伟大建党精神的深刻注解，应当以党的初心和使命感召青年，唤醒伟大建党精神内隐的实践诉求，以实践诉求唤起青年内心对初心使命的责任感和使命感。当代青年生逢其时，既有着难得的历史际遇，也肩负着实现民族复兴的使命担当，民族复兴的实现需要一代又一代青年接续拼搏。伴随着百年未有之大变局加速演进，实现民族复兴过程中会遇到更多、更复杂的顽固性、多发性问题。以此观之，应当指引青年努力践行伟大建党精神，勇担民族复兴大任，应当鼓励青年敢于战胜复兴之路中的各种风险挑战，并引领青年把对科学真理的忠诚信仰转换为指导实践、推动复兴的强大效能，把忠诚信仰转化为披荆斩棘、力挽狂澜的强劲力量，把忠诚信仰转变为勤勉好学、增长本领、实干拼搏的实践动力。从而坚定青年实现中华民族伟大复兴的使命担当，使青年在伟大复兴的践诺中得到磨砺，在全面建设社会主义现代化的火热实践中绽放青春的绚丽光彩。

（三）以“不怕牺牲、英勇斗争”为典范，锻造攻坚克难的意志品质

“不怕牺牲、英勇斗争”突显出中国共产党人的顽强意志和优良作风，是中国共产党可贵的精神品质，更是中国共产党区别于其他政党最鲜明的精神特质，亦展现出伟大建党精神与斗争精神的有机互联。中国梦的伟大目标不是一蹴而就、轻松可得的，而是在斗争中诞生、在斗争中发展、在斗争中逐步实现的。新时代的青年是投身于中国特色社会主义现代化建设的先锋和栋梁，因此，青年必须锻造攻坚克难的意志品质，在社会实践中继承和发扬革命先烈和先进模范忠诚担当、敢于牺牲、视死如归的大无畏精神，要能经受住新征程中风高浪急甚至惊涛骇浪的重大考验，不能囿限于平和安稳的舒适思想圈和生活圈。青年还应传承艰苦奋斗、为国献身的优良传统，锤炼敢于斗争、善于斗争、敢于胜利，不信邪、不怕鬼、不怕压的精神品格，铸就知难而进、迎难而上的精神内力，练就主动识变求变、化解风险、解决矛盾的精神状态。青年应将攻坚克难的意志品质转化为改造客观世界的强大物质

力量，忠诚履行使命担当，抓住历史机遇，不辜负伟大时代给予青年广阔舞台施展才干的机会，以敢拼敢干的斗志打开中国梦事业的新天地。

（四）以“对党忠诚、不负人民”为立场，涵育我将无我的奉献精神

“对党忠诚、不负人民”不仅是青年践行理想信念、使命担当的生动诠释，还是伟大建党精神立场的价值体现，更涵蕴了中国共产党坚持人民至上的政德情怀和以人民为中心的道德情操。循此立论，爱国爱党是青年需要遵守的基本道德准则和规范，也是青年为人处世的根本原则和应当造就的优秀品质，青年无论何时都应该保持对党忠诚始终如一、一心为民、知行合一，青年当回应好人民之问，站稳与人民同心同行的立场，在实际学习和工作中践履全心全意为人民服务的道德核心，应当坚决维护党和国家的利益安全，自觉树牢“四个意识”，坚定“四个自信”，坚决做到“两个维护”和“两个确立”，始终不渝跟党走。青年应当把个人目标与国家发展前景紧密相连，甘于奉献、勤于奉献，在奉献当中将“我将无我，不负人民”作为价值旨向，从而实现人生意义，成就个人理想，达致新时代青年的青春价值。

“人无精神则不立，国无精神则不强”。伟大建党精神蕴含着深刻的思想哲理和重要的教育意义，它就像一座灯塔，为青年大学生照亮前行之路，鞭策青年大学生在困难中一往无前，在挑战中躬行实践，在挫折中锲而不舍。伟大建党精神所蕴蓄的价值能量将激励青年大学生砥砺前行，成为青年大学生迸发激情活力、奋勇前进的强大动力。

二、伟大建党精神融入思想政治理论课的核心要义

习近平总书记在学校思想政治理论课教师座谈会上强调：“要坚持政治性和学理性相统一，以透彻的学理分析回应学生，以彻底的思想理论说服学生，用真理的强大力量引导学生。”[①]在思想政治理论课中讲好伟大建党精神，引导学生认知和理解其中的重难点问题是关键，这集中表现在教

① 习近平谈治国理政（第3卷）［M］.北京：外文出版社，2020：330.

学内容的三个核心要义。

(一)讲清楚伟大建党精神是中国精神的集中体现

中华民族历来是崇尚精神的民族,在中华民族源远流长的历史发展进程中,形成了伟大的中国精神,它集中体现了中华民族独特的精神气质和精神品格,是千百年来凝结在中国人民血液中的基因密码。中国人民具有的伟大创造精神、伟大奋斗精神、伟大团结精神和伟大梦想精神,这四个“伟大精神”既是对中华民族和中国人民奋斗历程的肯定和颂扬,也是对中国精神的高度凝练和概括。中国共产党人是中国人民和中华民族的先锋队,是带领全国各族人民开拓创新、不懈奋斗、精诚团结、实现中华民族伟大复兴中国梦的领航者和引路人。中国共产党自成立之日起就是中国精神坚实的继承者和坚定的弘扬者。一方面,伟大建党精神的产生根植于中国历史与优秀传统文化的沃土,是对中国精神的赓续传承。古有志士仁人心怀天下、利济苍生,吾将上下而求索的政治抱负,今有为全人类的解放事业奋斗终身的理想信念;古有“人生自古谁无死,留取丹心照汗青”的豪言壮语,今有时刻准备着为共产主义事业奋斗终生的坚定信仰;古有“民惟邦本,本固邦宁”的为民情怀,今有全心全意为人民服务的根本宗旨。伟大建党精神汲取了中华优秀传统文化的精神滋养,是中华民族精神血脉的主流。另一方面,中国共产党人的精神谱系是中国精神的时代坐标。建党百年来,在中国共产党革命、建设和改革的各个时期构筑起中国共产党人的精神谱系,具有鲜明的时代特色和价值意蕴,极大地丰富了中国精神的内涵,生动诠释了中国精神在不同历史时期的本质精髓,成为见证中华民族筚路蓝缕奋斗历程的精神坐标。讲清中国精神与伟大建党精神的内涵是思想政治理论课讲好伟大建党精神核心要义的首要问题,也是明晰教学思路和教学内容逻辑关系的必然要求。

(二)讲清楚伟大建党精神的生成逻辑、科学内涵和时代价值

在中国共产党成立一百周年大会上,习近平总书记首次提出伟大建党

精神，这是对共产党人精神谱系的高度凝练和最新阐释。伟大建党精神是怎么产生的，内涵如何理解，在当今时代又具有怎样的价值意蕴，这是教学中必须讲清楚、讲透彻的核心问题。首先，伟大建党精神的生成逻辑可以从历史、理论、实践三个维度理解。“从社会历史发展逻辑来看，中国共产党伟大建党精神深深根植于近代中华民族救亡图存的艰辛探索之中”①。各阶层和仁人志士为救国救民的抗争探索、为伟大建党精神的形成开辟了先河、提供了借鉴。马克思主义理论的诞生与发展为无产阶级政党的建立提供了科学的理论指导，是伟大建党精神产生的理论根源。马克思主义传入中国后，早期一批先进的知识分子接受了马克思主义，毅然决然坚守马克思主义信仰，创办进步刊物、翻译出版著作，大力宣传马克思主义，更重要的是他们将马克思主义同中国实际相结合，并运用到指导工人斗争的伟大实践中，这为伟大建党精神产生提供了现实基础。其次，伟大建党精神的内涵是一个存在内在联系的有机整体。“坚持真理、坚守理想”体现了党的思想理论优势，是精神之魂；“践行初心、担当使命”彰显了党的政治价值立场，是精神之本；“不怕牺牲、英勇斗争”表现了党的坚毅意志，是精神之基；“对党忠诚、不负人民”展现了党的崇高道德情怀，是精神之根。我们既要深刻认识和理解四个层面的精神内涵，又要从整体上认识和把握建党精神的科学内涵。再次，伟大建党精神具有重要时代价值，要被永远继承下去，发扬光大。新时代，弘扬伟大建党精神是实现中华民族伟大复兴梦的精神支撑，是应对各种风险挑战的有力思想武器，更是加强和完善党自身建设，开展自我革命的必然要求。

（三）讲清楚伟大建党精神与中国共产党人精神谱系的关系

在教学中，我们在各个章节内容中或多或少地会将党在革命、建设与改革不同时期形成的各种伟大精神作为教学案例和拓展资源，那么共产

---

① 陈胜锦.生成逻辑·内涵解析·实践理路：中国共产党伟大建党精神的三维探赜[J].西北民族大学学报（哲学社会科学版），2021（06）：15-25.

党人的精神谱系中的各个精神与伟大建党精神之间的关系如何理解，这是教学中需要讲清楚的重要学理问题。一方面，伟大建党精神是中国共产党人精神之源。树高千丈必有根，江流万里必有源。“中国共产党人的精神谱系，是中国共产党在不同历史时期、不同社会历史条件下斗争实践的结晶和精神风貌的集合”①。可以说，伟大建党精神就像一粒种子，当它种下后，在共产党人的伟大理论创造与奋斗实践中生根发芽，开枝散叶，开花结果，精神谱系中的每个精神就是其中的一片叶、一朵花、一颗果，都来源于这粒种子。另一方面，中国共产党人的精神谱系生动诠释了伟大建党精神的深远精髓。我们党在历史的不同时期产生的伟大精神，尽管内涵不尽相同，但其本质内容和精神实质是相通的、统一的、一致的。全心全意为人民服务、自力更生艰苦奋斗的延安精神，团结协作、无私奉献的红旗渠精神，大力协同、勇于登攀的“两弹一星”精神，敢为人先、埋头苦干的特区精神，舍生忘死、命运与共的抗疫精神，共同彰显了共产党人在各个历史时期以人民为中心，不怕牺牲、勇于斗争、顽强拼搏的精神，这些精神不仅是中华民族永不磨灭的历史记忆，还是中国人民弥足珍贵的精神财富，更是伟大建党精神的生动写照和集中体现。同时，我们也看到了中国共产党人在不同时代造就的独具一格的精神特色和动人风格。因此，“共性与个性的统一是伟大建党精神的重要特征”②。伟大建党精神是党的各种精神的高度概括和凝练，是贯穿中国共产党人精神谱系的主线。

三、伟大建党精神融入思想政治理论课的现实路径

把握核心要义是在思想政治理论课中讲好伟大建党精神的基础和前提，同时在教学中还需遵循教学规律和原则，运用科学方法和途径，不断提升教学效果和质量，坚持“四个统一”则是在教学中最终实现知识、情感、价

① 赵凤欣.伟大建党精神与中国共产党人精神谱系的逻辑关系研究[J].思想理论教育，2021(08)：25-31.

② 刘建军.伟大建党精神的理论解读[J].思想理论教育，2021(08)：12-17.

值目标有机融合的有效路径。

（一）坚持课程特色与学科支撑的统一

在思想政治理论课中讲好伟大建党精神必须坚持课程本身的特点和原则。思想政治理论课通过阐释和回应青年大学生关注的思想理论和人生、法治热点问题，发挥课程的思想和价值引领作用，通过教学引导大学生在回应需求、解疑释惑、砥砺心志中成长成才。在教学中，一方面，不仅要讲清讲透伟大建党精神核心要义的基本问题，更为关键的是让学生深刻认识人的思想境界中精神和真理的伟大力量和作用，“人无精神不立，国无精神不强”，中国精神、伟大建党精神都是中华民族的精华和财富，需要我们继承和发扬光大，切勿讲成党史课或党课，或者变成了对党和国家政策的简单政治宣传。另一方面，讲好伟大建党精神不仅要体现课程特色也需要多学科理论协同支撑。建党精神内容涉及党史党建、中国近现代史基本问题、思想政治教育等多个学科的知识积累和储备，需要我们开展多学科相关研究，融会贯通，吸收借鉴，发挥多学科交叉、同向同行的优势，共同为打造一堂精彩而生动的思想政治理论课而合力创新。

（二）坚持深耕学理与讲好故事的统一

习近平总书记强调：“思想政治理论课教学不仅要以理服人，更要以情动人，提升教学的说服力、吸引力和感染力。”[①]在教学中能够做到以理服人，这是教学质量评价的首要指标。那么如何增强理论说服力和感染力，做到以理服人呢？关键在于深耕教材中的理论问题，从教材中提升课程的理论内涵，增强理论知识储备。伟大建党精神是2021版思想政治理论教材中新加入的内容，也是当前马克思主义理论、党史党建专业研究的热点重点问题，教师应聚焦于挖掘教材中伟大建党精神的深刻内涵，科学阐释

① 用新时代中国特色社会主义思想铸魂育人 贯彻党的教育方针落实立德树人根本任务[N].人民日报，2019-03-19(01).

精神的观点逻辑，满足学生的理论期待。教师要想深刻领会教材内容的核心要义，首先在于练就深厚的理论功底。教师可以通过研读理论与学术界关于伟大建党精神形成的丰硕研究成果，进行吸收借鉴，转化为有价值的教学资源。也可以通过集体备课等方式进行专题化教学研讨，最终实现教材体系向教学体系的有机转化。以理服人是实现知识目标的关键，那么，教学的情感和价值目标如何实现呢？这就需要教师在教学中做到以情动人。讲好伟大建党精神一定要讲好感人肺腑的红色故事。生动的红色故事为共产党人的理想信念、精神品质和价值追求的养成提供了丰富的养分，在教学中讲好党的故事、红色故事可以引起与学生心灵间的同频共振，激发学生爱国爱党之志、奋发奋进之力，让伟大建党精神真实走入学生内心，赢得学生喜爱。

（三）坚持教师主导与学生主体的统一

一方面，在教学中坚持教师的主导性，发挥教师思想和价值引领的作用。对于伟大建党精神与中国精神的关系、伟大建党精神的生成逻辑、基本内涵以及价值意蕴等重点理论问题，需要教师在教学中做以深刻阐释，将理论机理讲解透彻，引导学生深化思想认知，实现课程思想性、政治性和理论性的基本要求。另一方面，坚持学生的主体性是有效实现知识内化的关键。教师满堂灌的课堂早已不符合当今时代的发展要求，新时代的课堂既要发挥学生客体化主体的功能，激发学生在学习中的潜能和个性，又要符合学生的差异性需求，映射学生实际的成长旅程，使学生有效参与到课程学习中，这是新时代思想政治理论课的现实需要和必然要求。思想政治理论课是面向大学本科生开设的课程，学生普遍具有求知欲强、思想活跃、学习热情等特点，我们应把握和利用好学情，在课前安排学生提前了解中国共产党人的精神谱系，在课中结合学习内容引导学生以丰富的形式展示共产党人的崇高精神风范，在课后形成形式多样的学习体会和成果。既要坚持教师在教学中的主导地位，又发挥学生在学习活动中的自主性、能动性、创造性和独特性等品质，才能有效提升思想政治理论课教学的实效和质量。

（四）坚持内化于心与外化于行的统一

在思想政治理论课中，开展伟大建党精神实践教学探索是我们讲好思政课的必然要求。教学过程不仅应坚持课程的思想性和学理性，还应关注学生在掌握知识后的实践养成，而实践教学既要让学生“大开眼界”，也要让学生“深受激励”，更要让学生“感悟至深”，从而通过伟大建党精神的实践教学触动学生心灵。一是利用虚拟现实技术拓展新形态实践场域。在“大思政课”全面推进的大背景下，善用社会大课堂显得尤为重要，因此，各地都在努力挖掘当地极具特色的红色文化资源和加快实践教学基地的建设，而这些都是伟大建党精神实践教学的珍贵教学资源和重要载体。日益成熟的虚拟现实技术丰富和拓展了思想政治理论课的实践场域，突破了实践教学的时空局限。在课堂上通过佩戴简易的增强现实设备和虚拟现实设备，即可让学生在教室中身临其境般地进入革命圣地、红色纪念馆等爱国主义教育基地参观调研学习。这种极具创新性的虚拟文化实践场域构造，不仅省时省力，更给予了学生沉浸式的实践学习体验，有助于学生传承红色基因和春风化雨般地将伟大建党精神入脑入心。二是依托多媒体进行线上的实践教学探索。通过5G通信以及更先进的音视频技术实现线上实践教学，譬如，“新疆红色文化”的主题节点，如乌鲁木齐烈士陵园、红色西路军进疆纪念园、克拉玛依黑油山、可可托海矿坑等，可以邀请当地的讲解人员通过多媒体直播方式讲好党的故事，讲好伟大建党精神的故事，让学生足不出户就能了解到红色文化故事。三是借助“云平台”开展实践教学。利用学校专门搭建的思想政治直播课室或直播软件，营造浓厚的第二课堂学习氛围，打造线上的“行走课堂”“流动课堂”，引导学生积极参与到直播互动中，让学生成为直播课堂的主导者，结合社会热点和自身经历开展以伟大建党精神为主题的直播活动，让学生在直播上课的实践互动中亲身感受并深化对伟大建党精神的理解。除此之外，可以鼓励学生围绕建党精神主题进行微电影、动漫、音乐、短视频等形式的创作,并在“云平台”上传评奖,这样不仅可以充实传承红色文化的方式与途径,又有助于激发学生表达自己想法的积极性,提升学生创新创造的能力,从而真正实现伟大建党精神的内化于心、外化于行。

虚拟仿真技术赋能思政课教学的应用前景及策略*

2019年8月,中共中央办公厅、国务院办公厅印发的《关于深化新时代学校思想政治理论课改革创新的若干意见》指出:“推动人工智能等现代信息技术在思政课教学中应用,建设一批国家级虚拟仿真思政课体验教学中心。”[①]虚拟仿真技术是现代科技迅猛迭代的产物,它聚合网络数字信息技术构建的新型社会时空结构,为思想政治理论课(以下简称“思政课”)教学改革创新带来了新的机遇和挑战。推动思政课与虚拟仿真技术的创新融合,是顺应教学信息化、数字化、网络化、智能化变革态势的必然,也是提升思政课教学吸引力、亲和力、感染力,增强学生获得感的必需。

一、虚拟仿真技术的内涵及特征

虚拟仿真技术是新媒体时代教育的核心技术之一。虚拟仿真是利用电脑模拟产生一个三维空间的虚拟环境,通过硬件设备提供给使用者关于视觉、听觉、触觉等感官的模拟,让使用者如同身临其境,并能够及时、无限

* 本文系新疆师范大学本科教学质量工程建设教学研究与改革项目“运用新疆红色文化资源提升思想道德与法治课教学效果研究”(课题批准号:SDJG2022-06)的阶段性成果,原载于《学校党建与思想教育》2023年第18期,与陈艺鸣合作。

① 中办国办印发《意见》:深化新时代学校思想政治理论课改革创新[N].人民日报,2019-08-15(01).

制地观察三维空间内的事物，通过各种输入设备与虚拟环境中的事物进行交互。[①]虚拟仿真技术应用于现实世界，能够发挥出虚拟经济、虚拟社会治理等诸多作用。

根据虚拟仿真技术的实际应用探究，发现其主要体现出以下三个关键特征。一是呈现出沉浸式的虚拟场景。沉浸式是指人的思绪、情感集中而专一地投入到某件事情当中。而沉浸式场景是将受教育者的视听触觉完全置于虚拟环境，使受教育者身临其境般地探索教学的问题情境，继而激发受教育者的探索兴趣与热情。二是创设出交互式的体验效果。交互式是指人与人或人与物之间的交流联结。在思政课教学中运用虚拟仿真技术，以虚实相间的方式拓宽教学内容的信息阐释角度。同时，让受教育者借助数据手套、位置跟踪器等获得全真体验，实现师生之间、生生之间的有效互动。三是展现出数智融合的强大合力。数智融合是指对各种技术的耦合点进行整合，集多方技术之力，以丰富多样的大数据为依据，提效、扩增、赋能于现实教学，塑造出一个平衡运行的虚拟仿真生态空间，让技术在教学中的单点优势延伸至教学全过程，给予受教育者前所未有的感受。

二、虚拟仿真技术赋能思政课教学的应用前景

当前，越来越多的高校利用虚拟仿真技术的优势探索思政课的创新发展，已取得了一定的成效，但在未来如何实现虚拟仿真技术应用的深入性、针对性和可持续性，是需要我们进一步探讨的问题。

（一）基于沉浸式技术的思政课教学场域拓展

思政课教学的场域既是思政课教学活动发生的空间，也是教师、学生、教学环境、教学载体、教学方法等各要素共同存在的关系网络。增强现实技术（AR）、虚拟现实技术（VR）、混合现实技术（MR）、全息幻影成像等技

① 卢勇.基于虚拟仿真技术的高校思政课在线教学实践探索[J].中国大学教学，2021(04)：79-84.

术的进步，为课堂带来了视觉、听觉上的体验升级。将沉浸式技术应用于思政课教学，可使思政课教学场域由二维平面延展为三维立体，从单一场域转向多维场域，从而增强思政课教学的浸润效果。一方面，沉浸式技术构建的虚拟场景不断丰富思政课教学形式。传统的思政课教学资源主要以多媒体课件、图片或影音视频等为主，呈现出简单且平面化的特点。虚拟现实技术能够依据教学需要为学生构建数字化虚拟场景，在数字世界实现教学内容的全场景展现，这不仅极大地拓宽了教学资源的容量与教学空间，更为学生带来了新颖奇特且直观的全新教学体验，三维甚至多维的立体教学场域也更好地拓展了学生的思维宽度和想象空间，增强了思政课教学内容的生命力和感召力。另一方面，技术的应用将学生从单一的“教”与“学”过程外延到“沉浸”的全新体验维度。依靠全息幻影成像、裸眼3D投影等创新技术，为学生营造出充满个性化、即时性、真实感的课程体验。如人民网推出“党的二十大”沉浸式学习平台，打造线上虚拟展厅，为切实拓展及打破思政课教学场域的时空束缚打造了建设典范。

（二）基于交互式技术的思政课教学方式创新

如何把“老师讲，学生听”的单向灌输式教学模式改变为师生协同的以学生为主体、教师为主导的“双主”教学模式，是当前思政课亟须纾解的难题。通过虚拟现实中的三维建模技术、人机交互技术、图形图像处理技术、立体显示技术等，能使学生切实处于拟真的学习情境中，“有效集中学生注意力、吸引学生学习兴趣、提高学生动手能力，促进学生转变‘学习只能依靠被动接受’的固化思维”①，增强课堂学习中师生互动和生生互动的高质量情感体验。

在思政课教学过程中，应当让学生乐学、好学、敢学，在互动体验中潜移默化地理解相关的马克思主义理论、历史事件、精神意蕴等。通过虚拟

① 焦雨蒙，高晓晓，魏本宏，胡永斌．基于VR的沉浸式虚拟实验室设计研究［J］．数字教育，2020，6（04）：38-42.

仿真技术,可实现以下三种教学方式。一是,通过数字孪生场景模拟实现趣味性与知识性相结合。虚拟仿真技术能跨越时空再现历史事件情境,学生通过穿戴头显装备即可“穿越”时空,真切感受到当时的历史情景氛围。学生在被虚拟情境吸引的同时,教师也要适时引导学生带着问题进入情境,引领学生在代入历史角色、体验历史事件时,剖析重大历史事件的背景和意义,在交互情境中学习知识、深化认识、拓展思维。二是,通过先进AI知识问答实现理论性与实践性相结合。思政课是以理论教育为主的课程,其教育核心是“归旨于心,实化于行”,其最终目的是要让学生把理论转化为行动。为此,虚拟仿真技术可通过虚拟仿真教学平台,创设交互性学习问答的虚拟实践活动,让学生在虚拟平台中运用所学的理论知识对问答案例进行判断、选择、讨论,在“实践”中强化正确的认知观、是非观、价值观。还可以推送以NLP(自然语言处理)技术组合成的高维度知识图谱,帮助学生加深对知识的理解,引导学生思考如何在实现“中国梦”的征程上担当作为,最终达成“知、情、意、言、行”相统一的教学目的。三是,通过创建虚拟AI角色实现技术性与教育性相结合。譬如以“红色经典我来演”为主题,学生可以选择相应的历史人物角色进行AI换脸,从而体验当时革命战士、共产党员的艰辛和他们无私奉献的革命精神。虚拟仿真技术在思政课中的创新应用促进了思政课教学内容、教学方式、教学资源的变革。在智能技术、互联网的支持下,学习资源变得更加形象、生动,学习内容更加多元化、个性化,学习方式也更加开放、自主,但无论何种技术的融合,都不能脱离思政课的教育性特点,即其内容、方式、资源都应与落实立德树人根本任务相契合,以践行社会主义核心价值观、培育新时代好青年为教学目标,以培养合格的社会主义建设者和接班人为宗旨。

(三)基于虚拟人技术的思政课教学话语提升

习近平总书记在中国人民大学考察时强调:“思政课的本质是讲道理,要注重方式方法,把道理讲深、讲透、讲活,老师要用心教,学生要用心悟,达到沟通心灵、启智润心、激扬斗志。”[①]思政课教学话语是联结师生的中介和桥梁，更是“讲道理”的重要渠道，如何把道理讲活，改变思政课教学话语抽象、枯燥的刻板印象，提升教育对象对思政课教学话语的接受度，是值得我们深思的问题。将虚拟人技术运用到思政课教学中，是对思政课教学话语传播的突破性尝试。虚拟仿真中的虚拟人，是基于现实世界的人的仿真与加工得到的“数字人”，主要通过建模、渲染、驱动及场景结合的过程，达到逼真的效果，且虚拟人的语言、神态、穿着让人感觉到无论置身于何处，都恰似一个有灵魂的“活人”。基于虚拟人技术，可以为思政课教师打造独具特色、专属定制的虚拟形象，形成“数字教师—现实学生”之间的互动交流新态势。思政课教师可以根据教学主题和教育内容，提前预设和形塑适配性和可塑性强的人物形象，也可依据教学场景的需要完成“瞬移”“分身”，更替风格造型。在课堂教学中，“虚拟思政课教师”形象对于成长于互联网时代的学生而言，有着较高的接受度，因而更有助于拉近与学生的距离，使思政课教师更具亲和力和吸引力。此外，为教学主题设定的专属虚拟形象也有助于提升教学话语的传播效果，以形象特有的代入感营造出教学的氛围感，激发学生对教学内容的浓厚兴趣，从而使教师的讲解自带感染力，让思政课教学彻底“活起来”。

三、虚拟仿真技术赋能思政课教学的策略

虚拟仿真技术赋能思政课，为思政课教学的改革创新带来了新的发展机遇和令人期待的未来前景，但在利用技术优势的同时，我们也要始终坚持思政课教学的本质属性，规避技术带来的价值导向失焦问题，推进技术应用与思想引领的有机结合，真正为思政课聚势赋能。

（一）构建知识体系与实现价值目标的有机统一

人与技术的关系问题向来受到社会各界的关注，在教育领域亦是如

① 习近平在中国人民大学考察时强调：坚持党的领导传承红色基因扎根中国大地 走出一条建设中国特色世界一流大学新路[N].人民日报，2022-04-26(01).

此。伴随着当代教育技术的快速更迭，教育领域愈发产生技术依赖，依托各类不同技术展示教学内容，促使知识实时、便捷地传播。然而长此以往，可能会加剧对技术的依赖，并逐渐向技术异化的方向发展，甚至会出现“集生命性、价值性、社会性与技术性于一体的思想政治教育生态遭到破坏”[①]。虚拟仿真技术赋能思政课教学让我们享受到了因技术发展而带来的红利，针对学生知识体系的建构，提供了数字化、智能化的现代式载体与手段。但思政课教学最终实现的是知识目标、情感目标与价值目标的有机统一，要发挥沟通心灵、启智润心、激扬斗志的作用。一方面，技术运用的直接目的是激发受教育者的情感输出，坚定其理想信念，从而让受教育者作出正确的价值判断和选择。在技术运用中需要引发学生的情感共鸣，强化人文关怀，使以技术为主导的冷冰冰式的思政课课堂变得更加有温度，使思政课在不受制于技术依赖的前提下，实现师生情感上的交流交融与教学相长，继而达到思政课教学启智润心的效果。另一方面，要在技术运用中聚焦价值导向，凸显育人使命。思政课价值目标的实现是思政课教学的最终目的。虽然技术的日新月异驱动思政课教学实现自我的技术革命，但这并不能隐藏和改变思政课教学的政治性、思想性和理论性的要求。在技术应用的同时，需要更加注重价值目标的实现，以技术手段服务于价值教育过程。在思政课教学过程中，教师要引导学生树立坚定的理想信念，秉持崇高的人生追求；要把握学生的情感归宿，坚守教育的价值本源，做到知识传授与价值引领相统一。

（二）教师思维创新与学生媒介素养的共生共建

教师与学生是教学活动中的基本范畴。对教师和学生而言，虚拟仿真技术赋能思政课教学意味着教师对于新事物新载体新方法的接受以及学生原有思维与行为模式的改变，这无疑也在考验思政课教师的创新思维能

① 胡华.智能思政：思想政治教育与人工智能的时代融合[J].思想教育研究，2022(01)：41-46.

力和学生的媒介素养。一方面，要着力提升思政课教师的创新思维能力。为应对技术革命，思政课教师需要进行思维变革、因势而新。习近平总书记对思政课教师提出了“政治要强，情怀要深，思维要新，视野要广，自律要严，人格要正”[①]的六项要求，其中“思维要新”指的就是思政课教师要学会正确的思维方法，勇于创新、善于创新。思政课教师要自主地利用技术更新带来的教学优势，变通地将虚拟仿真技术应用于教学理论与实践过程，紧跟时代的进步与科技的变化，以前瞻性、创新性思维，对新技术持续保持敏锐感知的能力，并对技术应用教学提出独特见解，最终成为思政课改革创新的探路人。这需要思政课教师以涵养学生的志气、骨气、底气为任务，守正创新、精业笃行，为国家培养更多以实现中华民族伟大复兴为己任的“后浪”。技术的变革推动着社会的发展进步，唯有敢于变革自身思维，打破原有局限框架，提升自我适应能力，才能在技术洪流的冲击中以不变应万变，当好学生的引路人。另一方面，要注重提升学生的媒介素养。对于学生而言，虚拟仿真技术无疑给思政课教学带来了一场华丽的技术盛宴，但也有部分学生容易沉迷于代码编写的拟真社会，在不知不觉中蒙蔽自我认知，甚至产生道德失范的现象。这就需要思政课教师既要引导学生运用技术，受益于智慧教学；又要教会学生掌握自主学习和终身学习的本领，正确而客观地认识媒介信息的价值，避免技术异化给教学带来的失衡与僭越问题，帮助受教育者构建主体认知和行为自觉，更好地体现技术之于教育的真正意义所在。

（三）技术应用支撑与遵循教学规律的相辅相成

技术的迭代更新是社会进步的客观要求，不断研发和完善技术水平是保证技术顺利运用的前提，虚拟仿真技术在自身的发展过程中需要不断地自我革新，才能更好地赋能于思政课教学。同时在现有技术的应用过程中

① 习近平主持召开学校思想政治理论课教师座谈会强调：用新时代中国特色社会主义思想铸魂育人 贯彻党的教育方针落实立德树人根本任务[N].人民日报，2019-03-19(01).

必须遵循思政课的教学规律，进而实现应用效果的最大化。一方面，伴随虚拟仿真技术在教育教学领域的进一步拓展，其应用的广度和深度都在与日俱增，其中应用最为广泛的是沉浸感和互动性较强的VR技术。但这项技术在应用过程中还存在一些问题未被破解，如一些设备还存在穿戴不适、发热、电池供电时间短以及价格昂贵等问题，直接影响用户的体验感与满意度。因而，为适应时代发展和行业需求，虚拟仿真技术需要聚焦前沿领域。通过加强虚拟仿真核心技术的研发，推进感知交互的新型终端研制和系统化的虚拟内容建设，可进一步完善应用体验，为学校、教师、学生、家长等所有参与者提供更好的线上教育教学环境，进而促成线上加线下的混合教育模式的优化。另一方面，技术的应用要遵循原有的教学规律。一是要遵循教师主导作用与学生主体地位的辩证统一规律。在教学过程中，虚拟仿真技术仅是一种新型的手段和方式，为教学增添了活力，为提升教学效果发挥了一臂之力，但教师在教学过程中的主导作用是不能被改变的。尤其是在思政课教学过程中，教师的主导作用不能削弱，反之还需进一步强化，教师要充分体现教学的政治立场和价值引领。同时学生的主体地位也需进一步加强，技术的辅助不能替代学生的主观能动思考。二是要遵循学生的成长发展规律。将虚拟仿真技术应用于思政课教学中，需要考察不同年龄、年级、专业、学情的学生在虚拟仿真技术支持下的学习适应能力和学习表现效果，分析总结个体化差异性和不平衡性的原因，探索如何推动虚拟仿真技术在思政课教学中的科学化应用。三是要遵循教育启发性的教学原则。虚拟仿真技术为思政课教学带来了许多全新的媒介知识，思政课教师要挖掘其思想价值，启发学生如何灵活运用这些媒介，向外延伸知识应用的宽度与广度，在启发中既要关注知识教育，更要重视德育、劳育，以此更好地引导学生成长成才，培养能够担当民族复兴大任的时代新人。

第二部分

青年大学生社会主义核心价值观培育

网络时代大学生马克思主义价值观教育探究*

伴随着21世纪信息技术的不断进步，当今的时代已进入了网络化时代，互联网从社会政治、经济、文化等全方位影响着世界全球化的进程，同时改变着人类的生活方式。网络成为人们最便捷的交流交往形式，它正在诠释一种新的文化现象。显而易见，作为走在时代潮流前沿的青年大学生，成为网络时代的“新新人类”，网站、微博、QQ、论坛、网购等等，都已经成为绝大多数大学生生活中必不可少的部分。网络时代对于大学生马克思主义价值观教育产生了不可估量的影响，如何把握当代大学生价值观的新动向，进一步探讨大学生马克思主义价值观教育的新途径新方法，坚定大学生马克思主义理想信念，是当今时代高校马克思主义理论教育发展面临的新课题。

一、网络时代大学生价值观变化的新特点

（一）价值选择境遇的多元性与开放性

环境对于马克思主义价值观教育的实施与效果具有制约性的影响。

* 本文系新疆维吾尔自治区2010年度社会科学规划项目（项目编号：10BSH050）阶段性成果，原载于《人民论坛》2012年第29期，与王建基合作，选入本书时有删改。

只有对历史和现实环境作出正确分析，才能在适应环境、改造环境中更好地创新发展马克思主义价值观教育。[①]如今的时代是开放、竞争、互动、并存的时代。互联网正在改变这个世界。经济上，网络化的普及使国家与国家之间的经济合作超越了地域的界限，变得更加便捷与高效，社会主义市场经济也融入了经济全球化的浪潮中，不同利益主体之间的价值取向更为多元和复杂。政治上，由于信息的快速传播，传统意义上的政治意识慢慢被打破，西方以经济利益发展为目标构建政治制度的价值标准正在侵蚀国内无政府主义者，社会主义意识形态面临着严峻的冲击和挑战。在文化上，互联网正在引领着一种崭新的文化交流方式，构建具有新时代特征的文化系统。中国传统文化与西方现代文化产生了更多的碰撞，以民族文化为背景的价值冲突凸显。经济利益导致的价值取向多元化，社会主义意识形态面临的挑战以及以文化为表象的价值冲突，这些决定了当今时代大学生的价值选择必然处在一个多元性与开放性的环境中。

（二）价值评价标准的相对性与模糊性

价值评价是主体按照一定的标准，对客体的价值属性所作出的肯定或否定的判断。在价值评价中，主体感到客体及其属性对自己有用、有益就作出肯定性的价值判断，反之，就作出否定性的价值判断。由于主体不同，价值评价标准也千差万别。在西方社会，价值评价的主体是个人，只要符合个人利益的需要就是有价值的。而马克思主义价值观认为，社会主义价值的评价主体是人民大众，符合广大人民群众的根本利益，促进人的全面自由发展是社会主义价值评价的最高标准。那么网络化时代对于当今大学生的价值评价标准产生了哪些影响呢？一方面，当代大学生主体意识增强。他们强调独立性和自主性，不仅需要自我认同更需要他人认同，在价值评价过程中强化主体意识，往往忽视集体需求。有些学生受到了西方利己主义价值评价标准的影响，更关注自我的价值评价标准，而无法为社会

---

① 胡子克.马克思主义理论教育概论[M].北京：人民出版社，2005：261.

整体利益负责。另一方面,面对纷繁复杂的网络信息,由于自身价值选择能力的缺失,又陷入了无法正确分辨是非的泥沼中。什么是应该坚持的,什么又是应该摒弃的,到底什么才是真、善、美,评价的标准越来越模糊,选择越来越困难。没有正确的价值评价标准,导致很多学生丧失了道德底线。

(三)价值理想的功利性与虚幻性

理想和信念问题是马克思主义人生价值观中首要解决的问题。马克思在他的中学毕业论文中,就已经把保证全人类幸福作为自己的理想。而在网络时代,当代大学生又怀揣怎样的理想与信念呢?网络信息技术的强大,让我们看到物质财富的不断积累与壮大,物质生活水平不断提高,这使西方的实用主义和利己主义在大学生的心里滋生和蔓延开来,很多学生把追求物质享受、满足个人利益作为人生的追求和理想,功利性的思想越来越明显。而目前的大学生又是“09后”,大部分是独生子女,父母的过分关注或溺爱造成了他们心智的不成熟,对现实生活的逃避,网络的虚幻性带给了他们暂时的自由和发泄,他们把理想寄予于虚幻的网络生活,但当人性在网络里进一步张扬的同时,理想的再次破灭使人又变得更加迷茫。

二、马克思主义价值观教育的基本原则

面对网络化时代大学生价值观变化的新特点,当代大学生马克思主义价值观教育必须坚持民族性与世界性相统一、主导性与个体性相统一、传统性与创新性相统一的基本原则,才能顺应时代的发展,帮助和引导大学生树立正确的价值观。

(一)民族性与世界性相统一

由于网络的普及,世界的政治、经济、文化正在以最快的速度不断变革,表现最为明显的是不同文化背景下的价值冲突。而民族文化之间的相互交流与融合,能够促进自身文化的发展壮大,同时影响本民族价值

观念的进步。因此，本民族的价值观也要与其他民族的价值观相互借鉴，取其精华，才能永葆活力和生命力。马克思主义理论也是在吸取了古典哲学、古典经济学、空想社会主义的有益理论成果后才建立起来的，它的最高品质就是与时俱进。社会主义核心价值观体系也应该是在坚持马克思主义科学理论为根本的基础上批判继承传统文化和在对外进行文化交流的过程中不断发展和完善的。因此，在大学生价值观教育过程中，首先要坚定马克思主义理论为指导，同时用世界的眼光来看待教育的环境和背景，分析和鉴别传统文化或外来文化中所包含的真理性内容，吸收和借鉴有益成果，做到兼容并包，这样才能契合时代的发展，才能满足大学生的教育需求，从而使大学生的马克思主义价值观教育既符合民族性又具备世界性。

（二）主导性与个体性相统一

价值评价是主体的认识活动，在价值评价过程中，由于主体需要的不同，价值评价也具有多样性的特点。但是，作为一个社会，总会追求一个客观价值评价的标准尺度。马克思主义价值观认为符合人类社会进步以及人的全面发展需要的标准就是客观的价值评价标准，这是区别于个人的主观尺度。

由于网络时代的价值主体多元复杂，从而造成了积极的、消极的、正确的、错误的价值观并存的局面。因此，在大学生的价值观教育中，我们必须树立正确而有权威性的主导价值体系。社会主义核心价值体系是我国大学生价值观教育的基础，因此，我们应通过教育使大学生个体的价值导向逐渐与社会主义核心价值体系相一致。其次，价值观教育是主客体相互作用的实践活动。在强调主导价值的同时，不能忽略个体价值的认同。如今的大学生是有个性的一代，合理的个人价值诉求应得到规范和引导，不能泯灭学生自身符合时代发展的价值观念，只有把主导价值与个体多样性价值有机统一起来，才能实现大学生价值观教育的实效性。

（三）传统性与创新性相统一

价值观教育不仅要立足本国实际，体现民族精神，并且更要与时俱进，不断创新和发展教育的新模式。“创新是一个民族进步的灵魂，是一个国家兴旺发达的不竭动力，也是一个政党永葆生机的源泉”[①]。时代的进步要求我们必须更新教育观念，创新教育方式和手段，不断提高教育者的自身综合素质。

第一，更新教育观念，实现全方位教育。传统的价值观教育主要是崇尚政治价值观教育，以思想政治教育课为基础，进行马克思主义理论教育。显而易见，传统的教育理念已经跟不上时代发展的需要，现在的大学生关注知识的领域更为广泛，思考问题的角度更为新颖，行为方式及实践活动更为多变，因此，我们必须更新教育观念，实现全方位教育活动。理论、观念、心理、活动等全方位的教育引导才能真正实现大学生马克思主义价值观教育的目标。

第二，改进传统的教育方式，创新现代化教育模式。传统的教育方式主要是指课堂面授的灌输式教育，这种方式目的性、计划性强，具有一定的优点，但同时缺乏新鲜感和时代感。网络时代的当下，大学生已习惯接受了传统的课堂教育，而更渴望参与到其他与网络媒介有关的教育方式，比如建立马克思主义价值观教育红色网站、微博、数字故事、体验式教育、自我教育等等，学生对于这些方式和手段更容易产生兴趣，从而使马克思主义价值观教育更具时代感和感染力。

第三，提高教育者自身综合素质。网络时代不仅使大学生面临着艰难选择，同样也给教育工作者自身发展带来了巨大的挑战。如今的教育工作者必须紧跟时代的步伐，必须学会运用多媒体、计算机网络技术，以此为载体进行知识和技能的传授，同时，具备全面多学科的专业素质才能解决学生提出的热点难点问题。因此，教育者只有不断提高自身的综合素质，才能担负起大学生马克思主义价值观教育的崇高使命。

---

① 中国共产党第十六次全国代表大会文件汇编[M].北京：人民出版社，2002：12.

高校大学生社会主义核心价值观认知与认同状况调查研究*

党的十八大提出:“倡导富强、民主、文明、和谐,倡导自由、平等、公正、法治,倡导爱国、敬业、诚信、友善,积极培育和践行社会主义核心价值观。”①2013年12月24日,中共中央办公厅印发《关于培育和践行社会主义核心价值观的意见》中明确指出:“培育和践行社会主义核心价值观,是推进中国特色社会主义伟大事业、实现中华民族伟大复兴中国梦的战略任务。”②培育和践行社会主义核心价值观同样是实现新疆社会稳定与长治久安的精神动力和思想基础。本文通过对新疆六所高校的大学生开展了问卷调查和座谈会讨论,就新疆大学生对社会主义核心价值观的认知理解以及认同状况进行了调查分析,探究新时期新疆高校大学生价值观的特点和规律,从而为社会主义核心价值观在新疆高校的内在认同和外在践行提供了科学的参考并对进一步研究奠定了良好的基础。

---

* 本文系教育部人文社会科学研究新疆项目青年基金项目“新疆少数民族传统文化与社会主义核心价值观认同研究”(15XJJCZH001)的阶段性成果,原载于《新疆社会科学》2016年第3期,选入本书时有删改。

① 胡锦涛:《坚定不移沿着中国特色社会主义道路前进为全面建成小康社会而奋斗——在中国共产党第十八次全国代表大会上的报告》[M].北京:人民出版社,2012:29.

② 培育和践行社会主义核心价值观[M].北京:人民出版社,2014:3.

一、调查问卷设计、信效度和样本情况

(一)问卷内容设计

调查问卷主要内容分为学生基本信息和基本问题两个部分。基本问题主要从六个维度进行设计,其分别是"三个倡导"、爱国爱疆、团结互助、敬业奉献、包容创新、综合育人。"三个倡导"维度旨在调查了解新疆大学生对于十八大提出的社会主义核心价值观"三个倡导"的主要内容的认知和认同状况;"爱国爱疆、团结互助、敬业奉献、包容创新"四个维度分别从国家和民族发展层面、社会发展层面、个人发展层面以及文化发展层面调查新疆大学生对于自身倡导的社会主义核心价值观的认知和认同状况;"综合育人"维度旨在了解社会主义核心价值观在新疆高校认知认同状况的影响因素以及相关对策建议。

(二)问卷信度和效度讨论调查

问卷采用克隆巴赫系数作为问卷信度的检验指标,a系数为0.725,各个因数的Q系数均在0.8左右,问卷可信度较高。问卷的效度主要测量的是内容效度。在问卷设计过程中,通过专科生、本科生及研究生座谈会和个别访谈对于问卷的问题项目进行了多次测试、讨论和论证,修订细节,更改不恰当的用语表达。多次邀请思想政治教育理论专家、教育学专家、心理学专家等对问卷进行审查,并采纳了专家组的合理建议修改问卷,最终保证问卷的维度和问题项目能够涵盖新疆高校大学生社会主义核心价值观认知与认同状况的各方面的内容。

(三)问卷发放和样本信息统计

问卷以新疆大学、新疆师范大学、石河子大学、喀什师范学院、伊犁师范学院、新疆职业大学等六所院校的大学生为调查对象,采取分层随机抽样方式抽取调查样本。首先,样本分为专科生、本科生、研究生三个类型,

专科生样本主要来自新疆师范大学和新疆职业大学,本科生和研究生的样本六所高校都有涉及;其次,在每一类型中以民族成分和年级再次划分抽样类型,确保少数民族学生样本在总样本中占一定比例,并且确保样本涉及每个年级的大学生,最终确保抽取的样本有较好较强的代表性。本次问卷调查共发放问卷820份,回收问卷812份,回收率为99.0%,其中有效问卷801份,占实际回收问卷的98.6%。

从样本的信息统计来看,调查对象中性别比例为男性32.9%,女性占67.1%;民族成分中汉族占53.3%,少数民族占46.7%;学历水平中专科生占14.9%,本科生占55.7%,硕士生占27.4%,博士生占2.0%;所在年级中一年级占25.1%,毕业班占23.7%,其他年级占51.2%;生源地中来自疆内的大学生占77.3%,疆外大学生占22.7%;政治面貌中党员(预备党员)占31.5%,其他占68.5%。从调查对象的基本信息我们可以看出,调查对象来自不同民族、不同地域,不同年级以及经济状况不同的家庭背景,这些因素对于大学生价值观念的养成都存在一定的影响,同样也影响着他们对社会主义核心价值观的认知和践行,在对这些因素考察的基础上,我们将进一步对社会主义核心价值观在新疆高校认知认同的状况进行研究和分析。

二、数据分析与讨论

(一)"三个倡导"维度

对社会主义核心价值观"三个倡导"的认知理解是新疆高校大学生社会主义核心价值观培育的前提和基础。调查主要涉及对于社会主义核心价值观"三个倡导"的认知、理解、重要性和了解途径四方面的内容。

据调查显示,不同年级的大学生在认知上存在着一定的差异,大一新生较其他年级的学生相比认知程度偏低,文科专业的学生认知程度略高于理工科、艺术类专业的学生,而汉族和少数民族学生对于该问题的回答并不存在明显差异。在对"三个倡导"内容表述的选择中,选择的比重依次是:"民主"65.3%、"和谐"59.5%、"富强"51.0%、"文明"43.0%、"法治"

38.5%、“平等”33.5%、“爱国”31.0%、“公正”28.8%、“诚信”28.0%、“自由”27.8%、“友善”16.8%、“敬业”14.8%。从这组数据可以看出，大学生对于贴近自己生活实际，在生活中经常学习和了解、经常所听所闻的价值观念比较容易接受，而对于与自己生活和利益不太相关的价值观念接受程度相对较低。

在对于社会主义核心价值观“三个倡导”的理解上，调查结果显示大部分学生对于“三个倡导”的内涵有所了解，但完全理解所占比例不高，说明学生对于内容的认识没有完全的把握，缺乏足够的信心，认识仅停留在相对表面浅显的层次。还有将近15.3%的学生对社会主义核心价值观一无所知，这说明还有相当数量的学生存在教育空白。

在认为社会主义核心价值观“三个倡导”是否必要的问题上，调查显示将近91%的大学生认为倡导社会主义核心价值观是很必要的，这说明了大学生对于社会主义核心价值观的必要性和重要性有了一定的认识，同时也表现出了接受社会主义核心价值观教育的意愿，预示我们加强社会主义核心价值观教育是当前新疆高校的当务之急。

最后，在调查大学生认知社会主义核心价值观“三个倡导”的途径上，发现思想政治理论课是认知的主渠道，其次是通过电视和网络了解，而通过报刊、广播、班级活动及其他方式了解的比例相对不高，这体现出在社会主义核心价值观培育过程中，思想政治理论课仍然是当前教育的主阵地，思想政治理论课教育效果的好坏直接影响到大学生对于社会主义核心价值观认知理解程度的高低。

（二）“爱国爱疆、团结互助、敬业奉献、包容创新”维度

1.爱国爱疆

新疆高校社会主义核心价值观的凝练和建构应根植于新疆多民族、多宗教和多元文化的现实土壤中，应符合新疆高校大学生多元一体的特质，应放在新疆历史文化的发展进程中。“爱国爱疆、团结互助、敬业奉献、包容创新”从国家、社会、个人、文化四个层面诠释了新疆高校大学生应培育和

践行的社会主义核心价值观。

2.团结互助

在社会发展层面,各民族之间的团结互助是新疆人民的生命线,更是新疆大学生在社会交往中必须遵循的价值准则和行为规范。通过调查发现,大学生对于“三个离不开”思想这一重要的民族团结政策认知和理解程度较高。这说明在新疆“少数民族离不开汉族,汉族离不开少数民族和各民族之间互相离不开”的思想认识已经深入人心。

在一些具体问题的看法上,对于民族团结理念是新疆大学生在学习和生活中首要树立的思想认识和行为规范,96.4%的大学生表示赞同。学生普遍也认为对于少数民族的风俗习惯应予以尊重,85.0%的学生还表现出互相学习对方语言文字的意愿,将近94.2%的学生赞同在学习和生活中,少数民族大学生与汉族大学生应互相帮助,共同进步。这些都表现了新疆大学生强烈的民族团结意识和互助精神。但对于民汉学生合班合宿的看法,将近一半的学生表示赞同,18.5%的学生说不清楚,还有28.5%的学生不赞同,这说明各民族大学生合班合宿的做法还需要循序渐进的推进,不能一蹴而就。

3.敬业奉献

在个人发展层面,敬业奉献是新疆人民引以为豪的伟大品格,也是新疆大学生实现个人价值的核心理念。在调查过程中,对于在新疆历史发展过程中,各族人民发扬奉献精神所起到的重要作用,91.9%的大学生表现出了肯定和认可,89.5%的大学生把奉献作为自己人生价值追求的目标之一。对于大学生应该不怕环境的艰苦,选择国家最需要的地方就业的看法,78.3%的大学生表示赞同。

当问到是否愿意到基层就业,70.7%的大学生选择非常愿意或愿意,11.1%的大学生无所谓,14.1%的大学生不愿意,4.0%的表示说不清楚。甘于奉献、愿意到基层就业的意愿是非常显著的,但大学生是否能够真正做到将自己的利益完全与国家的利益统一起来,是否能够将自身奉献给国家和集体,这考验了大学生对于敬业奉献的内涵是否真正了解,考验了到基层就业的意愿是不是自觉的意识行为。

4.包容创新

在文化发展层面，包容创新是新疆大学生最具特色的核心价值理念。新疆是多民族聚居和杂居、多种文化体系交错融合，多种宗教并存和相互渗透的地方，新疆大学生既是优秀传统文化的继承者也是现代文化的引领者，他们对于文化认知态度关系到新疆文化发展的方向，更关系到新疆民族团结和稳定。

从调查来看，对于新疆文化发展的认知，大部分学生有着正确的认识和态度。对于新疆文化发展的历史和现状，88.9%的大学生非常赞同或赞同新疆存在少数民族传统文化、宗教文化、兵团文化等多元文化要素，93.5%的大学生认为应该继承和发扬少数民族传统文化的精华，抛弃其中的糟粕。对于现代文化与传统文化之间存在价值冲突，很难融合的看法，表示不赞同的占46.4%，16.6%表示说不清楚，这也反映出大部分学生对于多元文化的融合是表示肯定的。对于新疆文化发展的方向，88.1%的大学生赞同在全球化背景下，新疆传统文化应该向国际化方向发展，7.3%的大学生对这个问题说不清楚，仅有3.9%的大学生表示不赞同。这反映出大部分学生对于新疆文化发展方向有着发展性和现代性的认知。

（三）“综合育人”维度

新疆大学生社会主义核心价值观的认知与实践既要重视主体内在自觉认同的内在路径和机制，更要重视创造认同的外部条件和践行途径。在外部机制中，高校思想政治理论课是进行社会主义核心价值观教育的主渠道和主阵地，在对目前新疆高校思想政治理论课教学状况满意程度的调查中，62%的大学生是认可和接受本校思想政治理论课的教育教学，但还有38%的学生表示不是很满意甚至很不满意的态度，在问到不满意的原因时，31.4%的学生选择了教学形式的单一枯燥，这一原因比例最高。其次是理论无法联系实际，缺乏实践安排、数据共同反映出课堂教学的简单与程序化，缺乏实践教学形式和内容的挖掘和开展，这将是今后新疆高校思想政治理论课必须改进和创新的方向。

在对于目前社会主义核心价值观融入思想政治理论课的实际效果调查中，我们发现，仅有一半的学生认为在思想政治理论课中接收到了社会主义核心价值观相关教育内容，教育效果比较深刻，33.6%的大学生认为仅是泛泛而谈，停留于表面，这说明思想政治理论课在培育和践行社会主义核心价值观这一历史任务中发挥的作用并不显著，在教学途径和内容上还需进一步完善创新，课堂教育任重而道远。

学校开展的各项工作为社会主义核心价值观教育提供了实践的途径和条件（见表1）。在调查过程中我们发现，帮助大学生进行人生规划及就业指导是大学生最关注的工作，所占比例最高，其次希望加强校园文化活动，再次是加强思想政治教育，帮助学生树立正确的价值观导向，同时大部分学生也表现出希望获得学习方法指导的意愿，由此可以看出，大学生在学校的学习和生活过程中，排到首位的是就业压力，其次才是学习压力、经济压力，因此引导大学生树立正确的职业价值观是价值观教育中非常重要的内容。

表1　在社会主义核心价值观教育过程中学校各项工作状况调查

选　项	频　数	有效百分比
加强思想政治教育，帮助学生树立正确的价值观导向	480	60.0
切实提高教育教学质量	477	59.5
帮助大学生进行人生规划及就业指导	617	77.0
加强对学生学习方法的指导	465	58.0
加强对学生心理健康的辅导	573	71.5
加大对经济困难学生的资助力度	421	52.5
加强校园文化活动	533	66.5
加大校园环境的治理力度	368	46.0
其他	28	3.5

在学校的软实力和硬件建设方面，对于学校教师教书育人的表现评价较高，这说明学校的师资情况可以满足学生的需求。在校风、学风以及校

园文化建设的软实力上，学生普遍还是比较满意的，但在硬件设施上，包括学习、活动、娱乐场所以及生活设施上，没有达到很高的满意度，这也说明新疆高校普遍存在学生学习和生活设施设备的不完善状况，这与学生不断增长的需求是不相适应的。

三、问题与结论

第一，对社会主义核心价值观“三个倡导”的认知理解不够深刻。虽然不同年级和专业对于“三个倡导”的认知理解程度不一，但总体来看，新疆大学生对社会主义核心价值观提出的时代背景、建构的时代意义、“三个倡导”的本质内涵认知理解还不够深刻，具有一定的片面性。这是社会主义核心价值观在新疆高校培育必须首要解决的问题。

第二，对“爱国爱疆”彰显高度认同，但表达方式匮乏。在态度层面上，新疆大学生对党和国家的路线、方针和政策彰显高度认同，对国家和新疆、政府各项工作给予充分关注，对国家和新疆政治、经济、文化以及社会未来发展趋势持乐观态度，深刻体现了新疆大学生普遍存在的爱国爱疆情结和社会责任感。但是在行为层面上，作为一名当代的新疆大学生，如何来爱国爱疆，如何表达这份情结，是大部分学生难以解答的难题。

第三，“团结互助”意识强烈，但知行不一。新疆大学生表现出了强烈的民族团结意识，认同团结互助价值理念对于新疆发展的重要性，但是面对具体问题时如合班合宿，又表现出了与之相反的行为取向，这说明在社会主义核心价值观教育过程中新疆大学生需要加以正确引导和疏通。

第四，对“敬业奉献”表示认同，但缺乏自觉意识。在实现个人价值过程中，大学生认同将敬业奉献的精神予以传承，将个人利益与国家和集体的利益统一起来，但面对现实情况时，比如在就业选择，是否愿意下基层就业等问题上，还存在一定的实用主义和个人主义倾向。这说明对于敬业奉献价值理念的认知和理解还停留在浅显的层面，并没有深刻领会它的内涵。

第五，对“包容创新”认同一致，还待深化。总体看来，在文化发展的认知上，新疆大学生都建立了一致的认同态度，表现出正确对待文化问题的良好素养，但是我们还应该看到，文化体现在每个大学生的日常学习和生活中，体现在风俗习惯中，体现在穿着打扮中，还体现在思维方式中，大学生作为现代文化的引领者，如何创新，如何将传统文化与现代文化结合，开创出具有国际化发展方向的新疆文化，这对于新疆大学生来说任重而道远。

第六，教育教学系统的综合育人功能有待进一步加强。思想政治理论课是大学生思想政治教育的主阵地，也是进行社会主义核心价值观教育最重要的途径。目前，思想政治理论课的效果并不理想，尤其是在社会主义核心价值观教育的内容和方法上，还需要进一步加强和创新。同时，社会主义核心价值观教育是一个综合性的系统教育，新疆高校还需不断加强学校的各项工作，创造良好的学习生活环境，高校教师、教辅、学生管理、后勤服务等各部门紧密配合，协调一致，共同做好教书育人的工作，才能增加学生对于学校和教师的信任感，才能增强学生对于国家和社会的认同感，才能在价值观的形成中发挥身体力行的作用。

建立健全社会主义核心价值观培育的测评奖惩机制*

社会主义核心价值观培育过程中,测评奖惩机制是社会主义核心价值观取得实效性的关键环节和保障。所谓奖惩是指“社会组织根据其价值标准和一定的组织形式对其成员履行社会义务的不同表现及其后果,以物化、量化的形式所实施的报偿,包括对行为优良者给以物质的或精神的奖励,对行为不良者给以物质的或精神的制裁”①。培育和践行社会主义核心价值观的目的在于使社会主义核心价值观成为所有社会公民应该尊崇的价值判断和遵守的行为准则,更重要的是有效地身体力行,但是在社会生活的具体实践过程中,并不是所有人都能够有效地践行。自觉遵守者也许并没有获得什么显而易见的利益,反而某些违背它的人却能获得更多的利益,因此,“如果现实生活中的道德总是与社会存在以及人们的实际利益不一致或相互冲突,即按道德做事的人总是得不到利益,而按利益做事的人总是得到利益,那么社会所宣传的道德就很难被人们认同、接受”②。那么,为了社会主义核心价值观能够被人们普遍遵循,就需要建立一种奖惩

---

* 本文系新疆维吾尔自治区重点学科思想政治教育专业2014年度招标课题“新疆高校大学生社会主义核心价值观培育研究”(14XSQZ0303)阶段性成果,原载于《前沿》2014年(ZC),选入本书时有删改。

① 唐凯麟.伦理学[M].北京:高等教育出版社,2001:203.

② 周玉.社会主义核心价值体系大众化研究[M].北京:人民出版社,2012:278.

机制，对于不同的行为给予奖励或者惩罚，保证社会主义核心价值观的有力践行。在社会主义核心价值观培育过程中，通过测评奖惩机制对公民行为进行规范约束，使他们能够深刻认识正确与错误，分辨是非，是培育社会主义核心价值观非常必要的措施。

一、测评奖惩对社会主义核心价值观培育的意义

首先，测评奖惩机制是人们遵循社会主义核心价值观的重要保证。马克思认为人是一切社会关系的总和，人具有自然属性和社会属性，而社会属性是人区别于动物的本质特征，但这种社会属性不是生来就有的，必须在一定的社会环境生长中逐渐形成，人是社会性的产物，因此，人必须受到社会规则的约束和制约。一个人在没有监管或不会受到惩处的情况下，他的行为很容易不受自我控制，做出违背社会准则的事情，极有可能不遵守主流社会所倡导的价值准则和道德要求。而社会奖惩这时就要发挥它的作用，利用社会性的外在干预形式引导和要求社会成员的行为必须符合社会组织所倡导和要求的行为。社会奖惩就是“由一定社会组织按照一定准则要求和组织程序对个人行为作出裁决，它表达该社会组织提倡和肯定什么样的行为，反对和否定什么样的行为，它往往附有社会组织力量和行政措施的支持，具有权威性和强制性，不管个人愿意与否，只要个人的行为符合就可以予以肯定和奖赏，反之就会受到惩处”[①]。社会主义核心价值观在培育过程中，其“三个倡导”的价值理念应该受到了全体公民的肯定和认同，它是全体公民应该遵循的价值准则和道德要求，我们通过科学合理的评价体系，进行测评，对于体现这一价值理念的行为，大力宣传和奖励，从正面肯定社会主义核心价值观的吸引力，而对于违背这一理念的不良行为我们加以处罚，则能彰显社会主义核心价值观的权威性，警示不良行为的公民能够认识到错误，以后予以改正，这样一奖一罚，保证了社会主义核心价值观培育的实效性。

---

① 周玉.社会主义核心价值体系大众化研究[M].北京：人民出版社，2012：278.

其次，测评奖惩机制促进“他律”向“自律”的转化，实现个人正确的价值观念的生成。每个个体都有处于个人社会化过程中最重要的阶段，思想认识和价值观念处在逐渐养成的时期，在这一过程中，主要受到内在驱动力、外在压力和吸引力三种动力的影响。其中外在压力和吸引力是“他律”的表现，在测评本身也是外在压力的体现，在测评过程中，产生过违规不良行为的个体会有一定的心理压力，这来自对于即将受到惩罚的恐惧，通过惩罚使个人明确认识到自我行为中哪些是错误的，哪些是正确的，在今后的学习和生活中能够改弦易辙，当自律意识不强的个人想要再次发生不良行为时，会想起上次的惩罚，而放弃犯错的念头，知难而退，这就使“他律”转化为了“自律”。对于有突出表现的个人予以奖励，使他获得正面的社会评价，可以对他今后同样的行为起到鼓励和支持的作用，同时对其他同学也发挥了很多教育作用。因此，测评奖惩机制能够促进每个人“他律”转向“自律”，生成正确的价值观。

最后，测评奖惩机制是形成良好社会氛围的有效保障。“一个社会赏罚分明，便会对社会大众起到良好的督促作用。它犹如一种酵素，推动着人们按照社会所倡导的道德规范去严格要求自己，规范和约束自己的行为，并由此进一步推动社会道德欣欣向善。反之，如有一个社会奖罚错位，是非混淆、善恶颠倒，那么，它必然会扶邪驱正，推动着道德之风的腐败和堕落以及道德危机现象的蔓延”[①]。奖惩体现的是一种价值导向。在每个人心中，受到奖励的个人会产生强大的榜样示范作用，受到其他人的赞赏和认可，这种正能量会随着宣传而辐射整个社会，为社会主义核心价值观的实践创造良好的社会氛围；另一方面，受到惩处的个人也会迫于其他人的排挤而深刻反省，从而改邪归正，同时对于他的惩罚会在其他人中产生一定的威慑力，警示他人。良好的社会环境氛围要靠每个人共同来营造，这也是社会主义核心价值观在社会生根发芽的土壤，所以我们必须保证土壤

① 龙静云.治化之本——市场经济条件下的中国道德建设[M].长沙：湖南人民出版社，1998：207.

的质量，测评奖惩机制能够帮助我们净化社会环境，营造从善如流、疾恶如仇的良好风气，是形成良好社会环境的有效保障。

二、如何建立健全测评奖惩机制

在社会主义核心价值观培育过程中，应制定社会主义核心价值观培育测评体系，适时开展具有实效性的测评奖惩，建立健全科学合理的价值行为评价体系，在社会的各个系统中开展绩效评估，对个体综合素质进行全面测评，使每个人了解什么是正确的，什么是错误的，应该倡导什么，应该抵制反对什么。

以高校为例，建立健全社会主义核心价值观培育测评机制，应注意以下四个方面。第一，测评目标。很多高校制定的测评体系主要目的是重点选拔优秀的大学生，注重奖励和惩处，这样的测评体系没有延伸和活力，社会主义核心价值观教育的测评体系应该具有发展性，应以学生为本，测评的最终目标是推进社会主义核心价值观的认同和践行，促进大学生全面素质的提高和发展，实现全面育人的教育目标。第二，测评主体。测评主体的选择应坚持多元化的原则，不仅包括教师、领导，还应包括辅导员、班主任、社会各界以及大学生自身，这样测评的结果才能完整而真实，看问题才能客观而公正。第三，测评内容。测评内容应该包括认知和行为两个层面。在认知层面，不仅测试考试成绩，还应包括实际的效果；在行为层面，不仅测评平时表现，还应测评整个学习过程，这样才能实现多形式、多层面的综合性测评。第四，测评标准。测评标准的制定必须客观合理。最好以定量测评与定性测评相结合，将静态测评与动态测评相结合，测评方式具有针对性和可操作性，同时简单易行。

测评机制是奖惩机制的基础和前提，测评结果可以作为奖惩的依据。奖惩机制的完善可以实现测评机制的意义与价值，不仅能够监督和制约有不良行为的个人纠正行为，同时也能对其他人起到规范和约束的作用，更重要的是让每个人深刻认识社会主义核心价值观的重要性，对社会主义核心价值观能够身体力行。建立健全奖惩机制主要注意以下两方面。一方面,注重精神奖励,形式丰富多样。现在一谈到奖励,很多人只看重物质层面的奖励,而忽视了精神奖励。践行社会主义核心价值观的奖励应注重精神层面的奖励,可以配合适当的物质奖励,这本身就是对个人价值趋向的引导教育,克服个人拜金主义和物质至上的思想。精神奖励的形式可以采取丰富的有意义的多种形式,大会表彰,广播宣传,网络展示,集体活动学习、宣讲等,生动多样地开展有利于模范榜样作用的发挥,也有利于激励个人继续创先争优,更好地践行社会主义核心价值观。另一方面,惩戒以说服教育为主,配合做以心理辅导,解决实际问题。对于有不良行为个人的惩处,不能采取简单粗暴的形式,应该采取沟通交流,疏导思想,说服教育的方式,先全面了解情况,帮助分析导致错误行为的原因,有必要的话进行心理沟通辅导,避免学生产生逆反仇视的心理。惩罚不是目的,只是一种手段,目的在于引导存在错误行为的个人能够改正错误,向着社会主义核心价值观倡导的行为方向发展。

大学生社会主义核心价值观培育中的双向互动机制*

在大学生社会主义核心价值观培育过程中，不仅需要作为接受者的大学生完成对于社会主义核心价值观这一教育内容从心理到行为的认同内化，并且还需要作为施教者的教师和学校管理者与学生双向沟通交流，实现情感的交融，获得学习和体验信息的反馈。因此，在大学生社会主义核心价值观培育中，应建立师生之间的双向互动机制，提高教育的实效性。

一、双向互动机制的内涵

大学生社会主义核心价值观培育的双向互动机制就是指在大学生社会主义核心价值观培育过程中，发挥教师和学校管理者的主导地位，尊重大学生的主体需求，在师生互动中实现情感交融和情感体验，将社会主义核心价值观在双向沟通的基础上内化为大学生的价值取向和行为准则，并及时反馈践行的效果。双向互动机制对于社会主义核心价值观在高校的培育有着重要的意义。

（一）增强教育的针对性

双向互动机制充分发挥了教师的主导作用，尊重了大学生的主体地

---

* 本文原载于《学习月刊》2015年第10期，选入本书时有删改。

位。教师是教育信息的编码者、发送者与导控者，是教育内容和形式的引领者。教师的主导作用体现在教育内容的权威性，而学生是教育信息的解码者、接受者和反馈者，师生之间只有相互交流沟通，实现平等的对话，才能使学生将自己的学习心得体会和内心最真实的想法说出来。教师通过沟通掌握学生学习的情况，针对教育过程中缺失的地方进行补漏，对学生的心结和困惑进行说服教育，这样才能提高教育的针对性和实效性。

（二）增强教育的艺术性和科学性

师生之间的双向交流互动使学生的主体地位得到了尊重、意识增强，从心理上更容易接受教师的教育活动，心悦诚服地接受疏导甚至是批评。即使对于敏感性的问题，也能自然而然地克服和消除原有的对抗情绪和逆反心理，开诚布公地发表自己的观点和看法，师生之间建立彼此的信任感。

（三）增强教育的积极性和主动性

在双向互动机制中，其中重要的一点就是尊重学生的主体性，这也是区别于旧的传统教育理念和模式的最大特点。大学生具有思维活跃、反应敏捷、容易接受新事物的特点，当学生成为受教育的主体，就能发挥自身的能动性、积极性和主动性，将自身的聪明才智用到学习中来，使问题更好更快地解决。

二、建立健全双向互动机制

高校在社会主义核心价值观培育过程中，实行师生双向互动机制关键在于发挥教师、学校管理部门和学生的主体作用。教师主体性的强弱，直接影响着主导作用的好坏，学生主体性的强弱，直接影响着教育活动的效果。只有在增强师生双方主体性的基础上，实现有效地沟通与交流，及时反馈教育信息，才能达到教育活动的目标和效果。

(一)树立"相互学习、彼此欣赏、共同提高"的教育理念

就是在大学生社会主义核心价值观培育中实现"以人为本",以学生为本,让学生在轻松愉快的环境中欣然地学习接受社会主义核心价值观。

一方面,在思想政治理论课教学过程中,互动式的教学方式非常重要。关于思想政治理论课是社会主义核心价值观理论认知的重要途径,一是必须告诉学生社会主义核心价值观是什么,在教师以语言、内容、方法、手段和活动等中介,完成理论灌输。二是教师应该把时间留给学生,让学生进行讨论交流,将理论知识消化成个人认识,三是将学生学习的结果反馈于教师。在整个过程中,就需要教师与学生之间对学习内容进行沟通交流。教师对于学生存在偏差的认识予以纠正,使学生加深理解;学生的信息给予老师一定的启发,调整教学中不科学不合理的地方,最终达到双方对于社会主义核心观认同的一致性。这就体现了相互学习、彼此欣赏、共同提高的教育理念。

另一方面,在学校管理者对学生的教育过程中,更要注重双向互动的方式。一般情况下,学校管理者主要面对的是需要重点教育的学生,这些学生的行为或多或少都存在偏离正确价值取向的情况。在对这些学生的教育过程中,要使他们树立正确的价值观,首要的就是相互尊重。管理者必须了解学生的所思所想,以平等的态度相互了解,以倾听的方式沟通对话,减少学生逆反心理,建立师生之间的信任,最终实现对于社会主义核心价值理念的心理和行为认同。此外,管理者不仅应该引导学生树立正确的价值理念,而且要帮助学生改正错误的行为。要发掘学生的主体潜能,培养学生的主体意识,发展学生的主体能力,塑造学生的主体人格,引导学生积极参加有益的社会实践,在实践中体验社会主义核心价值观,实现学生的自我教育自我约束,使他们在学习和生活中自觉践行社会主义核心价值观。

(二)搭建双向互动的"平台""桥梁"和"纽带"

一是在课堂教学中,应建立讨论、探索和研究的互动式教学模式。如

课堂讨论、专题座谈、学习沙龙、学术研讨等活动，引导学生进行广泛的学习和深入的讨论。从而培养学生主动学习的意识，提升学生自我学习的能力，将课堂理论知识融会贯通，在思想交流中擦出知识的火花，将社会主义核心价值观潜移默化在内心。

二是在学生教育管理中挖掘互动模式。在对重点问题学生的教育管理过程中，可以采取个别谈心的方式。在谈话中要注重方式方法，建立平等的沟通与交流。高校中有一部分学生因自身学习成绩不好或曾经犯过错误，不愿意跟班主任或辅导员老师说话，在遇到困难时，偏向于寻求网络或其他途径帮助，教育管理者应重点关注此类学生，建立和其他学生之间同等的沟通桥梁。因而在谈话活动中，对于实施谈话者和谈话对象都应不分成绩好坏或成长记录优良，对于教师和学生一视同仁。在谈话过程中，教师应语气平和，态度和蔼，多倾听，先给学生解释、说明、表白和申辩的机会，再针对学生不正确的思想认知进行分析和疏导，以说服教育为主，让学生心悦诚服地提高思想认识，改正错误行为。

三是利用网络媒介构建平等对话和交流的平台。随着互联网的不断发展，互联网已经成为学生发泄情绪、表达意见的重要途径和方式，互联网的虚拟性、匿名性和开放性的特点，让学生可以通过网络自由表达自己的思想观点和认识看法，因此，教师和学生管理者应该合理利用这一媒介，与学生在网络上沟通与交流，学会使用网络用语，掌握学生的思想动态，针对线上暴露的问题，线下制定解决方案合理解决。

（三）借助多样的双向互动形式促进教育的和谐

在教育过程中，教师和学生既是主体又是客体，是以时间、条件为转移的，这里不仅包括教师和学生之间的双向互动关系，还应该包括教师与教师之间，学生与学生之间，教师与学校管理者之间，学生与教育环境、教育内容、教育手段和教育方法之间的双向互动关系。因此，大学生社会主义核心价值观培育的双向互动机制应该是呈现多样性的双向互动。在整个教育系统中，教师与教师之间的沟通交流能够完善教育内容和方法；学生与学生之间的互通有无可以打开思路,增进学习效果;教师与学校管理者之间的沟通交流可以将理论与实践相结合,促进教育实践的发展;教育环境的改善又能为教师和学生的教与学奠定良好的基础,创造优越的条件。只有各个要素之间形成良性的沟通交流和互动,才能形成合力,共同推进大学生社会主义核心价值观培育的和谐发展。

基于传统家风培育大学生社会主义核心价值观的思考*

古语有云“天下之本在家”。习近平总书记在党的二十大报告中指出“实施公民道德建设工程,弘扬中华传统美德,加强家庭家教家风建设”“以社会主义核心价值观为引领,发展社会主义先进文化,弘扬革命文化,传承中华优秀传统文化”[①],表明了培育社会主义核心价值观要立足中华优秀传统文化,要重视家庭、家风的建设;同时也说明,培育社会主义核心价值观离不开传统家风的传承发扬。当今时代,大学生是我国社会主义事业的建设者和接班人,大学生的价值观影响着国家的发展,对大学生培育社会主义核心价值观更应立足中华优秀传统文化,而传统家风正是中华优秀传统文化的方面之一。

2021年10月23日《家庭教育促进法》的通过,充分体现了党和国家对家庭教育的高度重视。家庭教育涉及很多方面,但最重要的是品德教育,这正与培育大学生社会主义核心价值观相契合。因此,立足传统家风培育大学生社会主义核心价值观具有重要意义。

---

* 本文原载于《时代报告》2022年8月第7期,与寇钰合作,选入本书时有删改。

① 习近平.高举中国特色社会主义伟大旗帜为全面建设社会主义现代化国家而团结奋斗——在中国共产党第二十次全国代表大会上的报告[M].北京:人民出版社,2022:43-44.

一、传统家风的内涵意蕴

家风是一个家庭世代相传展现家庭成员的精神面貌、道德品格、审美品位和整体气度的家风文化风格。传统家风的思想内涵意蕴深妙，包括重品崇德、勤俭持家、勤学励志、诚实守信等。这些价值理念随着时间的推移和历史的潮流不知不觉间已经渗透到我们的道德血液里，在当今谈起传统家风的内涵仍然具有共鸣。在传统家风中以“修身、齐家、教子、处世”为主的家风内涵为培育社会主义核心价值观提供了宝贵的资源支持。

（一）以德为重，修身之本

历代以来，中国传统家风以德为重，修身先从德做起。人而无德，行之不远。一个人若要成大器，除了具备丰富的知识和精湛的学问，必然要有优良的品德和素养。《礼记·大学》有言：“大学之道，在明明德，在亲民，在止于至善。”其中，明明德，就是指要彰显美好的德行；陆游的《放翁家训》要求子女要做好人，也是从子女品德教育为重；曾国藩在家书中告诫子孙读书有两件事：“一者进德之事，讲求乎诚正修齐之道，以图无忝所生；一者修业之事，操习乎记诵辞章之术，以图自卫其身。”[①]一个是进德，一个是修业，由此可见，曾国藩重视进德为先，要求子孙先是培养自己的品德，再提升自己的修养。传统家风中，重德修身是各家家风的核心内容，唯有先立德修身，才得以做人。

（二）勤俭为首，齐家有道

勤俭持家自古以来早已被无数文人志士所称道，不断传承，它不仅是齐家有道的内涵，也是中华民族的优秀传统美德。孔子在《论语·述而》主张：“奢则不孙，俭则固。与其不孙也，宁固。”道明节俭能养德，奢侈则败德。在俭与奢之间，宁俭勿奢。《朱子家训》中的“一粥一饭，当思来处不易；

① 曾国藩.曾国藩家书[M].北京：线装书局，2014：100.

半丝半缕，恒念物力维艰”也在告诫子孙后代，一点点衣食都来之不易，要勤俭节约。范仲淹以清苦节俭持家教育子弟。范仲淹虽身居高官，但其一生极其节俭，“非宾客不重肉，妻子衣食仅能自充”，他们家如果不是有客人来了，基本不会吃肉，他的妻子和儿子们过的生活都只是在温饱线上。范仲淹的节俭品德，后来在范氏家族中一直传承，范仲淹的第三代也能严守节俭之风。

（三）勤学励志，教子有方

古人对子女的教育注重读书习惯的养成、要求子女要立志，做有用之才。勤学励志也是传统家风的重要内容之一。勤学励志的内涵主要是指要多读书，清代大臣曾国藩在给儿子的家书中写“愿为读书明理之君子”，希望儿子通过读书明白做人的道理，把学到的知识内化为修养，成为真正的君子。在《勉学》中颜之推劝诫子孙，学习是人生中重大之事。他告诫子孙“自古明王圣帝，犹须勤学，况凡庶乎！”旨在说明，连皇帝都要勤奋读书，更何况我们一般的老百姓呢？欧阳修的母亲教育儿子用画荻教子的方式启示儿子勤奋读书。苏轼在《和董传留别》中写下“腹有诗书气自华”，更是说明读书让人气质光彩夺人。因此，传统家风中将勤学励志作为教育子女的家风数不胜数。

（四）诚信为先，处世之则

为人处世之则也是传统家风的重要内容，涉及人际交往的方方面面。而讲诚信则是最基本最起码的准则。首先诚信是中华民族的传统美德，诚信是人性之德。《论语·子路》中讲“言必信，行必果”，强调生活中，与人交往，要言而有信，说话算数。人与人之间以诚相待，就能和谐交往。其次，诚信是家和之道。魏征说“夫妇有恩矣，不诚则离”，只要夫妻之间以诚相待，就能和睦相处，家庭也会兴旺。再次，诚信也是为政之法。在《左传》中记载，有“信，国之宝也”。提出了诚信是治国的法宝。如果百姓不信任统治者，那么国家的朝政根本无法立脚。所以，统治者必须取信于民，为政才可得民心。诚信不仅在个人、家庭、为政中体现，还体现在明清时期的诚信经商中，诚信是商人的经商之本，讲经营货真价实，诚信经营。

二、传统家风培育大学生社会主义核心价值观的时代价值

家风不仅关系到一个家庭的盛衰，更关系到国家和民族的发展。为了更好地培育大学生社会主义核心价值观，要发挥传统家风的时代作用，与大学生所处环境相结合。习近平总书记也指出："中华优秀传统文化源远流长、博大精深，是中华文明的智慧结晶……是中国人民在长期生产生活中积累的宇宙观、天下观、社会观、道德观的重要体现，同科学社会主义价值观主张具有高度契合性。"[①]因此，站在时代角度，把握大学生培育社会主义核心价值观的时代意义要联系好与传统家风的关系，把握住传统家风对培育大学生社会主义核心价值观的时代价值，使大学生涵养德的素质，社会主义核心价值观落地生根，增强社会主义核心价值观的认同感。

（一）有助于大学生小德与大德的辩证统一

传统家风对培育大学生社会主义核心价值观，有助于涵养大学生的德。这里的德，正如习近平总书记说的"核心价值观，其实就是一种德，既是个人的德，也是一种大德，就是国家的德、社会的德"[②]。它所承载的是一种积极进取的追求。大学生社会主义核心价值观的培育既要抓好小德，又有抓好大德。源远流长的传统家风文化有助于滋养大学生的道德教化，传统家风的核心以及社会主义核心价值观的主线正是以德为本。发扬传统家风将其与大学生社会主义核心价值观的培育联系在一起，使大学生更深刻地理解从小德启航到大德归宿，从而做到小德与大德的辩证统一。通过引领大学生爱国爱家，培育家国情怀，更好地构建大学生的家庭道德观，将

① 习近平.高举中国特色社会主义伟大旗帜为全面建设社会主义现代化国家而团结奋斗——在中国共产党第二十次全国代表大会上的报告[M].北京：人民出版社，2022：18.

② 习近平.习近平谈治国理政(第1卷)[M].北京：外文出版社，2014：168.

社会主义核心价值观发扬光大。不仅巩固了社会主义核心价值观的文化源泉,又实现了社会主义核心价值观与传统家风的共通互融。

(二)有助于大学生社会主义核心价值观落地生根

社会主义核心价值观是一种遵循的准则,要使之成为大学生自我遵循的准则,必然要融入大学生的学习和生活实践中。传统家风是大学生培育社会主义核心价值观落地生根的助推器,要使助推器发挥最大作用,要把握好传统家风和社会主义核心价值观的切合点。在传统家风中,修身、齐家、治国平天下的理念与社会主义核心价值观的个人、社会、国家三个层面有一脉相承性。[①]治国平天下强调的是国家层面,齐家强调的是社会层面,修身强调的是个人层面。首先从传统家风中积淀的治国平天下的思想来看,对塑造大学生国家层面的爱国情怀,为培养大学生具有“富强、民主、文明、和谐”的价值目标提供思想源泉;其次传统家风中仁者爱人、忠孝仁义等的思想为大学生社会层面“自由、平等、公正、法治”的价值目标提供思想土壤;最后精忠报国、勤俭持家等的传统家风理念为大学生培养“爱国、敬业、诚信、友善”的价值目标提供思想动力。高校是培育大学生社会主义核心价值观的主阵地,用传统家风来熏陶大学生情感,塑造大学生的道德,是实现社会主义核心价值观落地生根的应有之义。

(三)有助于大学生坚定时代责任感

传统家风有助于大学生坚定时代责任感。一方面家风来自人们的日常生活中,体现着人们的品德修养和家庭涵养,重视家庭和国家;另一方面,家风关乎着一个社会的风气和一个时代的精神风向。传统家风中,无数仁人志士告诫子孙要爱国爱家,是每一个人的责任。在中国特色社会主义新时代,更要注重大学生的时代责任感。作为社会的小细胞,在培育大

---

① 恽桃.新时代传统家训融入高校思想政治教育路径研究[J].改革与开放,2019(07):85-87.

学生的社会主义核心价值观时离不开传统家风。传统家风中修身、齐家、治国平天下都包含责任的意义，在社会主义核心价值观三个层面中也有责任的内涵。大学生作为时代新人，更是要肩负起时代责任感。通过对传统家风的传承，能够使大学生对社会主义核心价值观有更高的认识，从而坚定大学生的时代责任感。传统家风的学习和传承对大学生形成正确的价值观、世界观和人格素养的提升有着不可替代的作用，能够促进社会主义核心价值观正向的能量的发挥，使大学生自我价值的实现与时代所需相融，为中华民族伟大复兴贡献自己的青春力量。

三、传统家风培育大学生社会主义核心价值观的实践指向

培育大学生的社会主义核心价值观，必须融入大学生的学习与生活，让大学生在自身的实践中感受并理解。以传统家风视角来促进大学生社会主义核心价值观的培育，要抓住二者的契合之处，利用传统家风蕴含的丰富教育资源，来孕育社会主义核心价值观培育的实践。通过挖掘传统家风的优势，在课堂内容、校园文化、家庭示范、网络平台四个方面，增强与社会主义核心价值观的联系，从这四个方面潜移默化地影响大学生的价值取向、思想观念，是对大学生培育社会主义核心价值观的实践指向。

（一）丰富课堂家风德育内容

高校的课堂是培育大学生社会主义核心价值观的主渠道，抓住课堂教学内容，开展家风教育，推动社会主义核心价值观知行合一。在大学生德育课堂，丰富课堂内容，将家风文化添加到课堂中，有利于激发大学生对家风文化的共情。教育首先来自家庭，其次再到学校，大学生在高校接受德育教育，更是高校培育大学生社会主义核心价值观的主要形式。传统家风文化所蕴含的丰富的教育资源不仅一直在拓展，它也随着时代的变化而不断变化。首先，在课堂中，教师应充分挖掘传统家风文化的资源，比如“家国情怀”“尊老爱幼”“勤俭持家”“淡泊名利”“克己奉公”“邻里和睦”等等这些思想都包含在中华传统家风文化中，对这些内容予以传承和发扬，引导

大学生在课堂中加以理解,满足大学生的精神需求。将这些在实践中得以实行。其次,在课堂中推荐学生阅读优秀的经典的传统家风书籍和文章著作,扩展大学生学习的内容,领会社会主义核心价值观根植于传统家风的意义。辩证地认识学习传统家风,是让大学生更好地培育社会主义核心价值观。

(二)创办校园家风文化活动

校园是大学生主要活动的区域,也是培育大学生社会主义核心价值观的背景环境。而创办校园家风文化活动,是让大学生做活动的发起者和参与者,更好地发挥主动性,更加有效地将社会主义核心价值观融入日常生活中,更加真实地感受思想的魅力和价值观的力量。一是在校园文化活动中,创新校园社团活动的形式,在社会主义核心价值的活动内容中注入家风元素,例如举办“讲好家风故事”演讲比赛、“传承家风文化”征文比赛,从而激发大学生的热情和参与度;二是开展各项志愿服务活动,弘扬传统家风文化促进大学生转化为社会主义核心价值观的实践中,例如倡导大学生参加社区志愿服务、尊老爱幼志愿服务中,在活动中实现自我价值;三是邀请传统家风文化相关领域的专家学者来校讲座活动,开展家风文化讲座,使大学生深入其中交流学习,更好地理解传统文化对培育大学生社会主义核心价值观的作用。创办家风文化活动,不仅丰富了大学生校园文化的内容,还可以将传统家风的思想扎根于大学生的社会主义核心价值观意识中,营造良好的校园环境氛围。

(三)发挥传统家风家庭示范

家庭教育是引导、培育社会主义核心价值观的第一课堂,家庭的家风是树立大学生人格的第一要素。家长是大学生教育的第一任老师,家长的一言一行都会留下痕迹,大学生的行为表现也代表了家长的行为准则,体现着一个家庭的家风。因此在家庭教育中,家长要做到以身作则,家庭中待人接物的方式、做事态度、做人的风格都会影响大学生的价值观,进而决定生活方式。[①]正如江南大儒陆世仪所说“教子须是以身率先”。在培育大学生社会主义核心价值观中，要发挥家庭示范作用，更是每个家庭应尽的责任。家长要进行自我教育，营造积极向善的家庭氛围、讲述传统家风故事，为大学生自觉学习，创造家庭文化的熏陶，从而使大学生将家庭美德转化为自身自觉行为。充分发挥传统家风文化在家庭示范中的作用，从点滴小事做起，使大学生注重自己的言谈举止，从而养成良好的行为习惯，大学生才能更好地自觉培育社会主义核心价值观。

（四）搭建网络家风学习平台

当今网络的发展带来的影响越来越大，大学生又是使用网络的绝大多数群体，因而要抓住网络的优势为大学生传统家风的学习搭建一个有效平台。网络平台的最大优势就是在于快速精确地宣传与呈现。首先，可以利用大学生经常使用的主流网络视频网站、学习软件，比如爱奇艺、优酷、慕课等网络软件和网站对家风进行全方位宣传报道，或者转载相关学习视频，上传传统家风文化的课程，供大学生可以选择观看学习。再者，可以利用微信、微博、抖音、学习强国等方式，创新宣传形式。在这些平台中，创建家风与社会主义核心价值观相关联的学习内容，刊登大学生优秀家风典型故事和案例，开展相关互动交流的方式。让大学生主动参与到网络学习平台的阵地来，随时随地开展家风宣传、注入社会主义核心价值观的教育，使两者有机结合，发挥网络课堂的作用。

① 师晓娟.基于优良家风传承的大学生社会主义核心价值观培育[J].思想教育研究，2019(10):106-109.

“三个融入”：思想政治教育现代化样态的层级探赜

党的十八大报告从国家、社会、个人三个层面，提出了中国的社会主义核心价值观的十二对范畴，既是人类文明现代发展的思想结晶，也符合我国现代化发展的时代需要。党的二十大报告提及：“把社会主义核心价值观融入法治建设、融入社会发展、融入日常生活。”[①]这一时代命题为思想政治教育现代化发展提供了方向指引。从社会主义核心价值体系的建构，到社会主义核心价值观的内容实质凝练，不仅是达就中华民族伟大复兴的实然耦合，亦是社会主义精神文明建设任务的应然期许。依宣扬成果来看，社会主义核心价值观在新时代经历了从“培育和践行”到“广泛践行”的实践变向，为凝聚人心、汇聚民力注入了宏大效能，并确证以社会主义核心价值观为新时代的情感表征与价值指向，能助益于满足人民日益增长的精神文化需求。

思想政治教育本身蕴含某种价值诉求。社会主义核心价值观的提出，得以让思想政治教育的价值诉求充分表达，也进一步明确了新征程思想政治教育现代化发展的价值定位。从唯物史观关照，社会主义核心价值观融入法治建设、社会发展、日常生活“三维一体”，分别是推动思政教育高质量

① 习近平.高举中国特色社会主义伟大旗帜为全面建设社会主义现代化国家而团结奋斗——在中国共产党第二十次全国代表大会上的报告[M].北京：人民出版社，2022:44.

发展的础石层级、中阶层级与根本层级。法治而社稳民安,社会主义核心价值观融入法治建设,能够有效建构良法善治的国家治理体系,是社会主义现代化建设开局起步阶段的现实必要,也是促使思想政治教育法治化、规范化的前置条件。社会主义核心价值观融入社会发展,能够引领社会向善向上发展,对于思想政治教育而言关涉长远性与深刻性。社会主义核心价值观融入日常生活,能够助力培养公民美好生活价值观念,明晰了思想政治教育要将话语结构化抽象为具象,从而达到春风化雨般、日用而不觉的教育实效,是思想政治教育追求的最优效果。步向新征程瞰望新蓝图,思想政治教育亟待正本清源、因时开新、据势而进,“用社会主义核心价值观铸魂育人,完善思想政治工作体系”①,形塑思想政治教育现代化新样态,破解思想政治教育的实际困顿,进一步安稳牢固思想政治教育作为生命线的现代归旨。

一、融入法治建设:凝塑思想政治教育现代化样态的础石层级

习近平总书记指出:“法律是治国之重器,法治是国家治理体系和治理能力的重要依托。”②法治建设在国家治理实践中兼具稳社安邦的效能。党的十八大以来,党中央不断丰富和完善关于依法治国的理论体系,在理论及实践层面都走向了“全面法治”。同时,深切认识到法治建设是促成全面依法治国的应有之义,也是推动全面从严治党,探求跳出治乱兴衰历史周期率最终答案的必然进路,更是牵连社会安定和谐、人民幸福安康的根本保证。不仅关系到党的执政根基、中国式现代化的前途命运,还关系到国家的久治长安。基于此,党的十八大以来,以习近平同志为核心的党中央省察事机、警心策行,及时察觉并切断了国家在法治领域潜在的暗流汹涌,

① 习近平.高举中国特色社会主义伟大旗帜为全面建设社会主义现代化国家而团结奋斗——在中国共产党第二十次全国代表大会上的报告[M].北京:人民出版社,2022:44.

②《中共中央关于全面推进依法治国若干重大问题的决定》辅导读本[M].北京,人民出版社,2014:68.

聚力于“礼法合治”法治思维的治理维新，并以审慎机警的实践底气，回应了治国理政中的现实窘困。确保了“法治中国建设”“中国特色社会主义法治体系”等法治理念深入人心，国家治理体系和治理能力现代化水平显著增进。根本而言，将社会主义核心价值观融入法治建设，对思想政治教育工作体系的完善具备强大效用，能够使思想政治教育更好地服务新征程社会主义现代化建设。

“问题就是时代的口号，是它表现自己精神状态的最实际的呼声”[①]。面向新征程，思想政治教育对象面临多样化的社会思潮侵扰，价值多元境遇下如何更好地培育和践行社会主义核心价值观成为时代课题。因此，新征程推动思想政治教育现代化发展更需夯基筑本、聚势谋远，凸显思想政治教育中法治建设的经验追问与时代导向。探源寻绎，2014年颁发的《关于培育和践行社会主义核心价值观的意见》中就已提道：“要把社会主义核心价值观贯彻到依法治国、依法执政、依法行政实践中。”2016年中共中央办公厅、国务院办公厅则已在《关于进一步把社会主义核心价值观融入法治建设的指导意见》中明确提道：“要用法治的力量推动核心价值观内化于心、外化于行。”提出“把社会主义核心价值观融入法治国家、法治政府、法治社会建设全过程”的要求。而后又于2018年再一次部署，印发《社会主义核心价值观融入法治建设立法修法规划》，述明要将社会主义核心价值观融入法律机制构建的全过程，明晰要使良法和善治互促互进，营构依法治国和以道治国相联结的法治治理良好态势。迈向新征程，党的二十大又一次明确“坚持全面依法治国，推进法治中国建设”[②]“把社会主义核心价值观融入法治建设”[③]等要求，彰明新征程上将社会主义核心价值观融入法治

① 马克思恩格斯全集（第40卷）[M].北京：人民出版社，1995：289.

② 习近平.高举中国特色社会主义伟大旗帜为全面建设社会主义现代化国家而团结奋斗——在中国共产党第二十次全国代表大会上的报告[M].北京：人民出版社，2022：40.

③ 习近平.高举中国特色社会主义伟大旗帜为全面建设社会主义现代化国家而团结奋斗——在中国共产党第二十次全国代表大会上的报告[M].北京：人民出版社，2022：44.

建设，之于思想政治教育工作的重要性、必要性与时代性。昭示了此举是引导公民自觉共建法治国家、法治社会的题中要义，也是引领公民涵养法治认知，涵化法治思维，同构法治践履的实践奠基，应当在思想政治教育中予以贯彻。

首先要明确法治教育与思想政治教育间的相互关系。一是，思想政治教育本身是特殊的法治教育。现实事例鉴证，要充分展现法治效能，不仅要有健全的法律体系，更重要的是人民群众法治意识和法治思维的养成。思想是行动的先导，全面推进中国式现代化，人民群众的法治素养亟待提升。思想政治教育作为传播主流意识形态的重要方式，本身内蕴丰富的法治思想内核，是提升教育对象法治素养的重要介体。法治教育力求解决社会发展中教育对象法治意识淡薄、法治观念缺失、法治行为约束弱化等困境，其包含在思想政治教育立德树人、铸魂育人的目标要义内，也是全面依法治国背景下思想政治教育的基本追求。二是，法治建设是实现思想政治教育目的的有效手段。法治建设能够以国家制定的法律体系约束和规范人们之间的行为关系，是为了实现社会稳定有秩序的理性经验。进入新征程，思想政治教育所处的社会环境也日益复杂，更亟须以法治建设推动思想政治教育高质量发展的规范化、法治化。

新征程上将社会主义核心价值观融于法治建设，既是推进法治专业领域法治发展不可缺少的动力要素，更是建设中国特色社会主义法治体系的关键，[①]经此可促使思想政治教育的现代化样态变革，呈现现代化创新的法治价值形态，完善教育对象的法治意识、法治思维、法治精神。一是，推进教育主体法治化。习近平总书记指出“办好思想政治理论课关键在教师”[②]。教育者要自觉维护教育对象的权利，树立平等尊重的教育意识，在教学相长的良好氛围下实现教育质量的提升。二是，构筑教育对象法治共识。当前国际形势云谲波诡，西方意识形态加速渗透，企图扰乱社会主义

① 余玉花，王耀国．论社会主义核心价值观融入法治建设的中国逻辑[J]．思想理论教育，2023(10)：10–17.

② 习近平．思政课是落实立德树人根本任务的关键课程[J]．北京：人民出版社，2020：10.

核心价值观正规性，挑战社会主义法治建设合法权威性。鉴于此，高校应加强思想政治教育与法治建设共生共融，在思想政治教育内容中纳入新的道德要求和法律原则。不断廓清纷繁复杂的价值观思潮纷扰，巩固社会主义核心价值观作为中国国家精神的核心地位，架构“顶层设计调节—核心价值观赋能—社会价值认可—自我信仰确证”的思想政治教育服务体系，继而使教育对象自主生成社会主义法治信仰。三是，注重法治实践养成。社会主义核心价值观融入立法修法，有益于形成严格执法、公正司法和全民守法的社会氛围，即“在宪法中体现社会主义核心价值观的要求”①。

除此以外，还应重视法治实践教育。形式多样的思想政治教育活动来引导广大教育对象在实践中逐步确立公正、法治等价值观念，实现对社会主义核心价值观由共情、共识到共行的演变。使教育对象从自发到自为运用法律范式思考问题、分析难题、总结方案、反馈经验，引导教育对象自律尊法守法用法，养成乐于参与法治实践活动的行为倾向，促成全民法治实践应用，为法治中国建设铺设坚实的思想保障与智力支持。

二、融入社会发展：推动思想政治教育高质量发展的中阶层级

自1978年我国施行改革开放以来，中国共产党带领全国人民历经四十余年的风雨兼程、砥砺奋进，中华民族成功实现物质生产方式和人民生活方式的巨大跃迁，实现了伟大的历史转折，造就了举世瞩目的壮丽史诗，开辟了“中国式现代化”这一有别于西方现代化的人类文明新形态，重新耸峙于世界民族之林。从积极方面来说，改革开放以来的中国无论是经济基础还是分配方式，不管是制度完善还是“蛋糕做大”，都触及了深刻转变。社会所取得的成就举世瞩目，人民不仅实现了物质财富的日益丰富，精神资源更是得以逐日丰裕，人民各有所长、各尽所能的自由而全面发展目标正渐进实现。社会精神风貌也大有改观，社会思潮澎湃激扬，社会活力生

① 中共中央印发《社会主义核心价值观融入法治建设立法修法规划》[N].人民日报，2018-05-08(01).

动蓬勃，呈现出一幅方兴未艾的中国式现代化发展新图样。从消极方面来看，多元多样多变的意识样式应接不暇，诸如物欲主义、极端个人主义、历史虚无主义等消极价值观隐匿暗处，严重阻碍社会主义核心价值观等主流意识形态的传播，使意识形态领域的危机风险捉摸不透。在不同层次、各式领域中的社会治理中也潜藏着一些问题，凝聚社会共识、形成全社会最大公约数所面临的直接难题也更为艰巨，社会深化改革过程中所显现的问题不容忽视。

全面建设社会主义现代化国家任重而道远，远未达尽头。仍有某些沉疴宿疾亟待解决，内外部风险叠加并存的社会治理隐患仍旧悬在心头，必须随时“准备经受风高浪急甚至惊涛骇浪的重大考验”①。在此情形下，以习近平同志为主要代表的中国共产党人，矢志不渝把社会主义核心价值观贯穿于社会发展。在十九大以前，习近平总书记以“社会评判的价值标准”“民族精神纽带”等精辟论断，阐明社会主义核心价值观在社会发展中的效用。党的十九大报告强调社会主义核心价值观是“凝结着全体人民共同的价值追求”②，并深一步指出：“把社会主义核心价值观融入社会发展各方面，转化为人民的情感认同和行为习惯。”③党的二十大则再次提出把社会主义核心价值观“融入社会发展”。正是肇始于社会主义核心价值观这一“文化软实力”的精神共识擎架，才得以让十四亿人民“心往一处想、劲往一处使”，强力破解了社会改革中的深层次矛盾和问题，“攻克了许多长期没有解决的难题，办成了许多事关长远的大事要事”④。可以清晰目睹，经济

① 习近平.高举中国特色社会主义伟大旗帜为全面建设社会主义现代化国家而团结奋斗——在中国共产党第二十次全国代表大会上的报告[M].北京：人民出版社，2022:26.

② 中共中央宣传部.习近平新时代中国特色社会主义思想学习纲要[M].北京：学习出版社、人民出版社，2019:160.

③ 习近平.决胜全面建成小康社会夺取新时代中国特色社会主义伟大胜利——在中国共产党第十九次全国代表大会上的报告[M].北京：人民出版社，2017:42.

④ 习近平.高举中国特色社会主义伟大旗帜为全面建设社会主义现代化国家而团结奋斗——在中国共产党第二十次全国代表大会上的报告[M].北京：人民出版社，2022:4.

社会发展获取了一系列突破性进展和标志性成果，实现了全面建成小康社会的第一个百年奋斗目标，并在此基础上，开辟了实现第二个百年奋斗目标的崭新进途。

社会发展和人的发展都不离开思想政治教育。新征程，更需要促成社会主义核心价值观贯穿于社会发展始终，发挥思想政治教育上承德化法约下接人本需求的中阶层级作用。一方面，凝聚社会全员共识。在中国社会“肌体”的“大家庭”中，社会发展的建设主体不仅基数庞大，而且肇端于行业分布、社会定位不同，外加心理需求、情感认知、学识层次、行动所向的差别，会生发出思想认同的殊异。但越是在这种情况下，越是要有凝聚思想共识的紧迫感与危机感。思想政治教育实施时，应注重立足社会发展现实，适应时代任务需要，改进思想政治教育方式而被教育对象所认同和接受。此外，应切实遵循政治工作与经济工作相结合的重大原则，使公平正义的价值理念深入人心并转变为实践常态，在思想政治教育中不能只是贴标签式的观点提倡。应当逐步构建内涵权利、机会、规则公平等要素，事关社会公平环境维系的保障体系，这对于凝聚社会主义核心价值观的全社会思想共识具有证成意义。另一方面，实现全过程育人。要坚持思想政治教育的长期性、持续性，以全过程、全方位的思想政治教育样势，使全社会成员的思想样态由内而外地发生本质变化，在社会主义核心价值观的熏陶下达成灵魂新高度的厘革。让社会主义核心价值观的内蕴力量，在全面深化改革的进程中得到全面显示，以思想文化的软实力，擢升社会发展的硬实力。

三、融入日常生活：铸塑思想政治教育现代化样态的根本层级

社会主义核心价值观是人民群众日常需求的反映。社会主义核心价值观只有联系生活、回归生活、融入生活、指导生活、改善生活，才能深入广大人民群众心田，在教育对象的精神层面发挥更大作用。“理论只要说服人，就能掌握群众；而理论只要彻底，就能说服人”，而这中间有一个不可忽视的环节，就是如何把理论从抽象化为具体，如何处理好大道理与小切口

的关系。习近平总书记强调:“一种价值观要真正发挥作用,必须融入社会生活,让人们在实践中感知它、领悟它。要注意把我们所倡导的与人们日常生活紧密联系起来。”因此,要通过思想政治教育这一渠道,使教育对象愿意接受社会主义核心价值观,又要让教育对象在火热生活实践中明晰社会主义核心价值观的科学内涵。

只有依存于社会生存并产生社会关系的人,才能将价值观的内容要旨运用到日常生活。将社会主义核心价值观融入日常生活是一项根本性工作。“我们要注意把所提倡的与人们日常生活紧密联系起来。在落细、落小、落实上下功夫”[①]。所谓“落细”,是要观照到人民的切身所需,细致认真对待,不能有疏漏环节与空当。“落小”是指从小事抓起,从民众日常关心的点滴着手,兼顾社会公德、职业道德、家庭美德、个人私德。“落实”是要因地制宜、因人而异、因时而变,落地生根于各地“土壤”。“落细、落小、落实”为“融入”注入了生活动能,为思想政治教育的现代化样态创新变革提供了根本遵循。

针对思想政治教育而言,将社会主义核心价值观融入日常生活,是要达就价值观在日常生活中“日学而不察,日用而不觉”的“广泛践行”实效,使广大群众丰润精神滋养,汲取信仰力量,校准前行标向。有待达到价值观等抽象理念,同日常生活等具体图景相融合的成效,[②]应在思想政治教育中,使社会主义核心价值观的思想内核更加具体化、形象化、现实性、日常化。一方面,满足人本需求。身处复杂社会关系,经历着人际交往的“现实的人”,既有着获取物质资料的必需,更有着精神财富丰裕的需求。这关涉每位社会成员的生活所求,是激发教育对象价值观信仰,维持社会健康秩序的内生动力。思想政治教育从根本上来说是做人的工作,要关心社会人的迫切诉求,不能一味地追求按部就班的教育普遍性,却忽略对教育对象的个性化探索与差异化探求,进而导致社会主义核心价值观没有实现理论

① 习近平.习近平.论党的宣传思想工作[M].北京:中央文献出版社,2020:58-59.

② 孟维嘉.社会主义核心价值观融入日常生活的时空逻辑[J].思想理论教育,2020(09):53-59.

说服群众的效果，致使社会主义核心价值观陷入政治说教窠臼。[①]人的全面发展是每一位思想政治教育者、教育对象的共同期盼。迈入新征程，中国式现代化这一人类文明新形态的提出，使得人民群众对美好生活的企盼映射更为强烈，更希望不断丰富自身的劳动关系、社会关系以映现自身价值。因此，新征程思想政治教育样态的创新凝塑，应以人的全面发展学说为指引展开，更好地满足自由而全面发展人的现代化发展向度，投合人的现代化时代价值之需。另一方面，创新生活叙事。思想政治教育要对照"落细、落实、落小"的科学指引，将社会主义核心价值观真正与民众的日常生活相联结，将"深奥抽象"理论化为"生活具象"的叙事方式。要通过生活化叙事，让教育对象对社会主义核心价值观能够记得住，用得上。教育者也要快速适应时刻变迁的生活情势，符合教育对象生活中不同时期的情感诉求标准，遵从原则性又不失灵活性，并以灵活性深化原则性。用教育对象所接受的形象视觉化，动人的表达形式，精彩的叙事体例，把社会主义核心价值观讲到教育对象的心坎上，促发"教"与"学"间的情感共鸣。唯有如此，社会主义核心价值观融入日常生活的作用才能更好体现，继而铸塑思想政治教育贴近实际、贴近生活、贴近群众的现代化育人生态。

① 雷莹莹，廖小琴．广泛践行社会主义核心价值观的日常生活维度探究[J]．理论导刊，2023(09)：68–73.

第三部分

青年大学生思想教育和引导

儒家“义利观”中的爱国主义资源及其当代价值*

“爱国主义精神深深植根于中华民族心中，维系着中华大地上各个民族的团结统一，激励着一代又一代中华儿女为祖国发展繁荣而自强不息、不懈奋斗”①。作为中华民族精神的核心，爱国主义贯穿历史的始终，同时又带有阶段性。追溯中华民族精神的来源，可以从儒家文化中的义利观爱国主义中探寻到中华民族精神的根基。纵观儒家义利观在各朝各代的发展，在先贤的片语中可以找寻到儒家义利观的精髓。儒家义利观包含的爱国主义的价值意蕴，对当代社会的价值观仍具有重要的影响。

一、儒家“义利观”的发展历程

习近平总书记在纪念孔子诞辰2565周年国际学术研讨会上的讲话中指出：“中国传统文化，尤其是作为其核心的思想文化的形成和发展，大体经历了中国先秦诸子百家争鸣，两汉经学兴盛，魏晋南北朝玄学流行，隋唐

---

* 本文系新疆师范大学本科教学质量工程建设教学研究与改革项目“习近平新时代中国特色社会主义思想有机融入思想道德修养与法律基础课教学研究”(SDJG2019-35)阶段性成果，原载于《西部学刊》2020年11月下半月刊，与陆玉佩合作，选入本书时有删改。

① 中共中央国务院印发《新时代爱国主义教育实施纲要》[N].人民日报，2019-11-13(06).

儒释道并立,宋明理学发展等几个历史时期。"[①]而儒家义利观隶属中华传统文化之一,在历史上儒家义利观又是如何发展的,我们对这一问题进行再次梳理。

(一)先秦时期儒家的义利观

孔子作为儒家的创始人,首次将义利观纳入儒家伦理道德体系。儒家的义利观作为儒家理论体系的核心,成为规范儒家弟子道德指南,贯穿儒家发展始终,对于儒家义利观的发展产生了深远影响。无论是"君子爱财,取之有道",还是"君子喻于义,小人喻于利",抑或君子要奉行"修身、齐家、治国、平天下"理念,皆说明儒家义利观中义的作用。孔子在道义和私利双重压力情况下,主张"见利思义""杀身成仁",成就儒家的至高理念。孔子虽赞同合乎道义得来的利,但理念中却坚持"义以为上"。孟子继承发扬了孔子的义利观提出"欲贵者,人之同心也",认为人追求私利是无可厚非的,一定程度上肯定这种逐利的行为。孟子继承了孔子对道义的追求。当义利对立时,坚持舍生取义。孟子曰"生亦我所欲也,义亦我所欲也;二者不可得兼,舍生而取义者也",这也是儒家道德体系所奉行的至高理念。荀子继承孔孟先贤的理念,并对其延伸,阐明人具有趋利避害的本能,提出"夫贵为天子,富有天下,是人情之所同欲也""义与利者,人之所两有也"的观点。在面临私利和公义选择时,有追逐私利的天性,认为人性本恶,需要后天教化,培养人对公义的追求。荀子的义利观主张先义后利,用合乎道义的手段求取利益。提出:"先义而后利者荣,先利而后义者辱。"荀子通过权衡比较,为追逐私利违背道德,不符合儒家的义,反对损人利己、以公谋私的行为,强调利益要符合道义。先秦儒家的义利观总体体现为"义以为上",把义作为一种道德规范和君子安身立命的根本。通常情况下能共存,若义和利处于对立时,儒家主张舍身取义、义以为上。

---

① 习近平.在纪念孔子诞辰2565周年国际学术研讨会暨国际儒学联合会第五届会员大会开幕会上的讲话[N].人民日报,2014-09-25(02).

(二)汉魏六朝时期儒家的义利观

儒家的义利观随时代的变迁被赋予新内涵,各个时期义的阐述不同,汉朝实现大一统,儒家文化达到空前繁荣。汉代儒家集大成者董仲舒,形成了独特的思想体系,提出了“公利”的思想。董仲舒继承发扬先秦儒家诸子的思想并有所创新。重新提出公利的内涵。反对盲目排斥“利”,他将“利”分为公利和私利,认为公利高于私利,将公利升华到“义”的层次。其又主张义利兼顾,义以为上的观点。认为义和利存在于人性之中,从论证身体、心理方面提出利养身体,义养心的观点,即义利兼顾。他认为义和利是人不可或缺的,纠正了先秦儒家对利的否定,肯定了利的作用,是他对儒家义利观的发展和突破。东汉时期著名儒家学者马融继承儒家的义利观,结合自身经验,形成教育体系。“穷则独善其身,达则兼济天下”,“在教育活动中,‘以身示范、注重学识’,着眼教育者的自身素养;主张不分阶级、等级、性别的全民化教育”[①]。广收学生,以教书育人为己任,为国家和民族培养了卢植、郑玄等人才,以教育的形式贡献自己的力量,体现了儒家义利观中的“大义”。

(三)明清时期的儒家义利观

作为儒家“异端”的李贽,贬斥程朱理学为伪道学,抨击儒家经典和孔孟之学,否认儒家地位,否认孔孟学说是“道冠古今”是“万世至论”,李贽作为时代的先驱者,主张“革故鼎新”,希望实现大一统。作为抨击孔孟学说的“异端”,李贽又是孔孟之道的忠实拥护者,是儒家之道践行者。其学说会受到生命威胁,但仍旧坚持,最后只能“舍身取义”,以身殉道。王阳明是明朝著名儒家学者,他从“修身”开始,提出“致良知”,进一步发展儒家思想,把儒家义利观融入实践,认为个人保持善行,能使社会稳定,国家富强。

① 黄辉,赵川.论马融的教育思想及其现代意义[J].安康学院学报,2010,22(04):98-101.

又将儒家“治国、平天下”的理念运用到军事中，救黎民于水火，将儒家的“大义”用行动展现出来。清代儒家思想的践行者牛运震，继承儒家思想，身怀君子之风，以“俭，简，检”三字箴言贯其一生。“俭”指的是勤俭节约，是儒家“小义”，为官者清廉，“简”指的是排场简单，“检”指的是检查自己的品行是否有缺失，是儒家“大义”，时刻监督自己，鞠躬尽瘁，为国为民。在他成为一方官员时，为民解忧，离去时百姓无不挥泪相送，用行动付诸实践，为官者造福一方百姓，为国家保一方安宁。

二、儒家“义利观”中爱国主义的价值意蕴

中国是举世闻名的礼仪之邦，自古以来就强调忠贞报国，以德化人，以德治国，无论是强调“利于国者爱之，害于国者恶之”，还是“常思奋不顾身，而殉国家之急”，抑或“位卑未敢忘忧国”，都足以彰显中华儿女对祖国深深的热爱。而儒家义利观中爱国之情还表现为对祖国领土的珍惜和爱护，对国家政治观念的认同，从讲仁爱、崇正义、求大同中自然流露出来。

（一）讲仁爱

儒家仁人志士立志修身齐家治国平天下，这种由个人到家庭再到国家的训导，实现“小我”向“大我”的过渡。从“孝有三，小孝用力……思慈爱忘佬，可谓用力矣”到“儒者之道，古之人若保赤子，此言何谓也？之则以为爱无差等，施由亲始”，还是从“仁者人也，亲亲为大”到“君子之于物，爱之而佛仁”“四海之内皆兄弟”，抑或是从“仁者爱人、爱憎分明”，“杀身成仁，当仁不让”到“仁民爱物，一视同仁”皆以爱为起点，提倡在由爱亲人推到爱大众，由爱大众向爱万物进行过渡，是儒家义利观中爱国主义逻辑的起点。

（二）崇正义

早在先秦时期，儒家先贤孔子即主张一统天下，以实现家国一体。儒家义利观对儒家思想中的义利进行细化，小到关注黎民百姓的日常思维方式、行为举止，价值追求，大到国家的治国安邦策略，为人处世，大任担当，

等等，都体现着儒家义利观中的家国情怀。从孔子“君子喻于义，小人喻于利”到孟子“生亦我所欲也，义亦我所欲也；二者不可得兼，舍生而取义者也”，修身、齐家、治国、平天下的人文理想，从杜甫《茅屋为秋风所破歌》“安得广厦千万间，大庇天下寒士俱欢颜，风雨不动安如山！呜呼！何时眼前突兀见此屋，吾庐独破受冻死亦足！”到李贽“舍身取义”，以身殉道”，以心换心，以天下为己任的使命感，从张载《横渠语录》中“为天地立心，为生民立命，为往圣继绝学，为万世开太平”到林则徐“苟利国家生死以，岂因祸福避趋之”心系祖国、眷恋故土，肩负民族命运的大任担当，都将儒家义利观中“义”体现得淋漓尽致。

（三）求大同

孔子所提倡的“孝亲敬祖”“忠君报国”思想与儒家义利观中“天下为公”“以义为上”的观点不谋而合，其都包含了爱国思想，为中华民族发展奠定了思想基础。无论是儒家“大一统”的政治主张，还是推崇“志气”“节操”，抑或“义利之辩”，都是强调要重视“大我”与“小我”的关系，故有“舍生取义”“以公灭私”重要观点。纵观儒家历史，培养了中华民族的爱国献身精神。从孔子“富与贵，是人之所欲也，不以其道得之，不处也；贫与贱，是人之所恶也。不以其道得之，不去也”到孟子“富贵不能淫，贫贱不能移，威武不能屈”的坚守，从“国而忘家，公而忘私”到“鞠躬尽瘁，死而后已”的无畏，从“先天下之忧而忧，后天下之乐而乐”到“人生自古谁无死，留取丹心照汗青”的忘我，从“天下兴亡、匹夫有责”到“长太息以掩涕兮，哀民生之多艰”的真挚爱国情感，无不都是仁人志士的爱国情怀的真实写照，而爱国忠国许国效国则是儒家义利观中最鲜明的品质与特征。

三、儒家“义利观”中爱国主义的当代启示

儒家义利观中留下的关于爱国主义的宝贵资源，对当今爱国主义教育具有极大的借鉴和参考价值。儒家义利观中爱国主义所蕴含的丰富道德标准和行为规范准则，小到关注黎民百姓日常生活，大到关注国家的治国

安邦策略都有涉及,是一部宝贵的爱国指南。在今天社会不断发展,什么是爱国,树立什么样的爱国情怀,值得重新思考。但随着时代发展,社会进步,我们不能将原有儒家义利观中的爱国主义思想套用在今天这个新时期,需结合时代所赋予的新内涵,做到古为今用、推陈出新、革故鼎新。儒家义利观中的爱国主义对当前新时代爱国主义教育提供了启示:

(一)全面理解现阶段爱国主义内涵

儒家义利观在古代的爱国主义是“君子喻于义,小人趋于利”、大道之行,天下为公;在近代历史中爱国主义是中华儿女抵御外侮、救亡图强的爱国主义斗争史,在当代爱国主义就是体现民族复兴、团结奋斗的使命担当。这些足以表明爱国主义在不同时期赋予的内涵是不同的。现在我们提倡的爱国主义已经与传统儒家义利观中忠君爱国思想有所不同,要正确把握好“古”与“今”的辩证关系,而不是片面孤立地割裂历史,否定爱国主义内涵。要正确理解现阶段爱国的内涵,在儒家义利观爱国主义的基础上,构建我们新的爱国主义价值观,否则会失去原本的样子,成为无源之水、无本之木,无法面向未来走向世界。现阶段弘扬爱国主义精神,就必须坚持爱国主义和社会主义相统一。我国爱国主义始终围绕着实现民族富强、人民幸福而发展,最终汇流于中国特色社会主义。祖国的命运和党的命运、社会主义的命运是密不可分的。只有坚持爱国和爱党、爱社会主义相统一,爱国主义才是鲜活的、真实的,这是当代中国爱国主义精神最重要的体现。

(二)爱国重在行守弘义之间

儒家义利观中爱国主义告诫人民要有爱国情怀,不要为了一己私利、趋利避义,应该有造福万物的仁爱之心,以彰显“君子怀德、小人怀土”的高尚品格;劝诫官员要有天下为公之心,应有“富贵不能淫、威武不能屈”的浩然正气,做到铁面无私、恪尽职守,凸显公道之心、正义之气。新时代背景下,要教育人们要重视行大义、守公义、弘正义。通过完善自我行为,践行“苟利国家、不求富贵”的行为准则,才能不忘初心、牢记使命。只有“行大义”，人民才能凝心聚力、固本培元，将爱国作为自己的事业，做到舍弃私利而成就“公义”；只有“守公义”，心怀天下，才不会因为个人私利而舍弃公义，才能真正做到“以义为上”。只有“弘正义”，重视爱国主义教育，方能怀抱经世之志，以天下、国家为己任，使之根于心，施于行。

（三）强化居安思危爱国意识

中国有着大道之行、天下为公的爱国情感，也有着民族危亡的集体记忆。随着社会的发展，要铭记历史，强化“生于忧患，死于安乐”意识。养成关注时事政治的习惯，增强危机感和责任感，明白家国一体的概念，更要深刻地意识到“水能载舟亦能覆舟”的教训，要时刻保持清醒的头脑不被外界因素所诱惑，只有学会居安思危，并将忧患意识与爱国主义相结合，才能更好地将爱国之心、爱国之情付诸行动。

爱国主义教育基地在传承红色基因中的价值和路径*

习近平总书记指出："革命博物馆、纪念馆、党史馆、烈士陵园等是党和国家红色基因库。"[①]爱国主义教育基地是党和国家的红色基因宝库，包括各个历史时期的重大历史事件、重要人物以及重要革命根据地。爱国主义教育基地"日益成为激发爱国热情、凝聚人民力量、弘扬民族精神、传承红色基因的重要场所，成为中国共产党人的精神殿堂、中国人民的精神家园、中华民族的精神高地"[②]。我们要深刻地认识到爱国主义教育基地和传承红色基因紧密关系，以及在传承红色基因中发挥的传承功能、教育教学功能、宣介功能，通过紧扣历史脉络发挥政治引领力、完善基础设施增强吸引力、扩宽教育群体提高教育影响力、加强人才队伍学习建设专业化人才队伍、整合资源加大宣传推广力度等重要举措帮助广大群众重温红色基因的深刻意蕴，感悟红色精神的强大力量，大力发扬中国共产党的红色革命传统。

---

* 本文系新疆维吾尔自治区哲学社会科学基金一般项目"南疆农村基层党组织在维护社会稳定中的作用研究"（17BDJ012）阶段性成果，原载于《中共乌鲁木齐市委党校学报》2021年第4期，与范伊旋合作，选入本书时有删改。

① 习近平.用好红色资源，传承好红色基因 把红色江山世世代代传下去[J].求是，2021（10）：4-18.

② 中宣部部署在中国共产党成立一百周年庆祝活动中突出发挥爱国主义教育基地作用[N].人民日报，2021-03-06（17）.

一、逻辑关系：爱国主义教育基地与传承红色基因内在契合性

红色基因代代相传，就是需要把红色基因通过理论学习和传播载体的方式传承给下一代青年人。爱国主义教育基地展示着中国取得的伟大历史成就和英雄模范的丰功伟绩，并将中国共产党和中国人民的精神品格融入参观学习的全过程，实现潜移默化的育人功效。就此而言，我们要明确把握爱国主义教育基地和传承红色基因的内在关系，厘清爱国主义教育基地和传承红色基因为何具有“内在契合”，在内在关系中把握二者的互动作用。

（一）传承红色基因是爱国主义教育基地的应有之义

首先，从内涵上看，爱国主义教育基地作为一种承载着史料文物、汇聚着经过百年淬炼的精神财富，是发挥着资政育人功能的思想高地和精神家园。红色基因是中国共产党铸魂立心、勇往直前、建功立业的精神内核，是百年精神谱系的基本单位，是红色精神代代相传的核心要素。因此，二者内含的深刻意蕴共同决定着爱国主义教育基地应该具备传承红色基因、铸魂育人的使命和担当。其次，从目标上看，爱国主义教育基地在新时代背景下，旨在通过历史文化资源，弘扬社会主旋律，传播优秀文化，提高社会公众的思想道德素质。爱国主义教育基地的建设是以提升广大人民群众的政治性和思想性为目标，归根结底来源于红色基因的滋养和补给。爱国主义教育基地就是要将中国共产党优良的革命传统和建功立业的强大决心贯穿于参观游览的全过程，使红色基因深深扎根于广大人民群众的思想信念和日常思维深处，有利于提高广大人民群众的认同度，在感悟历史史诗中树立远大理想，激发人们报效祖国的热忱，在学习实践中成长成才。最后，从功能上看，红色基因承载着中国共产党的远大理想抱负和伟大崇高的精神谱系，能够发挥树立远大理想、凝聚精神力量、培养高尚情操的育人功能。爱国主义教育基地可以运用多种形式讲述红色故事、再现红色革命场景、领悟红色精神，通过历史文化资源以及所蕴藏的精神财富对人们

进行潜移默化地影响，帮助人们激发爱国主义情感，陶冶高尚情操。

（二）爱国主义教育基地是传承红色基因的重要载体

爱国主义教育基地以文物、图片、文字、影片等资源为载体，展示着中国共产党和广大劳动群众不怕牺牲、艰苦创业、改革前行的历史画卷，是汲取前进智慧、激发爱国热情、牢记初心使命的思想高地和精神家园。爱国主义教育基地面向全社会开放，旨在依托精美陈列、详细解说、服务设施、周边环境再次触发当时的经典场景，大力发挥红色基因对广大人民群众的价值引领和思想内化作用，使之成为社会精神文明建设的精神资源和思想基石。爱国主义教育基地具有多种功能，能够起到教育感化民众的特殊作用，为加强社会公众的思想政治教育工作提供了新的宝贵资源。在中国革命建设事业中凝聚着中国人民对祖国的深厚情怀，在党的百年征程中淬炼凝结的各种精神谱系，努力实现共产主义和中国梦的理想信念，这些内容既需要系统的理论阐释，又需要崇高的精神品格和人物故事的感染熏陶，爱国主义教育基地在这方面发挥着不可替代的重要作用。红色基因是党的百年奋斗史的核心要素，通过爱国主义教育基地的宣传展示是传承红色基因的重要方式，促进红色基因的内化于心、外化于行是习近平总书记对党史教育的根本要求。广大人民群众尤其是青少年通过组织开展红色文化教育活动，到各级各类爱国主义教育基地进行交流学习，挖掘红色基因内藏的精神资源，有利于以思想洗礼提高精神境界，在全社会营造健康向上、弘扬社会主旋律的社会风尚，在新时代中促进红色基因的思想内化和行动外化。

二、现实意义：爱国主义教育基地传承红色基因的价值意蕴

红色文化为红色基因提供营养富足的沃土，传承红色基因要传承红色文化，积极开展党史学习教育活动，更要体悟伟大建党精神的强大生命力。爱国主义教育基地利用其得天独厚的优势在传承红色文化、党史学习教育、弘扬伟大建党精神方面具有推动作用。要注重发挥爱国主义教育基地

的红色文化传承功能、党史教育教学功能、伟大建党精神宣介功能，让红色基因代代相传。

（一）爱国主义教育基地发挥红色文化传承功能

红色文化构成了红色基因的深厚根基和精神土壤。红色文化是中国共产党独特的精神标识和价值追求，内藏的精神力量是中国共产党自身建设的不竭动力，而且是走向人民、团结人民的前提和基础，把握着中国共产党的精神命脉和内在根基。党的十八大以来，习近平总书记重返革命圣地、重走革命路线，多次强调红色资源的重要价值。在中国共产党百年华诞之际，习近平总书记参观党史馆不断强调广大的党员干部应该通过参观学习更加坚定党的初心使命，弘扬红色文化，从党的光辉历程中汲取伟大的前进力量。这种坚定信念、冲锋陷阵、顽强拼搏的红色文化奠定了中国共产党的根和魂。传承中国共产党的红色基因需要我们不断提高对红色文化的领悟力，而爱国主义教育基地是各个历史时期红色文化的活动载体，继承和发扬着红色文化，承载着伟大不朽的红色精神，体现着中国共产党和中国人民的光辉信仰和坚强决心，它以一件件历史文物、文献资料不断教育感化着后辈人才，它充分地发挥着赓续红色血脉的文化传承功能。参观者通过走访展示着不同历史阶段的爱国主义教育基地，深入学习历史文物背后的文化知识，促进红色精神和红色血脉在新时代继续发扬光大。

（二）爱国主义教育基地发挥党史教育教学功能

百年党史是红色基因的肥沃土壤，红色基因源于中国共产党坚持不懈、勇往直前的历史进程。习近平总书记强调："要抓好党史、新中国史的学习，用好红色资源，增强党性教育实效，让广大党员、干部在接受红色教育中守初心、担使命，把革命先烈为之奋斗、为之牺牲的伟大事业奋力推向前进。"[①]

---

① 习近平.用好红色资源，传承好红色基因 把红色江山世世代代传下去[J].求是，2021(10)：4-18.

所以在党史学习教育中要注重发挥爱国主义教育基地的重要作用。习近平总书记多次参观展览馆、党史馆，重走红色路线，告诉我们在新时代下更加坚定理想信念，提高党史学习的基本素养。党史学习教育要坚持“学思悟践”的基本思路，其中“学”是第一环节，发挥爱国主义教育基地的教育功能是十分必要的。要筑牢信仰之基、弥补精神之钙、高举精神旗帜、发扬光大革命传统必须具备基本的理论知识，对马克思主义理论的理解和认识，领悟真理催人奋进、唤醒意识的内生力量。党史学习教育是面向广大人民群众意义非凡的思想政治教育，通常通过阅读书籍报刊、课堂教学、主题讲座等渠道进行教育。爱国主义教育基地具有优越的全景式、沉浸式的教育教学场所，通过大量生动直观的实物、图片、文字、模型、场景模拟等形式，增强了场馆陈列的吸引力，极大提高广大党员干部、学生、普通群众的学习兴趣，通过直观生动的教育获得革命精神的熏陶和感化，更加坚定远大的理想信念。爱国主义教育基地要创设适当的红色教学场景，将社会主旋律和思想道德融入参观游览当中，推动教育教学功能的发挥。

（三）爱国主义教育基地发挥伟大建党精神宣介功能

宣介功能是爱国主义教育基地的基本功能。爱国主义教育基地的宣介功能通过陈列展示、场馆讲解、实践体验等宣传形式，以喜闻乐见的方式让参观者感受中华优秀文化的强大伟力。伟大的建党精神是红色基因的核心，是中国共产党的精神之源。百年来，中国共产党正是从这一精神出发，在不懈奋斗中生成了一系列精神谱系，书写了中国共产党伟大的精神史诗。在伟大的历史进程里，中国共产党带领各族人民筑起了伟大的精神谱系，锻造了一个又一个精神丰碑，赋予伟大的建党精神无穷力量。时代在进步，但精神永恒存在。伟大的建党精神不能仅仅停留在理论学习层面，更要转化为现实行动，让建党精神融入日常生活当中去。爱国主义教育基地在来访参观人员中大力宣传建党精神，通过将建党精神融入讲解内容、设置建党精神的艺术作品、售卖关于建党精神的纪念品，让建党精神以多种形式融入参观的全过程，构建伟大建党精神的宣传格局。爱国主义教育基地还可以设置伟大建党精神的专题，利用多媒体技术，结合线上线下协同宣传，融入广大人民群众的精神思想之中。也可以通过开展重温入党誓词、参观历史旧址、观看历史影片等活动让参观者感受建党精神的巨大伟力。

三、实践路向：爱国主义教育基地传承红色基因的实现路径

习近平总书记指出："红色是中国共产党、中华人民共和国最鲜亮的底色，在我国960多万平方公里的广袤大地上红色资源星罗棋布，在我们党团结带领中国人民进行百年奋斗的伟大历程中红色血脉代代相传。"[①] 习近平总书记对红色资源的发展提供了新思路，他强调："要打造精品展陈，坚持政治性、思想性、艺术性相统一，用史实说话，增强表现力、传播力、影响力，生动传播红色文化。"[②]新时代还需要进一步加强对爱国主义教育基地传承红色血脉的认识和思考，结合历史经验和时代诉求，系统擘画爱国主义教育基地传承红色基因的实现路径。

（一）紧扣历史发展脉络，挖掘思想内涵，发挥基地政治引领力

精品陈列的政治性、思想性和艺术性有机统一是以正确把握历史发展脉络为前提。爱国主义教育基地要坚持正确历史观，以"四史"为基础准确把握历史发展脉络，以党的"两个决议"为参考依据，在展陈设计中准确把握历史逻辑，尤其是历史的主题主线和主流本质。讲清讲透重大历史事件、重要人物、重要会议和精神谱系，使广大人民群众深刻领悟到中国共产党在历史发展中形成的思想基础和群众基础以及执政的历史必然性。深入挖掘历史文化资源的深刻思想内涵，展陈内容上注重马克思主义理论的

① 习近平在中共中央政治局第三十一次集体学习时强调：用好红色资源传承红色血脉努力创造无愧于历史和人民的新业绩[N].人民日报，2021-06-27(01).

② 习近平在中共中央政治局第三十一次集体学习时强调：用好红色资源传承红色血脉努力创造无愧于历史和人民的新业绩[N].人民日报，2021-06-27(01).

宣传教育，将马克思主义理论精髓和最新理论成果融入陈列物品中，加强爱国主义教育基地思想引领作用。同时，爱国主义教育基地要强化对民族精神和时代精神的挖掘和宣导，在参观学习中加强对人民群众思想引领，指引人民群众积极主动传承红色基因。在参观学习中也要不断向广大人民群众讲述党的理论、政策、方针的最新动向。爱国主义教育基地不仅起到保留历史印记的重要作用，更多是发挥着学习历史、观照现实的育人功效，不断提高社会文明程度。

（二）完善基础设施，坚持自主优化，不断提高基地的表现力

爱国主义教育基地育人模式的内容与方式手段也需要根据时代的发展以及参观者的需求不断与时俱进、推陈出新，让参观者耳目一新。首先，爱国主义教育基地建设应在内容以及设计规划中预留一些空间、方案，以备后期不时添加一些新的互动元素进馆。其次，在讲解文稿和展现方式上下功夫。展陈实体无法让人们感知实物背后的故事和其本身的美感，尤其是实物所代表的历史价值，后期可以通过精心设计解说或者制作纪录片帮助参观者更好地认知展陈内容，通过讲"好故事"与"讲好"故事，给参观者留下深刻的印象。还可以赋无声以有声，在讲解过程中提升观展体验，借助讲解器或者通过智慧导览App收听，或是选择性地在一些有特殊意义的展板内容或实物柜台上附带二维码，参观者可以通过微信扫码观看更加详细的介绍。再次，爱国主义教育基地还可以发挥参观者的主动性，不断推出一些广大群众喜闻乐见的互动方式，进一步提升参观者的实践体验。最后，不断提升空间的利用率，精心打造公共空间。比如基地可以合理利用公共空间，设立书屋、咖啡屋等，并配置沙发、书柜等用品，供参观者留足歇息。也可以在爱国主义教育基地中设置研习社或研究中心，开展文物文献研究工作，扩宽基地的服务设施覆盖面。

（三）鼓励大众参与，拓展教育群体，大力提升基地教育影响力

一方面，在爱国主义教育基地发挥提升青少年思想道德素质的功能

中，学生既是主体也是客体，应鼓励学生积极参与到基地的建设中，与基地一起成长和发展。可以通过培养招募学生专职讲解员、志愿讲解员、志愿服务者、创办实践社团等方式，使学生亲身参与到基地讲解、场馆维护、宣传制作等方面的工作之中，达到学习理论、参与实践双结合。另一方面，爱国主义教育基地的教育对象除了学生之外还应不断扩大教育受众群体，拓宽育人覆盖面。爱国主义教育基地在满足学校思政课实践教学活动的同时，应针对基层党建、机关团体、企业事业单位和社会群众有组织地开放，开展相关培训教育活动，使其得到充分利用，把思想政治教育深入到人民群众之中。此外，爱国主义教育基地应不断挖掘线上与线下联动学习的新模式，利用大数据或者教育平台举办网络课堂，向更多群众诠释爱国主义基地的文物史料，拓宽主旋律教育形式。爱国主义教育基地是最好的学校，史料文物是最好的教科书，我们要充分利用公共设施资源，让爱国主义教育基地在“四史”宣传教育中发挥最大效能。

（四）加强队伍建设，重视队伍学习，建设专业化人才队伍

建设爱国主义教育基地专业化人才队伍需要组建智慧型、学习型的领导班子、专业化讲解队伍和高水平学术研究队伍。首先，领导班子作为爱国主义教育基地的指向标和排头兵，在建设好爱国主义教育基地过程中起到重要作用。爱国主义教育基地的领导干部要会管理、会学习、会团结，这样才能提高领导干部的工作水平。领导干部要创新管理方式，科学有效地运作场馆，制定完备的管理制度，选拔优秀的管理人员，制定相关的监督制度和条例，做到科学管理和动态监督；领导干部要加强展览建设方面的学习，积极主动参加各类相关研讨会和交流会；领导干部要团结人才，一些爱国主义教育基地由于经营不善、人才流失而淡出人们的视野，要积极团结场馆里的工作人员，增加团建活动次数，稳定人才队伍。其次，爱国主义教育基地需要一批专业化讲解人员，爱国主义教育基地内容的呈现需要讲解人员的阐释解说，通过语言表达让文物“活起来”。讲解人员要在讲解内容上下功夫，将爱国主义教育基地的基本情况和展陈物品、文字、图片等内容

烂熟于心，深入挖掘人物、图片、文物背后的生动故事和感人事迹，让参观者能够静下心来“听故事”，而不是参观之后一无所知。除此之外，爱国主义教育基地可以邀请红色文化传承人举办交流学习活动，加强讲解人员与红色文化传承人的交流合作。最后，爱国主义教育基地要利用多方优势组建高水平学术研究队伍，它可以使研究人员近距离接触和感悟当时的历史环境，这是文字资料远不能及的。爱国主义教育基地要结合自身优势，采取多种研究人员引进政策，积极举办各类学术会议，制定研究人员挂职制度，积极营造学术氛围。人才队伍的建设对于爱国主义教育基地的综合影响力具有重要作用，要积极引进高质量高素质的人才队伍，不断增强爱国主义教育基地的社会影响力。

（五）以基地为载体，整合优势资源，加大基地的宣传推广力度

加强爱国主义教育基地的宣传工作，可以设置宣传月，大力宣传各级各类爱国主义教育基地的功能和优势资源，帮助吸引大量游客和单位组织参观。根据每年倡导的社会主旋律和精神，策划各单位与爱国主义教育基地开展主题教育活动。还要积极与重要历史事件、重大节日庆典相衔接，打造特色的活动形式，贴近广大群众、贴近实际生活，采取线上线下相结合的形式，方便广大群众学习参与，打造爱国主义教育基地的特色品牌。爱国主义教育基地可以设置文化创意产品部门，负责红色文化创意产品的开发、设计、宣传等工作。文化创意产品是爱国主义教育基地宣传和服务的扩展，也发挥着爱国主义教育基地可持续作用，在人们日常使用的物品中将红色文化与现代的流行元素和符号相融合，开发设计传统和当代相结合的文化创意产品，既符合现代审美又能传播红色文化，也能为爱国主义教育基地提供相应的资金支持。同时还需要加强全国各级各类爱国主义教育基地的交流和合作，定期开展合作讨论，注重管理经验的交流借鉴，内容相近、位置相邻的爱国主义教育基地可以共同开发和设计参观路线，加强资源共享，形成教育合力，共同提升爱国主义教育基地的社会影响力和教育效力。积极开办全国巡展，走进各个省份和地区，让群众在当地就可以

参观体验，使爱国主义教育基地变成“行走的基地”。加强爱国主义教育基地与社区、学校交流合作，做好基层调研工作。同时还要与当地的居民和师生交流互动、共同学习，举办主题讲座，让知识之花、展览之物不断地辐射蔓延，深入基层。

新时代全面加强高校大学生劳动教育*

习近平总书记强调:“劳动是一切幸福的源泉。”“要开展以劳动创造幸福为主题的宣传教育,把劳动教育纳入人才培养全过程,贯通大中小学各学段和家庭、学校、社会各方面”[①]。劳动对于人类社会的决定作用可见一斑。我们从明确高校劳动教育的重要意义、明晰基本内容、提供具体的实现途径发力,让劳动教育在高校教育落地,以此全面加强新时代高校大学生的劳动教育。

一、新时代加强高校大学生劳动教育的重要意义

高校通过挖掘劳动教育在育人目标、营造社会新风尚、塑造大学生人格方面的重要意义,旨在全方位提升大学生的劳动素质,通过积极努力进一步让大学生注重劳动教育,满足社会的需要。

(一)有利于完善我国五育并举的育人目标

习近平总书记在中央全面深化改革第十一次会议强调:“劳动教育是

* 本文系新疆维吾尔自治区哲学社会科学规划项目“南疆农村基层党组织在维护社会稳定中的作用研究”(17BDJ012)的阶段性成果,原载于《安徽电子信息职业技术学院学报》2021年第20卷第6期,与阿丽努尔·塔斯恒合作,选入本书时有删改。

① 习近平在全国劳动模范和先进工作者表彰大会上的讲话[N].人民日报.2020-11-25(02).

中国特色社会主义教育制度的重要内容。”[①]体现了新时代劳动教育的重要性。我国的育人目标从传统的德智体美跃居到德智体美劳五育并举的高度，实现了劳育同德育、智育、体育、美育的相互统一，形成大学生全方位发展的良好局面。劳动教育可以启德、启慧、健体、蕴美，大学生劳动教育的重要性在此基础上显示出其优势。德智体美劳五育是一个相互联系、不可分割的统一整体。首先，加强劳动教育重在建立大学生智力劳动和体力劳动相互发展的联系，确保新时代高校大学生能手脑并用，理论结合实践。其次，加强劳动教育有助于贯彻落实党和国家的劳动教育方针，引领高校大学生建立尊崇劳动的意识。最后，系统地开展高校劳动教育，可以呈现出大学生热爱并尊重一切形式劳动的向好态势。贯彻执行好有关劳动教育方针的举措，能应对新时代加强高校大学生劳动教育开展过程中的各项挑战，更有利于优化我国五育并举的育人目标。

（二）有利于营造全社会劳动光荣的社会新风尚

高校大学生是即将步入社会的年轻群体，加强高校大学生劳动教育有望让全体社会成员得到全面发展，促进全体社会向真向善向美进步与发展，与社会的整体发展水平保持一致。当前我们的社会上仍存在淡化吃苦耐劳的劳动精神的不良风气，因此我们要及时予以转变，重拾劳动精神来巩固高校大学生劳动教育，让学生对劳动有正确的认识，把劳动视为日常需要和生活的重要手段，自主接受劳动教育。通过加强劳动教育，可以避免大学生在踏入社会后出现劳动意识和劳动观念弱化所带来的淡化劳动的问题。当高校大学生作为社会成员正式迈入社会时，可以凭借他们拥有的正确思想观念共同营造社会的劳动新风尚。对我们来讲，吃苦耐劳的劳动精神、营造全社会劳动光荣的使命是对社会主义精神文明建设不可或缺的重要因素。全社会进入一个新时代，在社会新风尚的营造过程当中，劳

① 习近平主持召开中央全面深化改革委员会第十一次会议[N].人民日报.2019-11-27(01).

动是值得我们借鉴与弘扬的优良传统,每个人通过劳动创造价值顺应社会发展进步的要求,营造劳动光荣的社会新风尚。对于新时代而言,大学生群体是推动社会新风尚的引领者,在劳动观念的熏陶下增强高校大学生劳动教育,让劳动教育来引领整个社会的传统和风尚。

(三)有利于培育和塑造大学生健康健全的人格

新时代的高校不仅要提升大学生身体健康方面的素质,还要提升劳动素质教育,塑造大学生健康健全的人格。劳动素质教育包括增强体力劳动、提升智力劳动、健全劳动思想品德、培育劳动情怀等。通过开展体力劳动,能够提升高校大学生的身体素质并塑造健康的体魄。智力是人洞悉客观事物并利用知识自主化解现实问题的一种重要能力。在劳动过程中,智力可以体现在开展劳动时的思维角度、文化常识、劳动技能水平等方面。高校大学生表现出的智力劳动是推动其进步和提升自我劳动价值的有效手段。高校大学生拥有积极的劳动思想道德,直接关系到大学生劳动潜力的有效开发和劳动积极性的提高。良好的劳动思想品德能激发高校大学生的劳动热情,培育大学生励志成才的理想信念。涵养积极向上的劳动情怀是强化大学生劳动认同的关键一招,进一步加强劳动教育并正视其重要性,最终培养全方位发展的高校学子。立足新时代,社会需要全方位完备的素质人才,高校要加强并培育劳动素质,加强劳动教育来培育塑造大学生健康健全的人格。

二、新时代加强高校大学生劳动教育的基本内容

基于加强大学生劳动教育的重要意义,大学生劳动教育最本质的内容是从探讨“劳动教育教什么”的问题入手,其内容主要包含劳动价值、劳动精神、劳动意识三个方面,厘清新时代加强大学生劳动教育的内容。

(一)劳动价值的教育

关于劳动价值,马克思强调:“我们把劳动力或劳动能力,理解为人的

身体，即活动的人体中存在的，每当人生产某种使用价值时运用的体力和智力的总和。"[①]教育层面他一贯主张人的自由而全面发展，教育与生产实践密不可分的。马克思提倡生产劳动和教育统一后，能进一步构建现代和谐社会并实现人的全面发展。在马克思看来，劳动教育的根本指向是通过优质的劳动价值观念达成对社会平等公正的追求。列宁也提出过青年一代与劳动结合的观点，还有倡导教学与生产同步的提议，提出了对于劳动和教育实行普遍化的主张。在此基础上，思考新时代的劳动教育价值内容，新时代的劳动观是马克思主义劳动观的最新延续，高校要吸收新时代劳动观的重要内容。就个体而言，劳动价值体现在高校大学生付诸其体力和智力劳动参与劳动实践全过程，收获丰硕劳动成果，潜移默化的养成爱劳动、勤劳动的劳动态度上。劳动价值的培育是饱含正能量的积极催化过程，劳动教育对大学生的成长成才和立德有良好育人价值。高校大学生对劳动价值有深刻领悟，是进一步推动劳动教育在高校发展的前提之一，大学生凭借已有的正确认知和取向参与劳动实践，在过程中强化劳动价值，以此加强高校大学生劳动教育。我们只有使新时代高校大学生深刻认识到劳动创造幸福生活，实现美好梦想，劳动是创造精神财富、物质财富的源泉，才能做到珍视劳动、坚持好劳动价值的教育理念、更好地加强高校大学生劳动教育。

（二）劳动精神的培育

劳动精神指的是在劳动过程中个体劳动者坚持先进的劳动理念、秉持正向的劳动态度以及为实现理想生活展现出的良好精神风貌。在新时代的大好前景下，高校正努力促进劳动教育在高校的常态化，营造大学生发扬劳动精神的美好新风尚。劳动精神包括正向的劳动价值观、积极的劳动情感态度、高尚的劳动道德品质。正确的劳动价值观理应得到大学生的认可并被高校普及，它引领大学生确立科学的三观，有助于劳动精神在价值

---

① 马克思恩格斯全集（第23卷）［M］．北京：人民出版社，2009：190.

观层面提升意蕴。培育积极的劳动情感态度可以加深学生对劳动的热爱，让大学生改变被动劳动的现状，领悟劳动精神的内涵，自主接受劳动教育。在把握劳动价值观和劳动情感态度的基础上，塑造高尚的劳动道德品质是更高方面的需求，这一阶段需要持续巩固高校大学生劳动教育，在实践中不断实现进步，从而深化劳动精神内核。作为时代新人，大学生是实现中国梦的主力军和筑梦者，新时代劳动托起中国梦愈加需要大学生培育实干兴邦的劳动精神。劳动精神的培育绝不是纸上谈兵，高校教育尤其需要补齐劳动教育的短板。培育高校大学生从内心尊崇和敬畏劳动，劳动即美德，劳动对学生是充电式教育，通过劳动实践取得宝贵体验。持续强化高校大学生劳动教育内容体系，大学生能正确认识劳动并做出正确的行为抉择，重视自身追求与劳动付出之间的紧密联系。劳动精神不只是停留在体力上的劳动，更是优于身体的高尚的劳动价值观念，在我们理解把握劳动精神的基础上，我们才能更好地加强高校大学生的劳动教育。

（三）劳动意识的加强

我们在加强大学生劳动教育的过程当中，加强劳动意识也是非常重要的内容环节。劳动，指的是人类向外界环境输出劳动量或者体现劳动价值的运动；意识，是人脑对客观物质世界的反映，即人的一种自觉规律性的认识活动以及人们对自我和环境的认知能力。劳动意识，顾名思义，指的是人们在生产实践过程中能认识到劳动的重要性并自觉主动进行劳动的认知水平。在高校教育中缺乏劳动意识的教育，高校教育将面临断层式“华而不实”的劳动教育挑战。培养劳动自觉的能力对大学生是一种启迪性教育策略，能够激发大学生积极主动的劳动意识。首先要让学生真正领会到劳动不是简单重复的机械劳动，而是汇聚真善美的重要力量源泉。其次，高校大学生通过自身的付出扎根能主动灌输劳动最光荣的正确观念，感受到劳动所迸发出的万丈光芒，由衷欣赏劳动者艰苦奋斗、热衷付出的美好品质，亲身体验式优质教育方可丈量劳动教育的价值所在。再者，高校大学生劳动教育的主要形式是传统的课程教育，对于挖掘劳动教育深层的本质内容，结合新时代劳动精神、劳动价值观的渠道还未完善。整体性加强提升劳动意识，能更好地保证高校大学生劳动教育稳步推进，加强大学生劳动意识我们任重道远。

三、新时代加强高校大学生劳动教育的实现路径

在把握劳动教育基本内容的基础上，如何在具体的实践中实现劳动价值、劳动精神、劳动意识的教育，切实加强高校大学生劳动教育，笔者认为可以从以下四方面去入手。

（一）积极将劳动教育纳入高校课程建设

深入开展高校大学生劳动教育，不是要求劳动教育一枝独秀，而是需要联动其他各学科齐头并进。从课程内容、课程方式、课程同向同行层面将劳动教育与课程建设相互衔接，注重劳动教育有效融入课程建设中，进一步落实劳动理论教育。从课程内容来谈，新时代高校在拓展并创新劳动教育的课程内容时，可以在课程中增设本地区劳动模范的典型事迹内容版块，总结提炼不同人物事迹所展现出的劳动育人精神，丰富劳动教育的课程内容。从课程方式来看，高校可以依托自身校园文化建设、学生综合情况制定能够正确考量学生的劳动教育创新课程，设置劳动鉴赏选修课、劳动教育必修课等课程，让学生有更多的选择学习劳动教育内容，加强劳动教育课程形式的多元性。从课程同向同行来讲，联结劳动教育课同德育课、专业课、体育课、兴趣课程协同发挥效应，创新性开展劳动教育通识课、劳动教育实操课、劳动精神谱系课，让劳动教育与四育融合发展，保证任一教育都不掉队。纵深推进劳动教育的课程并行，在劳动中陶冶情操、培养美感，实现劳动教育课程同向同行的规划。劳动教育与新时代高校大学生教育有机衔接，彰显大学教育的优越性。

（二）有效开展高校劳动教育的实践活动

劳动文化孕育于中华民族的光辉历史文化进程中，亘古不变的勤奋、

创造、接续奋斗的劳动精神始终引领中华民族的大发展。新时代高校发展劳动教育要辩证地从传统文化中的劳动精神汲取养分实现培育目标，更要知晓实践活动在劳动教育中的重要占比情况，实践是真正实现理论联系实际的重要途径。新时代高校需要注重实施劳动教育的实践活动，一是要定期开展劳动志愿服务，学校与食堂、后勤、保卫处等部门建立良好的关系，征求给学生提供锻炼的劳动实践机会，鼓励学生自觉参与勤工俭学、校园文化建设、校园安全监督等多方实践活动，直观体验劳动的艰辛，进行劳动反思。二是针对第二课堂的开展情况，高校联动社区建立友好互动关系，大学生在寒暑假到所在社区报到，协助社区人员深入走访居民进行帮扶、参观敬老院做慰问活动、关心关照残疾家庭等社会实践活动，真正参与劳动实践过程，深刻体会劳动教育本质。三是依托高校社团文化建设打下的坚实基础，在社团组织中有机融入劳动教育元素，每学年设立特定的劳动周举办团队劳动实践活动，集体策划、组织、实施活动的所有步骤，增强集体劳动意识。高校大学生通过多样实践能更尊重各行各业的劳动者，珍视来之不易的劳动成果，真正做到尊崇和敬畏劳动，真正触动内心深处的劳动认同，潜移默化地渗透劳动教育。

（三）营造高校劳动教育的文化氛围

新时代大背景下，劳动与高校大学生的全方面息息相关，大学生达成对劳动的接受认可，营造高校劳动教育的文化氛围是十分关键的途径，以此学习领悟劳动教育内涵。从文化建设层面，高校可以定期开展劳动模范光辉事迹演讲比赛、劳动模范进校园、网络劳动教育课程等新型方式，在学校门户、公众号、微博等应用中宣传好劳动精神，利用好网络平台的文化建设，让学生更加便捷地进行劳动教育；从文化环境创建角度，高校预热宣传劳动教育系列活动，从学生中征集创意，学校充当监督角色，组织学生操办劳动教育文化节等，让学生自主制定方案策划、管理、布置完成全过程，制作专题海报，张贴主题标识，融通劳动教育文化节的各个环节，创设高校的劳动教育环境，保证师生在学校各处看到醒目的劳动教育宣传。在文化营造方面，高校可以借助独有的师生交友平台，将劳动教育以生活化的方式投入师生日常的交往联系中。师生一同参与体力劳动、聆听劳动教育宣讲会等形式，不仅培养好师生互动的情谊，享受到劳动的乐趣，磨炼勤奋的劳动毅力，也可以共同宣传并铸造更高层次的劳动教育。

（四）建立健全高校劳动教育的评价机制

高校应当有针对性地制定一套有方向有参考的劳动评价机制，《关于全面加强新时代大中小学劳动教育的意见》指出："每学年设定劳动周，高等学校可以设置劳动月，集中落实各学年劳动周要求。"完善高校劳动教育体制和评价机制，劳动教育不同于其他学科教育，劳动教育的实现不仅需要学校方面推动开展，家庭、社会方面也要有效联动，各个环节更要落实到位。首先，以学分机制要求全体大学生都参与到劳动实践中。将劳动实践纳入高校大学生的创新创业学分制度中参考，以劳动时长累计、劳动教育研学活动参与证明为依据，确保全体大学生参与劳动，接受劳动教育，学分评价机制保障劳动教育有效发展。其次，制定健全的劳动实践评价机制。搭建劳动教育载体和平台，强化高校大学生的劳动责任意识，确保实践机制的平稳运行。最后，利用同辈监督机制更好实现劳动教育的落地实施。依托高校社团及各级学生组织的联动，在学生组织中要求大学生完成相应的劳动任务，评选出同辈群体中的优秀劳动实践者，监督其他学生完成劳动实践的情况，充分彰显以学生为评价主体的重要地位，学生更易服从同辈效应的榜样教育，在教育互动过程中调动学生的能动性。注重高校大学生劳动教育和劳动实践的呼应，围绕"劳动"主体引导育人和引导学生尊重劳动，以劳育人，发挥高校劳动教育评价机制的育人导向功能。

新时代加强大学生党史教育的路径探究*

2021年2月20日，习近平总书记出席党史学习教育动员大会并发表重要讲话，阐述了开展党史学习教育的重大意义、重点任务和工作要求，为社会各界开展党史学习教育提供了根本遵循。大学生是祖国的未来，正处于增长知识、铸就品质的关键时期，加强大学生的党史教育工作是培养新时代中国特色社会主义建设者和接班人的题中之义。

一、新时代加强大学生党史教育的意义

在全党开展党史学习教育，是牢记初心使命、推进中华民族伟大复兴历史伟业的必然要求，是坚定信仰信念、在新时代坚持和发展中国特色社会主义的必然要求，是推进党的自我革命、永葆党的生机活力的必然要求。[①]加强大学生党史教育有利于维护国家意识形态领域的安全、落实高校立德树人的根本任务、促进学生个人形成正确的“三观”。

（一）有利于维护国家意识形态领域的安全

近年来，党史领域成为历史虚无主义的重灾区，意识形态主阵地受到

* 本文系新疆维吾尔自治区哲学社会科学规划项目“南疆农村基层党组织在维护社会稳定中的作用研究”（17BDJ012）的阶段性成果，原载于《品位·经典》2021年第18期，与石琼合作，写入本书时有删改。

① 习近平.在党史学习教育动员大会上的讲话[J].求是，2021(07)：4-17.

巨大冲击。[①]历史虚无主义宣扬错误的历史观、颠倒历史事实、抹黑历史人物、丑化中国共产党，导致部分大学生的思想混乱，重要原因之一是大学生对党史的了解不够全面，对马克思主义的信仰不够坚定。而党史教育具备鲜明的社会主义意识形态属性。加强党史教育，能有效提高大学生对党的认识，使其了解历史的真相、肯定革命领袖的功绩、汲取历史经验、坚持中国共产党的正确领导、坚持正确的政治方向，抵制历史虚无主义，守好意识形态安全的底线红线，从而为党和国家培养一批政治过硬、素质过硬、本领过硬的意识形态工作者。

（二）有利于落实高校立德树人的根本任务

加强大学生党史教育是落实高校立德树人根本任务的重要策略。新时代，立德树人要求培养德才兼备、德智体美劳全面发展的人才，培养具有坚定理想信念、深厚爱国情怀的人，培养合格的中国特色社会主义建设者和接班人。[②]百年党史蕴含了丰富的理论内涵和实践价值。加强大学生党史教育是将党史与立德树人思想有机统一的表现，是将“铸魂育人”同“立德树人”相结合的重要举措，能有效推进高校立德树人。

（三）有利于促进大学生树立正确的“三观”

加强党史教育有利于引导大学生树立正确的“三观”。新时代，通过党史教育，用党的理论武装新时代大学生的头脑，提高大学生的思想道德素质；用党的历史，引导大学生吃苦耐劳、艰苦奋斗；用党百年来形成的各种光荣传统、优良作风和精神品质为大学生的“三观”保驾护航，在潜移默化中为大学生的世界观、人生观和价值观注入养分，使之正确看待个人利益与集体利益，坚持集体主义价值取向，使大学生自觉树立远大志向，增强历

---

① 程刚.隐匿与彰显：论高校思政课教学中的中共党史教育[J].内蒙古师范大学学报（教育科学版），2019，32(07)：38-44.

② 虞志坚.“四史”教育融入高校思想政治理论课教学的三重逻辑[J].江淮论坛，2020(06)：17-21.

史担当,将个人志向与国家、民族前途命运相联系。

二、新时代大学生党史教育的主要内容

开展党史教育,要把握党史教育的主要内容,须抓住党史发展的主题主线,应理解党的历史主流本质,将“五史”融通并统一,深入了解党的历史基本内涵,从而有效学习党史、切身感知党恩、坚定信心跟党走。

(一)党的不懈奋斗史教育

党的“不懈奋斗史”是指百年来中国共产党为争取民族独立、人民解放和实现国家富强、人民幸福而奋斗的历程。党的奋斗史教育,是让大学生了解党在革命、建设和改革开放中不懈奋斗的曲折历史;学习党在奋斗过程中涌现的自力更生、艰苦奋斗等革命精神,能逐步培养在生活、学习中的吃苦耐劳、戒骄戒躁精神;学会总结并辩证看待党在奋斗过程中正反两方面的经验教训;让大学生理解中国共产党为什么能、艰苦奋斗的本色为什么美,从而始终拥护中国共产党的领导,珍惜当下来之不易的美好生活,敢于善于在新时代进行伟大斗争。

(二)党的理论探索史教育

党的“理论探索史”是一部不断推进马克思主义中国化的历史、不断推进理论创新,进行理论创造的历史。建党百年来,中国共产党在理论方面取得了显著成果,如毛泽东思想和中国特色社会主义理论体系,这为党和人民事业的发展提供了科学的理论指导。加强党的理论探索史教育,让大学生了解马克思主义是如何改变中国、改变世界的,感悟马克思主义真理和实践的力量;能结合党和国家历年来的成就,领会新时代党的创新理论;让大学生明白党的理论不是凭空产生的,理论要与实践相结合并且要与时俱进,进一步理解马克思主义为什么行,从而让大学生树牢唯物史观、强化理论思维、推动理论创新,做到学史明理。

（三）党的自身建设史教育

党的“自身建设史”是党不断加强和改进自身建设、保持和发展先进性、纯洁性，不断经受各种困难考验、不断发展壮大的历史。建党百年来，党始终在历史进程中不断自我革新、完善、提高并坚持全面从严治党。开展党的自身建设史教育，能让大学生明确加强党的自身建设的重要性和必要性，总结党在自身建设中积淀的经验教训，着眼于解决党的建设的现实问题，灵活运用到个人品德修养上、学习生活工作之中。

（四）党的初心使命史教育

党的历史就是不断实现初心和使命的历史，党在革命、建设和改革时期，都始终紧紧围绕初心和使命，将为人民服务的历史伟业推向前进。[①]百年来，党的初心和使命在不同时期有不同的内涵，加强大学生党的初心使命史教育，就是让大学生了解我们党在成立初期、新中国成立后、改革开放时期、新时代这四个时期不同的初心使命内涵，理解党的初心使命的历史共性，进一步使大学生明白走群众路线的重要性、传承党红色基因的必要性，引导教育大学生在前进道路上明确奋斗目标、明辨是非、不忘来时路。

（五）党的政治锻造史教育

党的政治锻造史是习近平总书记对党的历史最新论述的重要内容之一。对大学生进行党的政治锻造史教育，能引导大学生从党史中汲取正反两方面的经验，不断提高政治判断力、领悟力、执行力，能有效筑牢信仰之基、补足精神之钙、把握思想之舵。

---

① 肖贵清．中国共产党人的初心和使命[J].思想理论教育导刊，2017(11)：4-7.

三、新时代加强大学生党史教育的有效路径

（一）凝聚社会力量，加强党史教育宣传

加强党史教育宣传，是新时代党史实现资政育人，服务现实的必要前提。一方面，党史部门要认真做好党史教育宣传工作，提供理论与政策支持，凝聚社会各方力量形成党史教育合力，营造良好的党史学习氛围，重点对党员干部和青少年进行党史教育宣传。另一方面，教育部门要创新党史教育宣传载体，利用好中共中央权威理论文献等文本史料和现代信息技术，将线上宣传与线下宣传相结合；党史教育工作者要及时关注、认真学习和准确领会并向大学生传达习近平总书记关于学习党史的重要论述和讲话精神，将党史教育宣传工作放在重要位置。此外，高校要利用好各种宣传平台，通过多种途径对大学生进行党史学习教育的宣传。如通过校园文化墙、宣传栏、校内报刊、横幅、展板、讲座、会议以及校园网站、广播、微博等媒介号召大学生学习党史或传播党史知识。

（二）把握百年机遇，推进党史学科建设

中国特色社会主义进入新时代，习近平总书记更加强调党史教育工作，中共党史学科建设也面临新的机遇。推进党史学科建设，是加强大学生党史教育的一个重要策略。在建党百年之际，教育部应积极推进党史学科建设工作，投入更多的人力、物力、财力，明确党史学科分类，厘清党史学科归属，建立党史一级学科，使党史学科资源在全国范围内分布更均，在本科、硕士研究生、博士研究生中分别开设党史学科专业，合理扩招，为培养专业化的党史研究人才奠定基础；高校应深入挖掘党史资源，结合本地、本校资源，拓展党史教育内容，加强课程体系建设，夯实党史学科基础，从而有效提高党史学科大学生的专业素质，推动大学生党史理论知识专业化、系统化。

(三)加强师资培训,优化党史教学队伍建设

一支热爱党史教学的高素质教师队伍,是做好党史教育的重要保证。[①]要提供机会统一加强高校教师党史知识的培养、培训,提高党史教师讲课能力,让教育者学习掌握好党史知识;高校可以结合本校情况,提高选拔水平,引进优秀党史教师资源;教师要认真学习、深刻领会、准确把握党中央关于党史教育的讲话、与时俱进更新党史教育素材;教师之间应进行研讨学习,不断提高党史素养,提高师德师风建设水平,将党史知识内化于心、外化于行,从而授课、交流、传播,有效推动党史知识进教材、进课堂、进头脑。

(四)整合各科教学,把握课堂主阵地

教师要利用好课堂主阵地,把党史教育有机融入各科教育教学全过程,从而有效推进大学生党史教育的广度和深度。将党史知识与时政结合进行课前讲解,强化大学生对时事政策的解读力,使大学生敢于善于用历史的眼光看待社会现象、看待社会的本质问题。将党史教育与思想政治理论课结合,在理论课中深入浅出地贯穿党史素材,坚定大学生的政治信仰、理想信念。在课堂中可以用专题式、讨论式、启发式等教学方法,把握党史学习的重难点,理清党的奋斗史发展脉络,重点学习把握党的思想史教育,总结党的自身建设史经验,引导大学生了解党史文化、养成良好的思想品德,树立正确的历史观。学校或教师还可以专门开展主题党课、积极挖掘党史学习的第二课堂,倡导大学生进行体验,充分利用当地或周边党史资源,组织参观老革命根据地。

(五)夯实理论基础,研读党史权威著作

大学生可以采取线上与线下相结合的方式研读党史著作、刊物、文献

① 田克勤.加强和改进高校中共党史教育的几点思考[J].思想理论教育,2011(07):38-41.

等，强化对党史理论知识的了解、掌握，将党史知识弄清、学懂。一是研读党史权威著作，对指定的党史书目《论中国共产党历史》等进行研读，了解在党史方面的重要论述、历届领导人对党在不同时期的回顾、党的理论创新问题以及中国共产党的百年建党的宝贵经验和伟大精神；二是浏览党史期刊文献，尤其是核心期刊，对党史期刊文献进行浏览可以及时紧跟时代步伐，与时俱进了解党史最新内容，将时政热点与党史知识融会贯通，将党史知识生活化、常识化，便于大学生理解党史，深刻体会中国共产党在当今日益美好的生活中发挥的重要作用；三是观看党史纪录片、历史影像等红色影视作品，在学习强国收听浏览党史内容等。如从纪录片《建党伟业》、电视剧《觉醒年代》中重温建党历程，从革命历史中汲取党的经验，继承革命先烈的理想信念、优良作风和精神品质，增强对党的拥护，激发学习热情，从而积极为中国特色社会主义现代化建设做贡献。

（六）传承红色基因，开展党史实践活动

新时代大学生可以充分利用校内外党史资源，开展党史教育实践活动，将党史学透、学深，达到真学、真用的目的。大学生可以通过集体组织参加党史教育活动，开展红色文化活动、参与团组织活动传唱红歌、重温入党誓词、参加党史教育主题班会、党史征文比赛，党史有关的学术会议；在重大纪念日集体走进老革命根据地，清明节扫墓，缅怀革命先烈；重走长征路，参观思政基地、历史博物馆、感悟历史事迹、对历史人物进行追忆、采访历史人物等学习党史。在校内通过投票箱搜集大学生意见，调动大学生广泛参与“我为群众办实事”活动；高校可以结合实际情况建设党史教育实践基地，开拓党史教育实践课堂；鼓励大学生参与党史比赛、征文、论坛交流活动，观看革命电影、在重大纪念日举行百年来党的实物展活动等。

（七）加强平台建设，发挥融媒体优势

发挥内容丰富、形式多样的党史教育融媒体优势是加强大学生党史教育的创新举措之一。百年党史内涵丰富，大学生对党史内容感兴趣的方面

不尽相同，融媒体具有个性化、精准化的特点，可以结合大学生的个人喜好，有针对性推送风格迥异的党史内容；大学生时间比较自由但琐碎，而融媒体具有高时效、碎片化、短暂性的特点，发挥融媒体优势传播党史知识，大学生可以有效利用琐碎时间学习党史；此外，融媒体还具有开放性、互动性的特点，借助融媒体进行党史教育，在一定程度上能引发学生思考，提高思辨能力，在互动中增加学习趣味。总之，发挥融媒体优势，加大党史教育平台建设，借助报、刊、台、网、微、端等平台进行资源整合，创新党史教育形式，让党史内容生动形象，能有针对性地、高效灵活有趣地在大学生群体中传播，能使大学生寓教于乐、寓学于趣，在润物细无声中深入人心，有效加强大学生党史教育的广度、深度、灵活度。

总之，新时代强化大学生党史学习教育可谓是恰逢良机、正当其时。[①] 我们要积极调动社会各界资源，凝聚各方力量，与时俱进更新党史教育内容，加强党史学科建设，注重党史教育方式方法的创新，将理论学习与实践活动统一，充分发挥融媒体优势，让大学生做到学史明理、学史增信、学史崇德、学史力行，将党史教育成果转化为优秀的理论作品。

① 叶福林.新时代强化大学生党史学习教育的若干思考[J].思想理论教育，2021(03)：83-87.

浅析高校马克思主义理论教育的基本原则*

马克思主义理论教育是高校马克思主义大众化的重要方式和实施手段。在新世纪新阶段新形势下,如何坚持马克思主义在意识形态领域的指导地位,坚持社会主义核心价值体系引领社会思潮,回答和解决大学生关注的热点和难点问题,真正彰显马克思主义的生机和活力,这些问题都为高校马克思主义理论教育提出了巨大的挑战。因此,高校马克思主义理论教育在继承和发扬优良传统的基础上必须把握和坚持好理论教育的科学性、人本性、实效性和创新性的基本原则。

一、科学性与人文性相统一

马克思主义理论是我们认识世界和改造世界的根本方法,一方面,它要求我们在实践活动中,必须坚持以科学的实事求是的精神去寻找事物的本质和客观规律;另一方面,也要求我们必须把人民的利益和人的发展看作是一切认识和实践活动的出发点,贯彻"以人为本"的原则,坚持既崇尚理性,又调动情感、意志等非理性因素和精神体验来展示和表现人的本质和人的追求。马克思主义理论教育这一实践活动也必须遵循这两种精神,即科学精神和人文精神,在教育过程中坚持科学性与人文性的统一结合。

---

* 本文原载于《学校党建与思想教育》2012年第35期,选入本书时有删改。

高校马克思主义理论教育的科学性原则是指:一方面,坚持马克思主义理论教育内容的科学性;另一方面,坚持马克思主义理论教育方式的科学性。

首先,马克思主义本身是科学的。马克思主义理论教育的本质已深刻体现了其内容的科学性。恩格斯指出:"我们党有个很大的优点,就是有一个新的科学的世界观作为理论的基础。"①马克思主义不仅是革命实践证明了的并且为工人阶级进行科学社会主义运动提供了正确的世界观和方法论,也为当今时代我们认识实践和改造世界提供了科学的立场、观点和方法。马克思主义的基本理论是辩证唯物主义和历史唯物主义,根本目标是实现共产主义和人类的全面解放,原则立场是为无产阶级和广大人民群众谋利益,而与时俱进是他鲜明的理论品质。马克思主义的基本原理和基本观点具有深刻的普适性,是我们面对国际国内社会中价值冲突和矛盾时解决问题的根本方法,其当代价值是不容否认的。同时,理论扎根于实践并随着实践发展而不断发展,这正是马克思主义科学性和生命力的突出表现。

其次,马克思主义理论教育的科学性还表现在教育方式的科学性。恩格斯指出:"马克思的整个世界观不是教义,而是方法。它提供的不是现成的教条,而是进一步研究的出发点和供这种研究使用的方法。"②因此,在高校开展马克思主义理论教育,不仅坚持马克思主义基本立场、观点和方法,而且也秉承科学的精神和科学的态度,理论联系实际,反对教条主义,切实满足当今大学生的精神需要,以科学的方法将理论学习融入学生的学习和生活中,在改造客观世界的同时改造主观世界。

马克思恩格斯毕生奋斗的目标是最终实现人类的解放和发展,马克思主义理论是人类解放的理论,从事物质生产活动的现实中的人是马克思主义理论的根本出发点,是马克思主义唯物史观的前提。在马克思那里,人

① 马克思恩格斯文集(第2卷)[M].北京:人民出版社,2009:599.

② 马克思恩格斯选集(第10卷)[M].北京:人民出版社,2009:691.

之所以为人而区别于动物的本质特征是人不仅要满足自身的实然状态，而且要自觉超越并实现自身、构想自身的应然状态，实现人的价值和理想。也就是说，实现人的全面发展不仅要满足人的物质需要更重要的是满足人的精神需要。因此，马克思主义理论作为一种精神产品，能否遵循人的身心发展规律，满足人的身心发展需求是在整个教育过程中能否体现人文性的关键所在。

在理论教育过程中，我们必须坚持人本性的原则。首先要掌握学生的真正需要是什么，结合学生所关注的现实中的疑难问题，用马克思主义的基本原理解答学生感兴趣的热点难点问题，在此基础上引导学生将自己所学到的知识应用于实际生活，唯有这样，才能真正彰显马克思主义理论思想武器的力量，才能使知识融会贯通，寓教于乐，实现教育的最终目的。其次，可以开发多种新的教育方式和途径，迎合学生的兴趣所在，提高学生学习的积极性，时刻坚持以学生为本，以学生的实际出发，满足学生求知的需求和欲望，真正实现用科学正确的理论去武装人、引导人和塑造人的目的。

对马克思主义的科学认识是实现人全面发展的前提；同时符合人类自身发展，满足人的精神追求，又能够更自觉、更深入地全面把握马克思主义理论，理解马克思主义的真谛，因此，马克思主义理论教育是科学性与人文性的辩证统一。

二、真理性与价值性相统一

马克思主义实践观认为实践活动是以改造客观世界为目的，主体与客体之间通过一定的中介发生相互作用的过程。任何成功的实践都必然既遵循真理尺度，又符合价值尺度，是二者有机统一的结果。真理尺度以获得关于客体的“真”的认识为目的，价值尺度就是回答实践活动到底好不好，有没有用，存不存在价值的问题。教育活动也是实践活动的一种，它是指遵循一定的目标，采取一定的手段和方法，教育主体对客体进行有目的的一种活动。在这个实践过程中，通过主客体的相互作用，也就是教学过程，教育主体对于教育的客观规律有着真理性的认识，才能满足客体的需要，对其具有一定的意义和价值，因此，只有同时符合真理性和价值性两个原则，我们说这个教学活动才是成功的实践活动。

从事马克思主义理论教育的教师必须把握理论教育的客观规律，对其有真理性的认识。在这一项专业性、思想性和科学性极强的实践活动中，要求教师工作者必须具有扎实的马克思主义理论功底，宽厚的文化基础，完善的知识结构以及行之有效的教育方法，同时还要具备良好的师德师风。同时，教育活动还必须具有实效性，必须满足学生的价值需要，我们才能认为它是成功的教育活动。因此，高校的马克思主义理论教育在教育过程中还必须坚持价值性的原则。

目前，我国高校马克思主义理论教育效果评估还存在一些不可忽视的问题。其一，形式单一，缺乏实质内容。现今高校马克思主义理论教育课主要采取闭卷考试以及学生课堂效果评价两种形式。虽然通过考试能够检验学生掌握知识的程度，但无法真正了解学生是否通过对马克思主义理论的学习形成了正确的世界观、人生观和价值观。同时，由于学生的知识背景、审美旨趣、分析解决问题能力等个体差异，对同一教育者进行的教育活动评估结果也不能实现客观公正。其二，缺乏科学合理的评估手段和标准。高校马克思主义理论教育当务之急是树立实效意识，建立科学合理的评价系统，只有这样才能体现教育价值，这既是马克思主义理论教育的内在要求，又是进行马克思主义理论教育必须遵循的一个基本原则。

三、民族性与创新性相统一

马克思主义理论的民族化是指各国的马克思主义者把马克思主义同本国的革命和建设实践相结合，与时代特征相结合，体现马克思主义不同的民族性，将其民族化的过程。民族化的马克思主义是一个国家马克思主义理论教育重要的内容。我们不仅要立足本国实际，体现民族精神，并且更要与时俱进，不断创新和发展马克思主义理论体系。

首先，教育观念的创新是前提。反之，落后而保守的观念，只能阻碍教育实践活动的进步和发展。现在的理论教育活动，已经不仅仅是简单的政治宣传，而更多的是关注和培养学生认识问题和解决问题的能力，这是建立一个学校、家庭、社会能动有机的联动机制的过程。在高校马克思主义理论教育中必须树立起教育学校化、社会化、家庭化三者统一的大教育观，建立起终身学习的观念。

其次，教育内容的创新是根本。邓小平指出："世界形势日新月异，特别是现代科学技术发展很快。现在的一年抵得上过去古老社会几十年、上百年甚至更长的时间。不以新的思想、观点去继承、发展马克思主义，不是真正的马克思主义者。"[①]改革开放以来，建设中国特色社会主义是立足中国，面向时代、面向世界、面向未来的开放事业。因此，在教育内容上，必须将马克思主义理论同我国的实际情况相结合作为马克思主义理论教育的真正内容。

再次，教育手段和方法的创新是关键。手段和方法是内容的载体，载体的质量直接决定了内容展现和接受的程度。目前，高校的马克思主义理论课教师应在面授板书的基础上，充分利用现代网络技术及传媒载体，开拓新颖生动的教育途径，激发学生学习的积极性和主动性。

最后，教育体制和机制的创新是保障。要使教育观念、教育内容、教育手段和方法的创新落到实处，还有赖于教育体制和运行机制以及社会制度和社会运行机制的支持和保障。舒适和谐的教学环境和氛围能够促使教育活动健康、有序地开展，更能激发教育工作者的工作热情和创造性。教育机制的创新，能使我们现有的教育资源得到整合，形成教育合力，增强教育效果。

---

① 胡锦涛.在邓小平同志诞辰100周年纪念大会上的讲话[M].北京：人民出版社，2004：6.

高校国家助学贷款实施中大学生诚信教育现状、问题与对策*

党的二十大报告强调："全面贯彻党的教育方针，落实立德树人根本任务，培养德智体美劳全面发展的社会主义建设者和接班人。"①关于培养什么人的问题是教育的首要问题，而"德"是培养社会主义人才的首要任务。2017年，教育部印发《高校思想政治工作质量提升工程实施纲要》(教党〔2017〕62号)中将资助育人纳入"十大育人体系"，明确要求把扶困与扶智、扶困与扶志结合起来，构建物质帮助、道德浸润、能力拓展、精神激励有效融合的资助育人长效机制，形成"解困—育人—成才—回馈"的良性循环，着力培养受助学生自立自强、诚实守信、知恩感恩、勇于担当的良好品质。国家助学贷款政策是国家资助育人，推进高等教育发展，实现教育根本任务的重要举措，但在政策实施过程中还存在贷款容易催款难、贷款毕业生逾期还款，甚至恶意欠款、持高不下的违约率等问题，成为制约国家助学贷款政策发展的瓶颈。因此，解决国家助学贷款政策实施中大学生诚信观教

---

* 本文系2016年新疆高等学校科研计划项目"新疆高校国家助学贷款政策实施中大学生诚信观培育研究"(XJEDU2016C08)的阶段性成果，原载于《新疆社科论坛》2019年第6期，与吴俊杰合作，选入本书时有删改。

① 习近平.高举中国特色社会主义伟大旗帜为全面建设社会主义现代化国家而团结奋斗——在中国共产党第二十次全国代表大会上的报告[M].北京：人民出版社，2022:34.

育问题是实现资助育人中“育人—成才”环节的关键点，是培养高校大学生思想道德素质的必然要求。

一、高校国家助学贷款实施中大学生诚信教育现状调查

（一）调查活动的设计与实施

课题组根据研究计划和任务开展实施了关于“新疆高校国家助学贷款实施中的诚信问题研究”的调研活动，调研样本选择新疆师范大学、石河子大学、塔里木大学、伊犁师范学院、昌吉职业技术学院五所本专科院校。其中四所本科院校，一所专科院校，调研地点主要涉及乌鲁木齐市、昌吉市、石河子市、阿拉尔市、伊宁市。调研任务分成两个组来完成。

第一组是访谈组，主要采用结构式访谈和无结构式访谈相结合的研究方法，设计结构式访谈提纲，访谈的对象是五所院校负责大学生资助工作的管理者以及负责国家助学贷款实施工作的业务人员。访谈主题是关于新疆高校国家助学贷款实施中大学生诚信缺失问题的表现及原因。第二组是问卷调查组，采用调查问卷的研究方法，设计了关于“新疆高校国家助学贷款实施中的大学生诚信观培育研究”的调查问卷，经过反复论证、反馈及修改，保证了问卷的可信度和有效度，调查对象选取了五所院校国家助学贷款受助本专科学生。共发放问卷685份，回收685份，其中有效问卷671份（见表1）。

表1　调查问卷发放总体情况

院校	发放问卷（份）	回收有效问卷（份）
新疆师范大学	180	176
石河子大学	150	150
塔里木大学	150	150
伊犁师范学院	120	111
昌吉职业技术学院	85	84

(二)调查结果分析

通过对调查问卷的数据进行统计整理分析,新疆高校国家助学贷款受助大学生的诚信意识及新疆高校大学生诚信观培育的基本情况如下:

1.调查对象的基本情况

问卷调查对象主要选取了五所院校的国家助学贷款受助的本专科学生[①]。在院校受助学生中采用随机抽样方法,调查的基本信息包含性别、学历、年级、户籍、政治面貌及家庭月平均收入,主要全面了解样本的基本情况,为差异性分析打基础(见表2)。

表2　调查对象的基本信息统计

		人数	百分比(%)
性别	男	288	42.9
	女	383	57.1
学历	专科	84	12.5
	本科	587	87.5
年级	一年级	174	25.9
	毕业班	145	21.6
	其他年级	352	52.5
户籍	疆内	516	76.9
	疆外	155	23.1
政治面貌	党员(预备党员)	67	9.9
	团员	602	89.7
	群众	2	0.4
家庭月平均收入	2500元以下	401	59.7
	2500~5000元	192	28.6
	5001~7500元	66	9.8
	7501~10000元	12	1.9

从调查数据统计来看,调研样本中男生和女生比例基本相当,由于选

① 注释:本调查未选取研究生的原因是经了解发现新疆院校中办理国家助学贷款的研究生所占比例仅为1%,因此不具有代表性。

取了四所本科院校和一所专科院校，样本主要以本科生为主，所在年级基本从一年级到毕业年级都有涉及。从户籍分布情况来看，主要以疆内学生为主，占76.9%，这主要是与新疆院校招生生源情况相关，其中党员仅有9.9%，大部分学生是团员，占89.7%，这也说明政治面貌与家庭经济条件不存在正相关的联系。从家庭月平均收入的统计数据可以看出，2500元以下的学生占到了59.7%，绝大多数是家庭经济非常困难的学生，这也符合调查样本为国家助学贷款受助本专科的身份，说明了调查样本的真实性和可靠性。

2.新疆高校国家助学贷款受助大学生的诚信意识状况

第一，对诚信价值观的认知。首先，我们要了解受助大学生对诚信价值理念的整体认识是怎样的，通过调研数据我们发现65.6%的大学生认为在当今经济发展迅速的社会中，诚信价值理念对每个人是重要的，仅有6.1%的学生认为不重要，可以看出大学生对于在经济社会中，是肯定诚信价值观的重要性，这说明大部分学生认为做一个有诚信的人是十分必要的（见表3）。

表3　在当今经济发展迅速的社会中，您认为“诚信”对每个人重要吗？

选项	频次	有效百分比(%)
非常重要	105	15.6
重要	440	65.6
一般	85	12.7
不重要	41	6.1

那么，秉承诚信价值观应该有哪些认知呢？我们通过一组量表测试了大学生对于诚信观点及行为的认知态度。从调查数据统计结果来看，至少90%以上的大学生对于“诚信是立身之本，是中华民族的传统美德”持有赞同的态度，并且对诚信的相关传统文化具有一定的认识，但是在诚信的行为表现认知上，出现了摇摆不定的态度。91.8%的学生认为有正当理由的撒谎和欺骗是可以理解和接受的，49.4%的学生赞同在社会中为了赢得竞

争的胜利，有时候可以选择不诚信的行为，还有51.5%的学生认为承诺可以因现实条件而改变，不一定要刻意遵守。由此可见，部分学生对于如何坚守诚信行为是存在模糊认识的，一旦附加额外条件，就可以改变初衷想法，这也说明有部分大学生的诚信意识不够坚定（见表4）。

表4　对下列观点，您的态度是

	非常赞同（%）	比效赞同（%）	说不清楚（%）	不太赞同（%）	很不赞同（%）
诚信是立身之本，是一个人最重要的美德	50.5	39.0	8.5	1.5	0.5
君子一言，驷马难追	52.4	39.5	6.5	1.6	0
有时候可以接受撒谎或欺骗，只要有正当的理由，比如善意的谎言	55.1	36.7	5.8	2.4	0
承诺可以因现实条件而改变，不一定要刻意遵守	11.7	39.8	46.4	1.5	0.5
为了在竞争中取胜，可以选择不诚信的行为，这是胜者为王的时代	12.2	37.2	41.1	5.3	4.3

在调查大学生对校园中不诚信行为的看法时，我们发现大部分学生认为最普遍的行为是学术不端行为和逃课行为，以及上课迟到、上课期间做与课程无关的事情；比较普遍的行为是在网络上任意转发或传播不实言论和考试作弊行为，而故意拖欠学费和住宿费属于个别现象，这也与目前院校对于缴纳学费进行严格的规定有直接的关系，而无力偿还网络贷款以及不能守时守约也属于个别现象。从调查数据显示，这些非常普遍以及比较普遍的不诚信行为也正是目前院校中一直存在还没有杜绝的不良现象，大学生的诚信素质令人担忧（见表5）。

表5　对下列观点，您的态度是

	非常普遍（%）	比效普遍（%）	不普遍（%）	个别现象（%）	不存在（%）
抄袭剽窃、实验凑数据等学术不端行为	26.2	22.5	15.0	21.2	15.0
故意拖欠学费、住宿费	3.8	11.3	16.2	47.5	20.0
不能守时守约	5.0	25.0	11.5	35.0	23.8

续表

	非常普遍（%）	比效普遍（%）	不普遍（%）	个别现象（%）	不存在（%）
逃课，上课迟到，上课期间做与课程无关的事情，如发短信、看小说、睡觉等	23.8	35.0	12.5	18.8	10.0
考试作弊	8.7	42.5	16.2	18.8	13.7
冲动参与网络贷款，无力还款	5.0	10.5	27.0	35.0	22.8
在网络上任意转发或传播不实言论	5.0	25.0	11.5	35.0	23.8

第二，对国家助学贷款违约行为与诚信之间的关系认知。因为调查对象是国家助学贷款受助的本专科学生，因此，调查内容中必须包含学生对国家助学贷款违约行为的认知。从调查统计数据可以看出，75.1%的大学生认为大学生国家助学贷款违约行为是一种诚信缺失的表现（见表6），78.7%的大学生认为国家助学贷款恶意欠款的行为是一种不诚信的行为，其中16.7%的学生认为必须受到惩罚，而62%的学生认为法不责众，不容易施行惩罚措施（见表7）。可以说，受助学生中大部分还是对国家助学贷款违约行为与诚信之间有着正确的认识，也清楚违约会影响到一个人的诚信。

表6　您认为大学生国家助学贷款违约行为属于诚信缺失的表现吗？

选项	频次	有效百分比（%）
属于	504	75.1
不属于	145	21.6
不知道	22	3.3

表7　您怎么看待大学生国家助学贷款恶意欠款的行为？

选项	频次	有效百分比（%）
是不诚信的行为，必须受到惩罚	112	16.7
是不诚信的行为，但是法不责众	416	62.0
不算不诚信的行为，没什么大不了	113	16.8
说不清楚	30	4.5

但是在问及大学生国家助学贷款因各种原因未能及时还款时，89.2%的学生回答可以理解（见表8），而对经办银行在新闻媒体及全国高等学校毕业生学历查询系统网站公布违约借款学生名单的这一行为，78.2%的学生认为是不合理的，会对学生造成不良的影响，仅有11.8%的学生认为这一方法可行，会对欠款学生起到一定催促还款的作用（见表9）。这一调查结果与之前对于大学生诚信观点与行为的认识调查如出一辙，都反映了同样的问题，大学生的诚信理念是不坚定的，是模糊的，尤其是表现在行为上是摇摆不定的，是极易受到影响的。

表8　您认为大学生国家助学贷款因各种原因未能及时还款可以获得理解吗？

选项	频次	有效百分比（%）
可以	598	89.2
不可以	51	7.7
不知道	22	3.1

表9　您如何看待“将经办银行提供的违约借款学生名单在新闻媒体及全国高等学校毕业生学历查询系统网站公布”？

选项	频次	有效百分比（%）
不合理，在不了解学生拖欠贷款原因的情况下对学生造成心理影响	524	78.2
属于个人隐私，绝对不合理	50	7.5
方法可行，对欠贷学生起到威慑作用	79	11.8
无所谓	18	2.5

第三，新疆高校大学生诚信观培育状况。在调查大学生诚信观认知与认识的基础上，我们要进一步探究为什么会形成这样的认识，对于诚信观培育大学生有怎样的认识，新疆高校大学生诚信观培育状况究竟如何，这都是需要我们一一解决的问题。首先，在问到诚信观教育的重要性时，63.7%的大学生都回答非常重要，这可以看出当代大学生是渴望并需要开展诚信观教育活动的（见表10）。而问到诚信观最重要的教育主体时，65.5%的学生认为是学校，而家庭、社会和个人分别比例相当，占到13.7%、

10.8%和10.0%(见表11),这也可以看出大学生对于学校教育寄予了很大的期望,在传统观念里,认为学校担负着诚信观教育的主要责任,也说明学校对于诚信观教育具有不可推卸的义务和责任。

表10 您认为诚信观教育对每个人重要吗?

选项	频次	有效百分比(%)
非常重要	427	63.7
重要	170	25.3
一般	68	10.2
不重要	6	0.8

表11 您认为诚信观教育最重要的教育主体是谁?

选项	频次	有效百分比(%)
学校	439	65.5
家庭	92	13.7
社会	72	10.8
个人	68	10.0

在对当前影响诚信观教育主要的因素上,大学生认为其中最重要的是学校诚信教育课堂教学,同时26.5%的学生认为学校诚信教育实践活动也很重要,对于社会和家庭的影响因素所占比例都很低(见表12),这同样反映了在大学生的潜意识中学校是承担诚信观教育第一位老师,是主要发挥作用的主体,而课堂教学比实践教学更为重要。

表12 您认为当前影响诚信观教育最主要的因素是什么?

选项	频次	有效百分比(%)
学校诚信教育课堂教学	225	38.0
学校诚信教育实践活动	177	26.5
学校校园文化氛围	67	10.1
社会信用体系建设程度	104	15.7
社会诚信氛围	40	6.0
从小的家庭诚信教育	28	3.7

而大学生对于目前院校在诚信观教育的各项工作的评价如何呢?从表13的调查数据可以看出,整体状况并不乐观,在各项工作中达到非常满意和比较满意的比例并不高,其中辅导员和班主任的诚信教育工作以及家庭经济困难学生资助工作得到了学生较高的评价,说明目前在院校中辅导员、班主任以及资助工作者承担诚信教育得主要责任,这三个群体都是与资助工作有关,而在资助工作中诚信教育显得尤为重要和必要。课程设置、教师素养、大学生社团活动、社会实践活动、校园文化活动以及校风学风建设都与学生的期望还存在一定的差距,需要不断地加强和完善。

表13　您对学校下列工作的评价是什么?

	非常满意(%)	比效满意(%)	一般(%)	不太满意(%)	很不满意(%)
关于"诚信"教学内容的课程设置	2.0	8.6	23.2	52.2	14.0
思想政治理论课教学效果和质量	0.9	25.0	36.3	26.9	10.9
教师的理论素养和素质	18.6	35.5	28.0	15.6	2.3
关于"诚信"的大学生社团活动	14.5	17.1	45.0	20.3	3.1
辅导员和班主任的诚信教育工作	20.7	34.5	25.0	18.0	1.8
关于"诚信"的大学生社会实践活动	15.3	20.8	42.0	11.5	10.4
关于"诚信"的校园文化活动	14.0	21.3	43.5	12.5	8.7
家庭经济困难学生资助工作	17.1	49.7	20.8	11.8	0.6
校风学风建设	11.1	25.0	37.2	25.1	1.6

由于思想政治理论课是大学生接受德育教育的主要课程,因此调查问卷专门设计了关于思想政治理论课教学效果的调查。从调查数据统计发现,46.8%学生认为目前思想政治理论课对诚信观的阐释还只是停留在表面,泛泛而谈,内容缺乏深度(见表14)。而30.7%的学生认为目前学校思想政治理论课教学存在的最大的问题就是教学不接地气,理论与实际相脱节,如何提升思想政治理论课的教学实效性,加强课程中诚信观教育是需要我们进一步思考的问题(见表15)。

表14 您认为思想政治理论课对诚信观的阐释是什么?

选项	频次	有效百分比(%)
全面、深刻	104	15.5
比较深刻	155	23.1
泛泛而谈,停留下表面	314	46.8
没有涉及	98	14.6

表15 您认为目前学校思想政治理论课存在的最大的问题是什么?

选项	频次	有效百分比(%)
教学内容缺乏深度,理论解释不够透彻	180	26.8
教学方式陈旧单一,无法吸引学生	83	12.4
教师教学能力有限	87	13.0
教学不接地气,高谈阔论	206	30.7
实践教学不够,缺乏实效性	115	17.1

二、高校国家助学贷款实施中大学生诚信问题的成因

高校国家助学贷款实施中大学生诚信问题产生的成因可以从学生自身、学校、社会等方面来分析。

(一)自身诚信理论与实践不足,"知""行"相悖

目前,大学生对于诚信的认知仅停留在表面,只知其一而不知其二,知和行未能统一。在实际生活和工作中,一旦涉及自身需求和切身利益,便会放弃曾经坚持的道德规范,"知""行"相悖。例如,在调查中问及"由于各种原因无法偿还贷款是否可以理解",大学生普遍认为只要有理由是可以理解的。另外,大部分学生由于对诚信意识缺乏重视,修身自律不够,加之受到不良氛围的影响,便选择随大流,怀着法不责众的侥幸心理,以各种缘由堂而皇之地违约欠款,无所畏忌。

(二)高校诚信观教育不完善,主体作用发挥不够

第一,缺乏系统的诚信理论课程设置。大多数高校并没有将诚信教

育纳入必修或选修课程，只分散存在于一些课程内容和教师的谈话中。第二，诚信教育方式方法单一，流于形式。大多数诚信教育主要是通过辅导员、班主任开展的专题讲座或主题班会进行，更多表现为填鸭式的说教，形式局限于针对学生群体的课堂教学和诚信宣讲活动，缺乏针对个体的教化以及具有多样性、灵活性和创新性的方式方法。第三，诚信教育实践活动开展不足。高校未能开创更多的实践平台和活动让大学生在身体力行中认识、感受、践行诚信，活动范围仅仅局限于校园，收效甚微。第四，关于诚信建设的校园文化氛围不够浓郁。大多数高校不重视校风、学风建设，纵容了校园里长期存在的不诚信行为，未能形成讲诚信、守信用的优良风气。

（三）诚信制度政策不健全，银行约束监管不够

第一，在大力推行国家助学贷款政策的过程中，政府在政策制定方面还存在考虑不周全的地方，如按照政策规定只要符合贷款条件的大学生一律可以申请贷款，这实现了应贷尽贷的目标，但随之产生的是较低的贷款申请门槛，资格审核过于松懈，导致学生对助学贷款容易产生轻视的态度。第二，个人信用档案的建立和信息采集工作刚刚进入起步阶段，利用互联网查询个人信用档案和个人信用评价系统的作用还很有限。政府未能针对诚信缺失行为建立一套行之有效的惩罚和奖励机制，约束力不强。第三，银行对国家助学贷款不够重视，加之追偿成本过高，导致贷款偿还难以追缴。同时，在审核贷款申请过程中，对学生的实际还款能力和信用程度不了解，仅凭借贷款申请材料和证明办理贷款，这无疑从一开始就失去了对贷款学生的监管。

三、高校国家助学贷款政策实施中大学生诚信观培育的对策

基于以上对高校国家助学贷款政策实施中大学生诚信问题现状和成因的分析，现从培育的前提、基础、保障及支撑四方面，提出加强大学生诚信观培育的对策。

（一）培育前提:深化大学生诚信教育教学

首先,深研大学生诚信观教育的理论资源与内容。一方面,诚信观教育理论应来自源远流长且博大精深的中华民族传统文化。通过挖掘和阐发中华传统美德中关于"诚信"的价值理念,丰富大学生诚信观教育教学的道德资源,引导大学生传承"诚信"传统文化,提升思想道德素养和精神境界。另一方面,明确高校大学生诚信观教育的内容范畴。大学在国家助学贷款实施中表现出的诚信问题主要与经济诚信相关。因此,在经济诚信教育教学中要讲清楚相关的"信用"问题,培养大学生的信用意识,自觉将诚实守信作为自己处理经济问题与人际交往的行为规范。

其次,创新大学生诚信观教育的途径与方法。一是以课堂教学为基础和平台,开展案例教育、小型讲座、辩论会、团体活动等生动且有意义的互动教学,激发学生了解诚信、辨别诚信、接受诚信、践行诚信的兴趣和意识,将翻转课堂等贴近学生特点的教学模式运用到教育教学中。二是借助现代网络技术(尤其是微传播技术)和现代教学设备,将情景教学、情绪体验、情感交流、情境互动相融合,开拓更加完整、立体、系统的诚信教育路径,使学生产生情感共鸣,达成情感认同。三是形成大学生诚信热点难点问题反馈机制,建立课后师生有效沟通途径,打通课上课下互联交流,结合课堂理论教学和学生自主学习,积极回应大学生在学习和生活实际中遇到的、与诚信相关的疑问与困惑,实现诚信观教育教学的良性互动。

最后,强化大学生诚信教育实践活动。大学生诚信观培育需要开展有效的教育实践活动,使学生能够学以致用,在实践中深化认识并真正将诚信意识内化于心。校内实践活动可以通过举办图片展、知识竞赛、舞台剧、征文、演讲、评选诚信自强之星等生动活泼、寓教于乐的方式开展,广泛宣传国家助学贷款及其他资助政策,普及征信、金融等相关知识,宣讲诚实守信事迹,倡导契约精神,促使学生树立诚信观念、增强法律意识,及时履行国家助学贷款合同,有效地将诚信教育转化为大学生自觉的素养和行为。校外实践活动可以通过志愿服务项目、基层实习、乡村务农等形式开展,让学生在志愿服务活动中切身体会信用和责任在经济发展中的重要性；在基层实习中体会劳动创造价值的意义，锻炼自身素质和能力，增长才干，为毕业后顺利进入工作岗位做准备；在生产劳动中培养吃苦耐劳、勤俭节约的意识，自觉抵制高消费或奢侈浪费行为，学会珍惜国家、社会与学校的关心和爱心。

（二）培育基础：构建高校大学生诚信育人环境

在接受教育的过程中教育对象容易受到客观环境的影响，这甚至会改变教育的结果。高校大学生诚信观教育活动最重要的外部影响因素就是高校育人环境，包括高校的校风、学风建设，校园文化氛围以及全员育人教学服务状况等。校风体现了一个学校的精神气质，而学风代表着学校师生的治学态度。良好的校风和学风将鼓励全校师生齐心协力，共助发展，营造良好的学习和研究环境。2017年12月12日，复旦大学校研究生会主席王丹、学生会副主席马笑扬在“作伴青春、播种梦想——复旦大学2016—2017学年奖学金颁奖典礼”上向参会的近4000名奖学金获得者宣读了《复旦大学“五为四守九不要”校风学风倡议书》，引导学生拥有正确积极健康的学习观，端正学习和科研态度、恪守学习规则和学术守则。九条倡议中涉及最多的问题就是关乎大学生诚信的问题，可见，只有良好的校风、学风才能成为孕育诚信意识养成的摇篮。因此，高校校风、学风建设需要以开展丰富多样的校园文化活动为载体，大力创新校园文化活动形式，以“诚信”作为文化活动的重要主题和内容，在全校营造诚实守信的道德风尚和氛围。此外，作为学校全员育人的教学与服务工作者代表着学校教职员工的形象，其素养也会直接影响学生对学校的信任评价，因而应在工作中以身作则，成为诚实守信的典范，发挥良好的榜样和示范作用。

（三）培育保障：健全国家助学贷款制度与社会信用体系建设

彻底解决国家助学贷款实施中产生的大学生诚信问题，需要政府和社会不断完善监督、管理以及确保大学生作为市场主体诚信的规章规范、行为准则和运行体制，为大学生诚信观培育提供必要保障。

一方面，完善政府国家助学贷款政策实施制度。地方政府和高校在实施国家助学贷款政策的过程中应适当结合当地工作实际，建立一些具有微观性、针对性和特殊性的制度政策。如家庭经济困难学生的认定工作是做好生源地信用助学贷款工作的基础，将此项工作做实、做细，既可防止部分不符条件的学生借机骗贷，也可让真正贫困家庭的学生得到国家资助政策的帮助。例如，湖北省针对这个问题系统制定了贷款学生认定程序和标准，将生源地信用助学贷款申请标准明细化、具体化，县、市、区资助中心在受理学生申请时，再结合“八贷八不贷”的标准对学生进行资格审查，符合条件才能受理；广东省先后建立了违约定期通报制度、到期还本合同清偿制度、违约率较高高校集体约谈制度、违约定期整改制度等；江苏省建立了生源地信用助学贷款预申请制度等。各省市对于国家助学贷款相关制度的探索，在解决大学生违约欠款，规避风险等问题上发挥了预防、监督、管理的重要作用，能够为国家助学贷款实施中大学生诚信观培育提供良好的制度环境和保障。

另一方面，不断加强社会信用体系建设。信用是社会诚信体系建设中十分重要的内容，市场信用发展水平已经成为社会主义市场经济逐步走向成熟的标志。银行对申请办理国家助学贷款的学生，都应进行个人信用系统宣传。目前，在国家开发银行国家助学贷款网站首页中24小时不间断提醒贷款学生“贷款、还款记录已报送人民银行个人征信系统，请大家务必按时还款”。经办银行会对学生违约还款金额计收罚息并将已毕业学生的个人基本信息和还款情况录入中国人民银行的个人信用信息基础数据库，以供全国各金融机构依法查询。对于连续拖欠还款行为严重的学生，有关行政管理部门和银行将通过新闻媒体与网络等信息渠道公布其姓名、居民身份证号码、毕业学校及具体违约行为等信息甚至承担相关法律责任。通过实施这些措施办法监督和管理贷款学生，使其建立信用意识，维护个人良好的信用，做到按期还款，成为诚实守信的公民。

（四）培育支撑:发展社会主义核心价值观引领下的诚信文化

诚信文化是社会诚信体系建设的基础,以社会主义核心价值观为引领发展社会主义诚信文化对优化整个社会诚信环境起着重要作用。社会主义核心价值观是强国之魂,固本之基,“爱国、敬业、诚信、友善”是社会主义核心价值观对于公民个人提出的道德要求,其中,明确指出诚信的价值理念是社会中每个公民都应培育和践行的道德标准,构建现代的诚信文化就应发挥社会主义核心价值观的引领作用,一以贯之。一是中华传统美德是社会主义核心价值观的源泉和养分,我们要不断深入挖掘和阐发中国传统诚信文化中的精髓,将传统的诚信文化推陈出新,实现创造性转化与创新性发展,使其在当今社会显现出现代价值。二是加强诚信文化的社会影响力,构建与社会主义信用市场相符的诚信文化,利用艺术、媒体等贴近群众生活的、喜闻乐见的形式宣传和弘扬社会主义核心价值观的诚信意蕴,使公民在文化的感染下树立诚信意识,自觉做诚实守信之人。三是将诚信作为社会主义道德建设的重点,着力培育社会主义诚信风尚。诚实守信是社会公德的重要内容,是公民应遵守的、最基本的道德规范和最起码的道德要求,应在推进社会公德宣传教育中,大力提升公民诚信意识,使之成为广大公民的精神追求,彰显诚信的时代风貌。

伟大建党精神在培育时代新人中的价值意蕴和实践路径*

2021年7月1日，习近平总书记在庆祝中国共产党成立100周年大会上发表了重要讲话，他指出："一百年前，中国共产党的先驱们创建了中国共产党，形成了坚持真理、坚守理想，践行初心、担当使命，不怕牺牲、英勇斗争，对党忠诚、不负人民的伟大建党精神，这是中国共产党的精神之源。"①伟大建党精神蕴藏着百年来中国共产党人的智慧和力量，蕴藏着中国共产党人的毕生追求与信仰，这种强大的力量为推进伟大复兴事业注入不竭动力。"未来属于青年，希望寄予青年"②。青年肩负着建设国家的重任，需要伟大建党精神的培育与引导，同时伟大建党精神也需要青年继续将其传承与发扬。深刻把握伟大建党精神的科学内涵及育人价值，探究伟大建党精神培育时代新人的实践路径对于新时代推动党和国家事业接续发展，完成立德树人的根本任务具有重要意义。

---

* 本文系2018年度国家社会科学基金项目"新疆南疆村级党组织在维护社会稳定和长治久安中的作用研究"（18BDJ019）的阶段性成果，原载于《辽宁经济职业技术学院 辽宁经济管理干部学院学报》2022年6期，与靳格格合作，选入本书时有删改。

① 习近平.在庆祝中国共产党成立100周年大会上的讲话[N].人民日报，2021-07-02(01).

② 习近平.在庆祝中国共产党成立100周年大会上的讲话[N].人民日报，2021-07-02(01).

一、伟大建党精神的科学内涵

党在历经艰辛磨难中形成的伟大建党精神，就是对党百年来风雨历程、奋斗足迹的生动诠释。中国共产党在革命、建设、改革的过程中始终保持初心、勇往直前，始终坚持在寻求真理中升华思想、在不辱使命中不断实践、在英勇斗争中砥砺前行、在爱党为民中锤炼品格。伟大建党精神是中华民族宝贵的精神财富，是激励全体中华儿女为实现社会主义现代化建设而奋斗的强大力量。

（一）中国共产党始终以理想信仰为灯塔

真理造就崇高信仰，理想指引前进方向。中国共产党永志不忘的理想信仰就是马克思主义真理、共产主义和中国特色社会主义理想。[①]1919年五四运动的爆发，推动了马克思主义与中国工人运动的结合，随后中国共产党应运而生，由此马克思主义开始在中国大地上生根发芽，展现出强大的思想力量。“中国共产党为什么能，中国特色社会主义为什么好。归根到底是因为马克思主义行”。[②]马克思主义之所以行，根本在于马克思主义是科学真理，为人们认识世界和改造世界提供了观点和方法。中国特色社会主义为什么好，根本在于中国共产党始终将马克思主义作为指导中国事业发展的思想利器，始终坚持马克思主义与我国实际紧密结合，坚定中国化马克思主义理论地位，不断丰富和发展马克思主义。中国共产党为什么能，根本在于中国共产党一直在马克思主义指引下，手握中国特色社会主义这一核心武器，朝着共产主义远大理想而不断迈进。

（二）中国共产党始终以初心使命为航标

中国共产党的初心使命，归结起来就是紧紧围绕“人民”俩字。近代

① 蒲清平，何丽玲．伟大建党精神的内涵特征、时代价值与弘扬路径［J］．重庆大学学报（社会科学版），2022，28（01）：12–22．

② 习近平．在庆祝中国共产党成立100周年大会上的讲话［N］．人民日报，2021–07–02（02）．

以来，西方列强的公然入侵使中华民族遭受空前未有的殖民掠夺和侵略，为了拯救人民、拯救民族，无数仁人志士前赴后继，开启了长达一百多年的上下求索。在中国共产党的领导下，我们推翻给人民带来深重灾难的三座大山，是为了人民的幸福。新中国成立后，确立社会主义制度，实行改革开放，确立建设社会主义现代化国家的伟大目标，是为了人民的幸福。[①]现如今，我们已经实现了第一个百年奋斗目标，我们党始终把人民群众的生命安全放在首位，推进生态文明建设、构建新发展格局等等，都是为了人民的幸福。中国共产党始终坚持把人民群众答不答应、高不高兴、赞不赞成当作衡量自己工作的标准，人民对幸福生活的憧憬就是我们党为之奋斗的目标。

（三）中国共产党始终以英勇斗争为法宝

中国共产党的创立是处在国家内忧外患，民族危亡的情况之下，我们党自诞生之时就烙印着“敢教日月换新天”的民族气节。不怕牺牲，英勇斗争是党领导人民迎接风险挑战，克服艰难险阻，取得伟大胜利的重要法宝，这些胜利是靠无数革命烈士用鲜血、用生命、用巨大的牺牲换来的，他们抛头颅、洒热血，关键时刻挺身而出，为革命的胜利作出了永不磨灭的贡献。近代以来，为中国革命和建设奉献自己宝贵生命的英雄烈士将近2000多万，其中包含着很多无名英雄。新中国成立后，面对美帝国主义的侵略和威胁，我们党毅然作出了抗美援朝、保家卫国的历史性决策，在战争中牺牲的志愿军战士共36万余人。党的十八大以来，为夺取脱贫攻坚的胜利，献出生命的有1800多名同志。当国家危急关头之时，人民群众的生命与生活受到威胁之时，是中国共产党人义无反顾、挺身而出。

（四）中国共产党始终以党和人民为要诀

近代以来中国由衰弱走向强盛的实践证明，没有共产党，就没有新中

---

① 董振华.伟大建党精神的科学内涵与实践价值[J].国企，2021(18)：12-14.

国。中国共产党能够成为中国革命、建设和改革过程中的领导者，是因为具有强大的组

织能力、坚持自我革命、将人民群众放在首位，受到人民群众的支持与拥护。对党忠诚，不仅是忠诚党的信仰，还有党的理论、方针、政策等，要爱党护党、永不叛党，兴党强党、一切为党。不负人民，就要始终坚定人民立场，致力于为人民谋幸福。我们党坚持把民心作为最大的政治，把为人民谋幸福作为初心使命，把人民群众的根本利益摆在首位，不断实现人民对幸福生活的追求与向往，坚决兑现党对人民所做出的庄严承诺。在新征程中，要坚持全面从严治党，始终保持中国共产党严于律己的优良作风，将忠党为民刻在心中、融入工作，用实际行动表明忠心。

二、伟大建党精神在培育时代新人中的独特价值

伟大建党精神历经风雨沧桑，但仍光彩夺目，它的光环在照亮实现伟大复兴之路上愈加闪耀，是我们党不断发展壮大，永葆青春活力的精神密码。时代新人作为担当民族复兴大任的继承者，更要捍卫伟大建党精神的时代地位。伟大建党精神对于坚定时代新人理想信念、强化青年一代责任担当、激励新时代青年奋斗意志和锤炼政治品格，在为国家事业发展贡献自己力量的过程中练就过硬本领，在为人民奉献自己的过程中得到自我升华都具有重要价值。

（一）坚定时代新人理想信念的迫切需要

“坚持真理，坚守理想”就是始终高举马克思主义旗帜，为共产主义事业而奋斗终身。只有拥有崇高信仰才有推动国家事业蓬勃发展的底气，只有相信马克思主义真理才有实现伟大梦想的勇气。鸦片战争后，中国逐步沦为半殖民地半封建社会，为了求得民族独立和人民解放，1921年7月，在国家内忧外患，被黑暗笼罩之时，一群志同道合的知识青年冒着生命危险聚在一起，成立了中国共产党，开启续写中国历史的新篇章。自此以后，无论前方道路如何凶险，都无法动摇中国共产党人的坚定信

仰。“坚持真理，坚守理想”展现了一代代中国共产党人对真理的信仰和理想的追求，同时也是坚定当代青年理想信念的鲜活教材。伟大建党精神必然能够激励当代青年为国家事业发展而发奋图强，自觉挑起民族复兴重任。培育时代新人就要以伟大建党精神为引领，使青年将自己的青春梦融入中国梦之中，将小我融入大我之中，赓续红色血脉，自觉继承中国共产党人坚韧不拔的意志，在推动国家事业发展人民幸福安康的进程中实现自身理想。

（二）强化时代新人责任担当的内在要求

“践行初心、担当使命”是中国共产党对国家和人民责任担当的集中表达。从建立新中国到开启社会主义现代化建设新征程，一路艰辛磨难、流血牺牲都记录了中国共产党人“国之兴亡、匹夫有责”的担当意识，正是在这种深层力量驱使下才创造了一个个永载史册的壮举。当代青年身负使命，必然需要伟大建党精神引导其树立对家国的责任担当意识，更加自觉将初心使命牢记于心，践行于行，以朝气蓬勃的姿态接过中华民族伟大复兴重任的接力棒，不断提升自己的责任感与使命感，从建党百年的艰辛奋斗史中汲取披荆斩棘、所向披靡的磅礴之力。伟大建党精神能够充分发挥对当代青年责任担当教育的指导与敦促作用，将引导广大青年只争朝夕、不负韶华，在勇于担当、尽职尽责中成长，树立积极乐观的人生态度。①

（三）激励时代新人奋斗意志的强大动力

中国共产党的百年建党史就是一部“不怕牺牲、英勇斗争”的历史。我们党团结带领人民攻坚克难、开拓进取，国家越来越强盛，人民生活越来越美好，靠的不是充实的物质资源和良好的自然条件，而是中国共产党人不

① 李学勇.弘扬伟大建党精神 培养担当民族复兴大任的时代新人[J].党建，2021(08)：33-34.

怕牺牲、英勇斗争的顽强韧劲。当代青年是勇于奋斗还是不思进取,小则关系个人前途,大则关系整个国家的精神面貌和民族的发展大业。在新的时代背景下,要以不怕牺牲、英勇斗争的光荣传统去引导广大青年发扬艰苦奋斗,奋勇向前的精神。国家繁荣富强的美好明天还需一代代有志青年扛起重任,广大青年要敢于斗争、善于斗争,不怕困难、不惧风险,将自己的青春热血挥洒在中国大地上,把机会和命运牢牢攥在自己手中,在中国特色社会主义建设的正确道路上迈出坚定步伐,将自己的青春奉献于伟大的祖国和人民。

(四)培育时代新人政治品格的必然选择

"对党忠诚、不负人民"的忠诚和奉献精神,是我们党安身立命之本,是我们党经久不衰的关键。百年来,中国共产党人用自己不怕牺牲、不畏强暴的革命精神践行了他们对党忠诚、永不叛党的铮铮誓言,用自己舍生取义、无私奉献的精神诠释了服务人民、造福人民的至高情怀。青年作为推进国家事业发展的中坚力量,必须坚定正确政治方向,伟大建党精神将有助于广大青年正确认识到个人与国家、社会之间相互依存的关系,真正领悟到人生价值的意义,树立正确的人生观。新时代青年要站稳人民立场,一切为了人民、一切依靠人民,胸怀忧国忧民之心,夯实为国为民之情,把为人民创造优越生活条件作为自己的奋斗目标,把奋斗当作自己的座右铭。不辜负时代的召唤,不辜负党同人民的期待,与新时代同向同行、与人民共同奋斗。

三、伟大建党精神培育时代新人的实践路径

伟大建党精神对于青年的成长成才具有引领、指导、激励的重要作用,为新时代回答"培养什么人、怎样培养人、为谁培养人"这一根本性问题提供了内生动力。在培育时代新人中融入伟大建党精神、弘扬中国共产党的优秀品格,对当代青年的思想、学习、生活都有着深远的影响,将不断提升当代青年的政治思想与理论素养。

(一)融入思政课程,突出"理论课堂"优势

在高校思政课教学中充分发挥伟大建党精神对当代大学生的思想引领作用。首先,在课程安排上,教师可以在专题教学中增添党史教育内容,加强大学生党史学习教育,使学生们更加深刻地了解中国建党百年来的艰辛不易,对中国共产党的成立、发展、壮大有一个清晰认识。其次,在教学方法上,教师可以灵活运用新媒体技术创新授课方式,将一些与伟大建党精神有关的文艺作品带入课堂,善于利用翻转课堂、混合式教学等现代教育手段,增加课程吸引力。再次,在教学目标上,教师要贯彻教书育人的教学理念,要对伟大建党精神有深入的认识和理解,以及充分了解大学生现状和困惑,不只是搬运书本知识,而是要将伟大建党精神带入生活中,让学生学习文化知识的同时能够自觉加强品德修养,争做弘扬和传承伟大建党精神的传播者、践行者。

(二)融入实践教学,重视"实践课堂"衔接

实践教学作为高校教育教学的"第二课堂",一定要与理论"第一课堂"衔接。首先,要强化实践育人的教学理念。大学生不仅要学习科学文化知识提升理论素养,而且还要注重在行动中增强实践本领,坚持理论与实践相统一。其次,要将伟大建党精神和社会实践活动结合。高校可将红色资源带入形式多样的实践活动中,让大学生在实践活动中得到熏陶例如,采访抗战革命老兵,参观革命博物馆、纪念馆等,让学生们追忆革命历史、感怀先辈烈士,升华爱党爱国的思想境界。组织开展义务活动,例如,清扫街区、去革命老区及贫困地区服务、助教等,用行动证明爱国之情。再次,要鼓励学生创新创业。高校可以设立专门部门,由专门的老师负责指导及跟进,全面调动学生创新创业的积极性,使之为国家的繁荣创新发展添砖加瓦。

(三)融入校园文化,发挥"隐性课堂"潜力

校园文化对大学生的思想品德发展有着潜移默化、无可替代的作用。

首先，将伟大建党精神与校园物质文化建设结合。高校可以将伟大建党精神资源融入校园雕塑、建筑、布告栏、楼道墙面等硬件设施中，给学生直观的感受和印象，使伟大建党精神更加立体化、形象化。其次，将伟大建党精神与校园精神文化建设结合。把伟大建党精神融入校风、学风、班风等精神文化建设中，不断提高大学生的道德品质与践行能力，引导大学生树立正确的价值观。再次，将伟大建党精神与校园宣传文化建设结合。通过开办伟大建党精神专题讲座，以及主题党日和团日活动、班会、校园论坛等形式传播伟大建党精神。在各类文艺汇报演出中组织学生创作和编排与伟大建党精神有关的歌曲、舞蹈、话剧等，让学生沐浴在红色文化下，领会伟大建党精神的磅礴力量。

（四）融入新兴媒体，实现“网络课堂”创新

实现伟大建党精神的广泛传播，就要善于利用网络。首先，要丰富伟大建党精神的网络教育内容。例如，学校公众号增设“伟大建党精神”专栏；小程序定期向学生推送伟大建党精神的小故事及配套习题，方便学生学习和巩固知识；在微博开启伟大建党精神的相关超话，发动学生积极参与讨论。其次，要创新伟大建党精神的网络教育形式。高校应利用好学校官网、微博超话、微信和QQ群、公众号和小程序等网络媒体平台，对伟大建党精神进行科学解读与广泛传播。对传播的内容进行加工，融入一些时尚元素以及网络热词或流行语来达到吸引学生关注度的目的。例如，学校可以利用抖音微视频、小程序微课堂等呈现伟大建党精神，达到耳濡目染的效果；高校马克思主义学院的师生可以通过抖音直播课堂的形式开展交流互动，拓展伟大建党精神网络传播平台与空间。

科学家精神融入大学生学风建设的路径探讨

党的二十大报告指出："培育创新文化，弘扬科学家精神，涵养优良学风，营造创新氛围。"①中办、国办印发的《关于进一步弘扬科学家精神加强作风和学风建设的意见》中明确了科学家精神的内涵，即爱国、创新、求实、奉献、协同、育人，对推进大学生学风建设具有良好的价值功能。2020年9月11日，在科学家座谈会上，习近平总书记指出，"科学家精神是科技工作者在长期科学实践中积累的宝贵精神财富。"②科学家精神折射的精神内涵不仅鞭策着广大科学工作者，更激励着新时代的大学生勇于突破，敢于创新，夯实过稳的学风建设。2021年9月27日，在中央人才工作会议上习近平总书记强调："广大人才要继承和发扬老一辈科学家胸怀祖国、服务人民的优秀品质，心怀'国之大者'，为国分忧、为国解难、为国尽责。"③大学生是担当民族复兴大任的时代新人，新时代的栋梁之材，进一步理解和把握科学家精神的新时代内涵，探讨科学家精神对加强大学生学风建设的价值功能，探究科学家精神有机融入学风建设的实施路径是我们当前促进大学生

① 习近平.高举中国特色社会主义伟大旗帜为全面建设社会主义现代化国家而团结奋斗——在中国共产党第二十次全国代表大会上的报告[M].北京：人民出版社，2022:35.

② 习近平.在科学家座谈会上的讲话[N].人民日报，2020-09-12(01).

③ 习近平.在中央人才工作会议上的讲话[N].人民日报，2021-09-29(01).

成长成才，担负伟大复兴中国梦的时代新人的迫切要求。

一、科学家精神的新时代内涵

建党百年之际，中国共产党精神谱系中科学家精神是第一批被纳入的伟大精神，拥有恒久的动力之源。中国特色社会主义进入新时代，我国的科技事业比历史上任何一个时期都更接近世界领先水平，实现自我跨越与进步。科学家精神包含爱国创新、求是奉献、协同育人的新时代内涵，作为榜样精神催人奋进、振奋人心，激励着青年大学生建设更好的学风，一批批青年才俊积极涌现出来。新时代的中国青年要以实现中华民族伟大复兴为己任，增强做中国人的志气、骨气、底气。①

（一）胸怀祖国勇攀高峰是科学家精神的鲜明品格

爱国主义是激励广大青年大学生践行奋斗强国梦的精神动力，是实现伟大复兴中国梦的核心要义。科学无国界，科学家有祖国。②一代又一代的科学家始终秉承强烈的爱国主义情怀，不论是身处科技薄弱的艰苦初创时期还是跻身科技大国的新时代，不断变化的是一次又一次的进步超越，不变的是科学家们矢志报国、心系人民的爱国精神，时刻体现着科学家精神爱国的新时代内涵。在2020年9月11日的科学家座谈会上，习近平总书记指出："广大科技工作者要树立敢于创造的雄心壮志，敢于提出新理论、开辟新领域、探索新路径，在独创独有上下功夫。要多出高水平的原创成果，为不断丰富和发展科学体系作出贡献。"科学的成就离不开精神的引领支撑。③创新始终是科学家们执着追求源源不断的动力之源。新时代科学家们努力钻研学术，探求真理知识，以实践出真知，科学发展与创新发展同步进行，科学家们以潜心探究，勇于进步创新为己任，引领科学走向新的巅峰时期，诠释科学家精神的新时代创新内涵。任何时期，创新精神都

① 习近平．在建党100周年讲话全文［N］．人民日报，2021-07-02(01).

② 王洪鹏，周广刚．科学无国界，科学家有祖国［J］．中关村，2021(11)：36-39.

③ 方良河．科学成就离不开精神支撑［J］．新湘评论，2020(19)：44.

是科学研究追求的至上高度。爱国创新精神是新时代科学家精神的精神典范，爱国情怀与卓越创新的精神是科学家精神的源动力，为新时代青年大学生共同昭示高尚的爱国情怀，勇于进步的创新思想，爱国创新精神成为指引科学家精神的新时代内涵。继往开来的新征程上，新时代大学生要谱写以中华民族伟大复兴为己任的伟大爱国主义精神史诗，不断唱响以爱国主义为底色的科学家精神主旋律。

（二）追求真理潜心研究是科学家精神的人格禀赋

《礼记·大学》中提出“欲诚其意者，先致其知；致知在格物。物格而后知至，知至而后意诚”的思想，科学家奉行的是“格物致知”的求实态度，推究事物发生的原委，从而获取宝贵的知识。求实态度的延续反映了科学家们探求真理、热爱科学的求实精神实质，以立德为先，以严谨为务，以真理为本。科学家们坚持奉行严谨求实的科学文化作风，专注精力于科学求实，将科学精神内化于心、外化于行，涵养求实进取的学术氛围，规训新时代大学生学风建设，引导大学生建立求实型探求知识原理的学习氛围，未来属于青年，希望寄予青年，青年同志要不负志气、骨气、底气，求实精神是不可或缺的新时代内涵。宁静致远，攻于学术的奉献精神是科学家最鲜明的价值品格。奉献精神的实质是科学家们数十年如一日的潜心钻研科学知识忘乎名利追求，广大科学家们甘于坐学术的冷板凳，坚守最高品质的学术伦理道德，自主践行科研学术规范，这是高尚的人格品质的体现，在科学研究中的高尚人格品质让科学家们行更远，德更广，稳长远，成就更非凡。高尚的人格品质催人奋进，让新时代青年大学生昂扬斗志，积极向上，鞭策着学生勤奋拼搏，以一己之力融入广大青年大学生的队伍，建设良好的学风，孜孜不倦求学，不求回报付出，熔铸于科学家静心笃志、拼搏奋斗的高尚节操中。求是奉献精神成为支撑科学家精神的重要新时代内涵。

（三）团结协作奖掖后学是科学家精神的高尚追求

在追求科学真理的同时兼顾同他人的团结合作，在谋求自身发展中促进各项科技事业协同发展，不断闪耀科学真理的光芒。科学研究注重跨界融合思维，倡导团队精神，对于突破已有存在的瓶颈和获取有力而更具典型的创新是非常有效的解决途径。团队的集智攻关，学术交流可以引发科学家们通过头脑风暴碰撞出智慧的火花，进而形成强大的团队合力。在科技学术前沿，广大科学家们以集智攻关来攻坚克难，在中国共产党的坚强领导下，科学家们围绕国家发展需求，瞄准科研学术难题，合力攻克问题，提出创新思路。科学家们作为科学研究的引路人有序接力提携新人，真正发挥了习近平总书记提出的“识才、育才、用才的导师作用”[①]，培育新生代科学研究的接力者。科学研究的成果离不开每个时代的科学家们站在前人的肩膀上来创造新一轮的科学研究。科学家们秉承“功成不必在我”的伟大胸怀，提携栽培新时代科技事业的建设者和接班人。因此，在新时代必须弘扬甘为人梯、奖掖后学的育人精神，让科学家们言传身教，广大科技接班人虚心求教，形成良性的育人互动。协同育人的新时代内涵对于端正新时代大学生端正学风建设，看齐榜样科学家，启迪大学生心灵，面向更好未来有重要的建设意义。

二、科学家精神在推进大学生学风建设中的价值功能

习近平总书记在全国高校思想政治工作会议上，针对高校学风建设发表了重要讲话，他强调：“一所高校的校风和学风，犹如阳光和空气决定万物生长一样，直接影响着学生学习成长。”[②]学风建设是指创设良好的学习风气和学习环境展开的重大举措，良好学风环境的营造实则就是为大学生学习提供优质的土壤。进一步探讨科学家精神的时代内涵在学风建设中赋予大学生的价值功能，即科学的治学方法、严谨的治学态度、高尚的治学精神。

（一）有利于大学生树立高尚的治学精神

新中国成立初期，我国的科技基础薄弱，科技事业面临零的突破，在如

① 在中国科学院第二十次院士大会、中国工程院第十五次院士大会、中国科协第十次全国代表大会上的讲话[N].人民日报，2021-05-29(02).

② 加强和改进新形势下高校思想政治工作十谈[M].北京：人民出版社，2017：184.

此艰难条件下，钱学森、邓稼先等老一辈科学家胸怀爱国热情，心系祖国同胞，毅然艰苦奋斗，自主突破；改革开放之后，我们国家的科技迎来"新春"，又一批如袁隆平、吴天一等科学界功勋代表始终不忘初心，保持坚实爱国情怀，为党和人民创造科技创新成果；跨越新时代立足建党百年新征程，我国的科技事业扶摇直上，涌现出陈薇、南仁东、屠呦呦等一批又一批爱国科学家，他们钻研学术，潜心研究，秉承"功成必定有我"的信念，展现科学家精神鲜明品格。不论身处哪一个历史时期，这些科学家们都拥有相同的特点：潜心研究的治学精神。学风建设是高校落实"立德树人"的任务要求，治学精神是学风建设的内在价值，其表征是拼搏勤奋，刻苦钻研，它鞭策着大学生致力于专业学习攻坚克难，不断地艰苦奋斗，将学习作为自己的首要任务。科学家是大学生的人生导师，更是先进榜样，宣传和学习科学家精神对引导大学生树立良好的人生志向和学风建设发挥着重要的榜样引领作用。

（二）有利于大学生端正严谨的治学态度

学风本质上体现的是态度问题。在科学家精神中推进学风建设，科学家精神的价值旨归不仅涵盖学习的内容、求真追理的行为，也包括批判性思考和辩证性吸收的治学态度，态度本身就是科学家精神的集中体现。追求真理严谨治学的求是精神是科学家鲜明知识品格的真正体现，同样对大学生的学习进步，学风建设有非常关键的作用。第一，引导大学生从容乐观地应对学术研究过程中碰到的难题，积极解决学习中存在的难点。学术无界限，难度无止尽，学习过程就是在否定之否定的自我更新中推陈出新，态度决定高度，学习成果并不是一蹴而就的，要在不断地怀疑和突破固有思维中收获成果，以乐观的积极态度为基调，大学生能够迈入新境界，思想保持持续输出。第二，大学生秉承严谨的治学态度，保持去伪存真的严密学术态度，勇于追求真理。在成长过程中，大学生既知识广博、思想活跃同时也会价值迷茫、无所适从。在他们遇到思想困惑和进行关键抉择时，需要在前进之路上点亮一盏明灯，树立一面旗帜；在他们精神失落时，更需要补充充足的精神食粮和营养液，严谨的治学态度激励他们保持斗志昂扬、善于进取的精神风貌，进一步推进学风建设。

（三）有利于大学生掌握科学的治学方法

科学家的人物事迹和精神特质自身就是学风建设过程中丰富的精神文化资源。科学家回归本真、潜心钻研，注重以多元视角和方法探求知识本原。坚持独立思辨、以真为本的求是创新精神能够为高校营造良好的学术氛围，为学生提供更多元的治学方法。首先，治学依托扎实的知识根基，大学生从事任何一项研究，都需有广博的知识根基作为依托，科学研究而言更是重中之重。以翔实丰盈的知识根底去做研究，钻学问，知之深，爱之切，能够激发对学习的浓厚兴趣。其次，纵观任何一位科学家的学习生涯，都不难发现他们的成功都是依靠长年累月的积累，做到知识的融会贯通。平日里的积累，知识的堆砌是十分可取的治学经验方法，能够培养大学生的专注力，对积累知识的消化吸收。正是在这种崇高的科学家精神带动引领下和多元治学方法下，学风建设的进程将更加有依托，丰富有效的治学方法是推进学风建设的有力保障，它将成为滋养大学生专业学习中不可多得的养分，是提升大学生对知识追求的重要源泉。

三、科学家精神融入大学生学风建设的实施路径

在推进大学生学风建设工作中，如何在具体工作中实现科学家精神的价值功能，如何将科学家的精神品格在学生中进立场、进情感，切实发挥科学家精神的道德教育、榜样引领和价值引导作用，将科学家精神有机融入大学生学风建设的课程、实践、机制中是需要我们深入思考和探讨的问题。

（一）身正为范，融入专业学习和课程教学

第一，推动科学家先进典型人物进入课堂，开展专业课程学习。国家最高科学技术奖、感动中国人物、“两院”院士等专家学者都是各高校教学

育人的楷模。第二,组织宣传科学家精神事迹,开展宣讲教育。高校可以以讲座、座谈等灵活多样的方式开展典型科学家的宣讲,扩大科学家在学生群体中的影响力,弘扬科学家精神品格,通过思想引导提升大学生的思想道德素养和学风建设。在建党百年之际,科学家精神是第一批纳入中国共产党精神谱系的伟大精神,高校可以通过党史教育基地的精神谱系展来向大学生宣扬科学家精神的时代价值,精神内涵。第三,通过创新课程学习引导学生对科学家精神树立理性认知。一方面,通过理论课教学,引导大学生树立和把握马克思主义的学风观,掌握学习和研究过程中的立场、观点和学习思维方法,认识到每一个人都可以有机会成为“科学家”。另一方面,科学家事迹是了解科学家精神的重要依据,是凝聚科学家精神和挖掘人物价值的重要载体和资源。教师可以总结我国科技初创时期和科学迎来春天的新时代的科学家真实故事,坚持实事求是原则,从中收集整理挖掘典型科学家事迹,还原科学家研究生涯。在课堂讲授中呈现更加鲜活丰满的科学家先进形象,以有理有据的人物形象增强科学家精神,引导学生正确认识和看待科学家的真实本质。

(二)榜样激励,深入社会实践育人

在课程学习和知识灌输的基础上,我们也要引导大学生在社会实践中感悟科学家精神,体认科学家,践行科学家精神,深化科学家精神的理论与实践,做到知行合一。一是走进科学博物馆、科技馆、科学家人物纪念馆等,有计划有组织地带领学生走进科技圣地,置身于科学家曾经生活、工作、革命的现实地点,学习了解科学家伟大的生平事迹,甚至亲身体验科学家曾经办公的场所,从现实观照中增强大学生对科学家的真实感和亲切感。在大学生心中树立科学家可亲、可爱、可敬的伟大形象,引导大学生自觉崇敬关爱科学家、学习科学家精神。二是投身创新创业实践,勇做时代先锋。创新带动国家的发展进步。在新时代背景下,中国特色社会主义事业的建设和发展需要具备创新、创业意识,应对未来科学技术挑战要求的高素质人才。在国家建设的各行各业都涌现出创新创业的先进楷模,他们

是党和国家事业建设发展的生力军。高校可以挖掘本地区的创新创业先进人物走进校园，与学生面对面、心连心地交流创新创业心得和经验，也可以组织学生参与到先进楷模创新创业的事业中，去感受先进模范的创新风采，培育大学生创新意识，增强创新本领，推进学风建设平稳有效推进，指引青年学子肩负时代使命，实现美丽中国梦，争做时代先锋。

（三）精神引领，融入校园文化氛围营造

一方面，打造以科学家精神为主题的文化生活。在大学生群体中弘扬传承科学家精神关键在于利用校园文化活动传导科学家精神内涵，消除大学生对科学家情感上的陌生和疏离感，从而自觉产生共有价值认同。挖掘收集整理当地典型科学家精神事迹，组织宣讲团在全校师生群体中宣讲，打造科学家精神宣讲品牌活动，增强文化自信；可以利用特殊纪念日节点，如科技纪念日、科学家诞辰等，组织策划学生前往纪念馆、博物馆、陈列馆，开展缅怀纪念活动，以抒发对已逝科学家的怀念之情；可以探索丰富多样的文化艺术形式，以绘画、摄影的艺术形式展现科学家人物形象等，涵养和熏陶大学生对科学家精神的领悟，营造校园师生传承和学习科学家精神的昂扬氛围。另一方面，重塑以科学家精神为内容的网络生活。在全媒体时代的背景下，大学生习惯于依赖网络中的海量信息来了解这个社会和世界。因此，基于传播范围广、速度快、方式便捷的网络优势，将科学家精神融入网络空间，并能引领网络舆论思潮。可以在学校网站中设置传承科学家精神栏目，正面传播典型科学家事迹，树立科学家正面形象。可以开通科学家精神宣传公众号，动员全校学生关注动态并加以评论；可以利用论坛、微信等网络交流平台收集学生对科学家精神的认知和看法并加以正确引导。

（四）机制保障，融入育人体系构建

发挥科学家精神在大学生学风建设中的价值作用还需要建立一定的育人机制作为根本保障，主要包括以下三点。

一是建立制度保障机制。确保科学家精神发挥育人作用的稳定性需要建立一定的学习、活动和管理制度。在学风建设过程中，应将科学家精神的教学内容明确在教学目标、任务和大纲中，以备教学活动的有效实施。在社会实践中，落实科学家精神为主题的社会实践活动实施方案，保证活动定期有效开展。在文化环境中，应明确提出校园文化活动基本要求，把握文化活动的方向性。在网络舆论监管中，制定网络舆情防控预案，引导学生正面宣传科学家精神，树立大学生维护科学家形象的法治意识。

二是建立组织协调机制。在科学家精神教育活动中，应保证党委统一领导，学校各组织、学院齐抓共管，各负其责，相互配合协调，优化调整各要素，举全校全社会之力共建科学家精神的育人体系，有效推进学风建设。

三是建立榜样激励机制。积极进取，挑战自我的青年大学生是有梦想的时代新人，充分发挥他们学习弘扬科学家的带头作用，在学习教育、社会实践、文化活动和舆论引导中体现积极性和主动性，激发和感召身边的其他大学生同向同行，发挥引领示范、榜样激励的功能。

英雄模范在推进高校思想政治工作中的价值及路径

党的二十大报告指出:“发挥党和国家功勋荣誉表彰的精神引领、典型示范作用,推动全社会见贤思齐、崇尚英雄、争做先锋。”[①]新时代推动思想政治教育高质量发展,要重视英雄模范和新时代先进人物在高校思想政治工作中的突出作用。如何深刻把握新时代英雄模范的鲜明品格以及在高校思想政治工作中的价值功能,探讨英雄模范融入大学生思想政治工作的现实路径是我们加快构建高校思想政治工作体系的迫切要求。

一、新时代英雄模范的鲜明品格

中华民族是崇尚英雄、成就英雄、英雄辈出的民族。英雄模范是中华民族的脊梁,是时代的精神坐标。他们是在中国革命、建设、改革时期为中华民族和中国人民作出杰出贡献的英雄烈士和模范人物,也是每个时代涌现出的时代楷模、道德模范、最美人物和身边好人。中国特色社会主义进入新时代,中华民族正处于决胜全面建成小康社会,夺取习近平新时代中国特色社会主义伟大胜利,实现中华民族伟大复兴中国梦的关键时期。我们比历史上任何时期都更接近、更有信心和能力实现社会主

① 习近平.高举中国特色社会主义伟大旗帜为全面建设社会主义现代化国家而团结奋斗——在中国共产党第二十次全国代表大会上的报告[M].北京:人民出版社,2022:45.

义现代化强国的目标，我们需要具有时代性、先进性、典型性的英雄模范人物以榜样的力量激励人、鼓舞人，为整个中华民族振奋民族精神、凝聚全民族力量。在新时代，英雄模范人物体现出的伟大精神与鲜明品格是推动党和国家伟大事业发展的重要精神财富，是激励中华民族不断奋斗前行的强大力量。

（一）爱国报国是英雄模范之魂

爱国主义是中华民族的民族心、民族魂，是中华民族最重要的精神财富，是中国人民和中华民族维护民族独立和民族尊严的强大精神动力。[①]爱国也是每个时代英雄模范人物具备的最鲜明的精神品格。不论是民族危亡的战争年代还是改革开放的和平时期，英雄模范都是心系国家和民族命运，心怀民族独立和复兴的远大理想抱负，坚定报效祖国，牺牲一切的伟大信念。在新时代，英雄模范人物的爱国丹心更体现在坚守着为中国人民谋幸福、为中华民族谋复兴的初心使命中，体现在为党和国家事业忠贞不渝、一心报国的坚强决心中。爱国之心与报国之情是英雄模范的动力源泉，为其生命活动和行为模式赋予了精神支柱和政治灵魂。中国工程院院士黄旭华曾说过："此生属于祖国，此生无怨无悔。"正是有这样的爱国情怀，他才能隐姓埋名三十载，攻坚克难为国家研制出第一代核潜艇。正是爱国主义精神激励着一代代英雄模范人物为祖国发展繁荣而不懈努力，成为时代的领军人与开拓者。

（二）执着奋斗是英雄模范之本

执着是英雄模范最坚韧的意志品格。在新时代他们的这份执着体现在对实现中华民族伟大复兴梦想的坚信不疑，对党和国家事业的无怨坚守以及对事业发展中克服万难的坚强决心。执着代表着坚持不懈，英雄模范

① 中共中央国务院印发《新时代爱国主义教育实施纲要》[N].人民日报，2019-11-13(06).

在各行各业兢兢业业，勤勤恳恳，磨炼心志，几十年如一日埋头苦干，最终成就一番事业。执着还代表着追求不舍，他们不论是冲锋陷阵英勇杀敌还是在改革的浪潮中披荆斩棘，永恒不变的是心怀为人民服务的崇高人生追求，实现有意义的人生价值。奋斗是英雄模范最真实的人生写照。习近平总书记指出："我们的国家，我们的民族，从积贫积弱一步一步走到今天的发展繁荣，靠的就是一代又一代人的顽强拼搏，靠的就是中华民族自强不息的奋斗精神。"[①]新时代实现中华民族伟大复兴，创造中国人民美好生活，更需要长期奋斗、艰辛奋斗、共同奋斗。每个英雄模范都是时代的奋斗者，他们有的在改革发展的最前沿努力进取、开拓创新；有的在维护稳定的第一线担当重任、挺身而出，有的在祖国最需要的基层地方脱贫攻坚、服务群众。新时代为每一个奋斗者提供了施展才华的广阔舞台，只要顽强拼搏，不懈奋斗，每个人都可以成为人民的英雄和时代的楷模。

（三）无私奉献是英雄模范之德

无私奉献体现了一个人崇高的道德情操，也是共产党人的优秀品格。在市场经济迅速发展和物质文明不断提升的当今社会，更需要弘扬我党大公无私、甘于奉献的优良传统和精神品格，这是培育和践行社会主义核心价值观，构建文明和谐社会主义社会的必然要求。无私一直是英雄模范人物身上最朴实的特点，它体现了"功成不必在我"的伟大境界以及不计个人得失，淡泊名利，廉洁奉公的价值追求，彰显了集体主义价值观以及为人民服务的道德理想。奉献精神是英雄模范具有的高尚精神品格，体现了"功成必定有我"的决心和情怀。古往今来，众多的英雄模范为推动人类社会不断前进默默付出、心甘情愿、不图回报，为社会创造了取之不尽用之不竭的精神财富。英雄模范付出的是青春，是汗水，是热情，是一种无私的爱，甚至是无价的生命。在新时代，只要每个人坚守岗位，尽心尽责，扎实工作，积极弘扬奉献精神，为实现中华民族伟大复兴的中国梦贡献智慧和力

---

① 中共中央党史和文献研究院.论党的青年工作[M].北京：中央文献出版社，2022：21.

量，都是在平凡岗位上不平凡的英雄模范人物。

二、英雄模范在推进高校思想政治工作中的价值功能

立足时代之基，英雄模范为中国人民实现“两个一百年”奋斗目标和中华民族伟大复兴中国梦提供强大的精神指引和动力源泉，也为青年一代彰显着榜样的力量。深入挖掘英雄模范在高校思想政治教育中的价值功能，是传承英雄模范精神品格，提升高校思想政治工作质量和成效的必然要求。

（一）坚定理想信念，增强政治引领

习近平总书记在2012年11月17日十八届中央政治局第一次整体学习时的讲话指出：“理想信念就是共产党人精神上的‘钙’。”对于青年学生来说，树立崇高而远大的理想信念是创造价值人生的第一步。当今时代，中国和世界处在大变革大发展大调整时期，青年学生的思想具有独立性、创新性，同时也具有选择性、多变性。在成长过程中，他们即知识广博、思想活跃同时也会价值迷茫、无所适从。在他们遇到思想困惑和进行关键抉择时，需要在前进之路上点亮一盏明灯，树立一面旗帜；在他们精神失落时，更需要补充充足的精神食粮和营养液，激励他们保持昂扬斗志、积极向上的精神风貌。英雄模范都是心怀崇高信仰之人。新民主主义革命时期，英烈们前仆后继、流血牺牲是因为在民族危亡之时心怀革命必胜的坚定信念；社会主义革命和建设时期，劳动模范、先进楷模们百折不挠、顽强奋斗是因为在全面建成小康社会时心怀繁荣富强的巨大信心；改革开放和中国特色社会主义现代化建设新时期，在平凡岗位做出丰功伟绩的英雄模范们是因为心怀实现中华民族伟大复兴的中国梦想。英雄模范人物是大学生的人生导师，更是先进榜样，宣传和学习英雄模范对引导大学生树立中国特色社会主义共同理想和坚定信念，使他们中的先进分子树立共产主义的远大理想，确立马克思主义的坚定信念发挥着重要的政治引领作用。

(二)提升精神文明素养,丰富德育载体

英雄模范的人物事迹和精神特质自身就是思想政治教育丰富的精神文化资源,对提升当代大学生的思想觉悟、道德水准和文明素养具有重要的意义。英雄模范人物可以成为联结教育者和受教育者开展爱国主义教育、公民道德教育以及丰富精神文化生活的桥梁和纽带,发挥着现实化中介的载体功能。

一是英雄模范是新时代大学生爱国主义教育鲜活的人物载体。爱国报国是英雄之魂,是英雄人物最鲜明的品质和特征。每个英雄的典型事迹和生活经历就是一段弘扬爱国主义精神的报国史,彰显了浓厚的爱国主义情怀,显现了中华儿女的赤子之心,这将成为大学生爱国主义教育最生动的教育素材和资源,引导大学生把敬仰和感动转化为干事创业、精忠报国的实际行动。

二是英雄模范是大学生公民道德教育的榜样力量。英雄模范既是社会主义思想道德建设的引领者,也是秉承为人民服务为宗旨的楷模。在引导大学生自觉遵守爱国守法、明礼诚信、团结友善、勤俭自强、敬业奉献的基本道德规范中,可以发挥英雄人物的示范引领作用,以英雄人物为学习榜样,弘扬社会主义道德主旋律,积极传播正能量。

三是英雄模范是丰富大学生精神文化生活的有益食粮。文化是民族的血脉,是每个人的精神家园,拥有健康丰富的精神文化生活是提升当代大学生精神文明素养的重要内容。在中华民族源远流长的历史进程中,英雄模范始终承载着中华民族一脉相承的精神追求、精神特质、精神脉络,优秀传统文化中的精忠报国,红色文化中的舍生忘死、不怕牺牲,社会主义先进文化中的拼搏进取、甘于奉献,这些精神的产生依赖于中华文化的沃土,同时是推进中华文明进步的动力源泉,它将成为滋养大学生精神文化生活中不可多得的养分,是提升大学生精神追求的重要源泉。

(三)抵制错误观点和思潮,引导主流价值

随着当前经济社会发展的日新月异,网络媒体技术的迅速更新,各种

社会思潮以及多元价值观借助新型媒介迅速传播，对当代大学生的思想认知和行为特点产生了很大的影响。一方面，在网络舆论中，某些别有用心之人利用网站、论坛、微博、微信等网络交往平台质疑英雄、丑化英雄、恶搞英雄和消费英雄，尤其是对革命时期的英雄进行大肆诋毁、虚无和消解。历史虚无主义、新自由主义、宪政主义等思潮正在冲击和摇摆青年大学生的价值判断。另一方面，随着大学生成长环境条件愈加优越，个性发展需求日益增多，代际文化冲突凸显。一些学生认为抗日英烈早已成为历史，取而代之的是好莱坞的个人英雄主义和娱乐偶像巨星；劳动模范只是特殊时期的产物，现在需要做精致的利己主义者；艰苦奋斗和无私奉献只属于“老实人”的标签，“人生得意须尽欢，莫使金樽空对月”才是人生真谛；等等。回应和抵制错误的观点和思潮，弘扬社会主义核心价值观，强化主流价值认同需要我们在大学生中大力宣传英雄模范人物，重塑和捍卫英雄模范的光辉形象，积极弘扬英雄模范人物的精神品格。英雄模范是诠释为人民服务崇高人生观的典范，从他们每个人身上体现了为国为民的人生理想，积极乐观的人生态度和为他人奉献的人生价值。通过学习英雄模范的典型事迹引导学生认识到现在的美好生活是革命烈士用鲜血和生命换来的，人民群众才是历史的创造者，认识到劳模和先锋人物拼搏进取，艰苦奋斗的精神远比某些影视偶像明星更让人敬佩，认识到如今的岁月静好是因为有人在为你负重前行，唯有不断努力奋斗，将自己的人生与人民的事业紧密相连，才能创造出多彩的人生。

三、英雄模范融入高校思想政治工作的现实路径

在推进高校思想政治工作中，如何在具体工作中实现英雄模范的价值功能，如何将英雄模范人物的精神品格在学生中进立场、进情感，切实发挥英雄模范的政治引领、道德教育和价值引导作用，将英雄模范有机融入高校思想政治工作中这是需要我们深入思考和探讨的问题。

（一）身正为范，融入课程思政和思政课程教学中

第一，推动英雄模范先进典型人物进入课堂，开展课程思政教育。国家勋章和国家荣誉称号获得者、最美奋斗者、改革先锋、时代楷模、“两院”院士等专家学者以及各方面的新时代先进人物都是各高校教学育人的楷模。高校应充分挖掘本地区各方面的英雄模范人物结合充实到课程思政教师队伍中来，充分发挥他们示范带头作用，用自己的亲身经历为学生上一堂生动的思政课程，增强课程思想政治教育的吸引力、亲和力。第二，组织宣传英雄模范事迹，开展宣讲教育。高校可以以讲座、座谈等灵活多样的方式开展英雄模范典型人物的宣讲，扩大英雄模范人物在学生群体中的影响力，弘扬英雄模范人物精神品格，通过思想引导提升大学生的思想道德素养和学风建设。第三，通过思想政治理论课引导学生对英雄模范树立理性认知。一方面，通过思想政治理论课教学，引导大学生把握马克思主义的立场、观点和思维方法，树立马克思主义英雄观和“以人民为中心”的思想，学会运用历史唯物主义方法分析认识问题，认识到每一个人都可以有机会成为“自己的英雄”“时代的英雄”。另一方面，英雄模范事迹是了解英雄模范人物的重要依据，是凝聚英雄模范精神和挖掘人物价值的重要载体和资源。思想政治理论课教师可以结合中国近现代史和中国共产党党史的教学内容，坚持实事求是原则，从史料中收集整理挖掘典型英雄事迹，还原英雄人物历史经历。在课堂讲授中呈现更加鲜活丰满的民族英雄形象，以有理有据的史实增强英雄人物的说服力，从而引导学生正确认识和看待历史虚无主义的真实本质，同时引导学生铭记革命历史，不忘本来。

（二）榜样激励，深入社会实践育人中

在课程理论学习和知识灌输的基础上，我们也要引导大学生在社会实践中感悟英雄精神，体认英雄精神，践行英雄精神，深化英雄精神的理论与实践，做到知行合一。一是走进红色革命圣地、爱国主义教育基地、红色文化传承基地等，有计划有组织地带领学生走进红色革命圣地，置身于英雄

模范人物曾经生活、工作、革命的现实地点，学习了解英雄模范伟大的生平事迹，甚至亲身体验英雄模范们曾经走过的艰难历程，从现实观照中增强大学生对英雄模范人物的真实感和亲切感。在大学生心中树立英雄模范可亲、可爱、可敬的伟大形象，引导大学生自觉崇敬英雄模范、学习和关爱英雄模范。二是积极参与社会志愿服务，引领社会风尚。习近平总书记在党的二十大报告中指出“完善志愿服务制度和工作体系”[①]。志愿服务是在不索取任何回报的前提下无偿为社会或他人工作或给予帮助，这正是对英雄模范默默无闻，无私奉献精神的最好诠释。对于还未进入工作岗位的大学生来说，通过参与社会志愿服务活动可以增长个人才干，尽早适应社会，促进自我素质提升，在实现自我发展的同时助力推进社会进步，把学习英雄楷模职守奉献的精神落到实处。三是投身创新创业实践，勇做时代先锋。创新是国家发展的不竭动力。在新时代背景下，中国特色社会主义事业的建设和发展需要具备创新、创业意识，应对未来科学技术挑战要求的高素质人才。在国家建设的各行各业都涌现出创新创业的先进楷模，他们是党和国家事业建设发展的生力军。高校可以挖掘本地区的创新创业先进人物走进校园，与学生面对面、心连心地交流创新创业心得和经验，也可以组织学生参与到先进楷模创新创业的事业中，去感受先进模范的创新风采，培育大学生创新意识，增强创新本领，引导广大学生为实现中华民族伟大复兴中国梦攻坚克难、勇于担当，争做时代先锋。

（三）精神引领，融入校园文化氛围营造中

一方面，打造以英雄模范精神为主题的文化生活。在大学生群体中弘扬传承英雄模范精神关键在于利用校园文化活动传导英雄模范人物的精神内涵，消除大学生对英雄模范精神情感上的陌生和疏离感，从而自觉产生共有价值认同，实现以文化人、以文育人。可以利用学校历史文化研究

① 习近平．高举中国特色社会主义伟大旗帜为全面建设社会主义现代化国家而团结奋斗——在中国共产党第二十次全国代表大会上的报告［M］．北京：人民出版社，2022：45.

资源，挖掘收集整理当地典型英雄模范人物事迹，组织宣讲团在全校师生群体中宣讲，打造英雄模范人物事迹宣讲品牌活动，增强文化自信；可以利用重大节日、纪念日时间节点，如五四运动纪念日、烈士纪念日、抗日战争纪念日、南京大屠杀死难者国家公祭日、学雷锋纪念日等，以各种形式组织学生参观各类博物馆、纪念馆、展览馆、烈士陵园等爱国主义教育基地，开展缅怀纪念活动，以抒发对已逝去民族英雄的怀念之情；可以探索丰富多样的文化艺术形式，在大学生群体中开展文化艺术活动，举办英雄模范人物诗歌书法大赛，红色歌曲合唱比赛，排练以英雄模范人物事迹为蓝本的舞台剧和音乐剧，以绘画、摄影的艺术形式展现英雄模范人物形象等，涵养和熏陶大学生对英雄模范人物的崇敬、关爱之情，以英雄模范人物艺术季营造校园师生传承和学习英雄模范精神的昂扬氛围。

另一方面，重塑以英雄模范精神为内容的网络生活。在全媒体时代的背景下，大学生习惯于依赖网络中的海量信息来了解这个社会和世界。因此，需要我们利用网络传播范围广、速度快、方式便捷等优势，将英雄模范精神融入网络空间，并能引领网络舆论思潮。可以在学校网站中设置传承英雄模范红色基因栏目，正面传播典型英雄模范人物事迹，树立英雄模范正面形象，剖析历史虚无主义本质和危害，有力回击错误思潮；可以开播英雄模范精神宣传公众号，动员全校学生关注动态并加以评论；可以利用论坛、微信等网络交流平台收集学生对英雄模范的认知和看法并加以正确引导。同时，做好网络舆论监管，确保网络环境干净透明。

（四）机制保障，融入育人体系构建中

发挥英雄模范在高校思想政治工作中的价值作用还需要建立一定的育人机制作为根本保障，主要包括以下四点。

一是建立制度保障机制。确保英雄模范发挥育人作用的稳定性和规约力需要建立一定的学习、活动和管理制度。在思想政治理论课教学中，应将英雄模范精神的教学内容明确在教学目标、教学任务和教学大纲中，以备教学活动的有效实施。在社会实践中，落实英雄模范精神为主题的社

会实践活动实施方案，保证活动定期有效开展。在文化环境中，应明确提出校园文化活动基本要求，把握文化活动的方向性。在网络舆论监管中，制定网络舆情防控预案，引导学生正面宣传英雄模范人物，树立大学生捍卫英雄烈士的法治意识。

二是建立组织协调机制。思想政治教育活动是动员各方资源和力量实现全员育人的过程。在英雄模范精神教育活动中，应切实建立健全党委统一领导，学校各部门、学院齐抓共管，各负其责，相互配合协调，优化调整各要素，举全校全社会之力共建英雄模范精神的育人体系。

三是建立榜样激励机制。党团组织中的青年党员和优秀的共青团员是思想政治教育活动的有力抓手。可以充分发挥他们捍卫和传承英雄模范精神的骨干带头作用和先锋模范作用，在学习教育、社会实践、文化活动和舆论引导中体现积极性和主动性，激发和感召身边的其他大学生同向同行，发挥引领示范、榜样激励的功能。

四是建立科学评估机制。在评估体系建立过程中，不仅要有思想政治理论课教学中对英雄模范精神教学内容的考核，社会实践中对大学生践行效果的调查等微观评估，还要有学校在全部教育活动中整体效果评价的宏观评估。不仅要关注到大学生是否能够熟知英雄模范精神内涵和内容的显性因素还要考察在其思想、情感、行为养成过程中的知、情、意、行的隐性因素。不仅要考查学生在思想政治理论课程学习或是一次社会实践活动的静态表现，还要着眼于学生在大学四年动态发展成长过程中捍卫和传承英雄模范精神的行为改变。

红色资源融入高校校园文化的价值、原则与路径*

习近平总书记指出："用好党的红色资源，让干部群众切身感受艰辛历程、巨大变化、辉煌成就，要抓好青年学习教育，着力讲好党的故事、革命故事、英雄的故事，厚植爱党、爱国、爱社会主义的情感，让红色基因、革命薪火代代相传。"①红色资源是中国共产党源远流长的宝贵财富，用好党的红色资源是弘扬和传承伟大建党精神的必然要求。高校校园文化以潜移默化的方式影响大学生的心理和行为，在推进大学生思想政治教育和加强高校思想政治工作中发挥着不可替代的重要作用。2021年7月30日，教育部、国家文物局发布《关于充分运用革命文物资源加强新时代高校思想政治工作的意见》中指出要充分运用红色资源丰富校园文化、传承红色故事，要善用红色资源，发扬红色精神。将红色资源融入高校校园文化建设，发挥红色资源教育功能与优势，实现"润物细无声"的育人效果，激发青年大学生的爱国热情，在红色资源的传承中培养有理想、有本领、有担当的时代新人。

---

* 本文系2022年度新疆维吾尔自治区普通高校人文社会科学重点研究基地"新时代党的治疆方略"招标课题"发挥新疆红色文化资源作用推动文化润疆研究"（ZK202265B）的阶段性成果，原载于《喀什大学学报》2022年第5期，与佟晓玲合作。

① 习近平.在党史学习教育动员大会上的讲话[J].求是，2021(07)：4-17.

一、赓续传承:红色资源涵养高校校园文化的价值

“红色”是中国共产党最鲜明的底色,“资源”是对现有物质和精神力量的集合,“红色资源是中国共产党领导全国各族人民在新民主主义革命过程中形成的,集中彰显中国共产党革命性、阶级性和先进性的物质载体和精神形态的总和”[①]。习近平总书记指出:“在我国960多万平方公里的广袤大地上红色资源星罗棋布,在我们党团结带领中国人民进行百年奋斗的伟大历程中红色血脉代代相传。”[②]在党的百年奋斗历程中,形成了催人奋进的革命故事和英雄事迹,留下了历久弥新的红色文物和革命圣地,积淀了血脉赓续的榜样模范和精神谱系。这些宝贵的红色记忆和历史印记是涵养和丰富高校校园文化的源头活水和不竭动力。

(一)浇筑物质文化的坚实基础

“校园物质文化是指由大学教育教学和生活物质条件构成,能被人们感觉到的客观存在的实体文化,是大学文化的物质基础和外部形态。它主要包括物态环境文化(包括学校各种建筑物和图书馆、宿舍、食堂、教学设施等与学生学习、生活密切相关的物质形态)和自然环境文化(包括各种自然景观和人文景观)”[③]。红色资源作为我们党艰辛而辉煌奋斗历程的见证,为高校校园物质文化提供了坚实的基础。一方面,红色资源拓宽校园物态设施建设的渠道,在校大学生除课堂外接触最多的就是校园,校园建设成为潜移默化影响大学生的重要方式,红色资源以其丰富多彩的内容为校园物质文化建设提供了参照。另一方面,红色资源为校园人文景观的建设提供了依据,在校园建设中,可以革命先烈和英雄故事为原型制作雕塑,

---

① 许徐琪.试析红色资源的时代价值与传承路径[J].浙江档案,2021(12):13-16.

② 习近平.用好红色资源 赓续红色血脉努力创造无悔于历史和人民的新业绩[J].求是,2021(19):4-9.

③ 祝玉芳,张飞.构建和谐校园文化系列调查之四 构建高校和谐校园物质文化[J].教育与职业,2007(16):70-71.

并附加增设具体故事展览碑；图书馆可设置红色资源展览角、展览长廊；宿舍、食堂、教学楼等地可张贴的以党的精神、革命故事为主题的海报、字画等，充分反映红色资源在高校校园物质文化建设中的奠基作用。红色资源对校园物质文化建设的深远意义与学生息息相关，以红色资源为依托建设校园物质景观，使学生在日常生活中时刻接受隐性熏陶，久而久之在大学生中形成的爱国主义情怀将根深蒂固。

（二）丰富精神文化的生动内涵

精神文化的力量无形胜有形，相对于校园物质文化来说，校园精神文化以其引领作用深刻影响着学生的心理和行为。“校园精神文化主要是指在学校各个发展阶段经过扬弃逐渐形成的各种传统、校训、校风、教风、学风等反映学校本质特征、精神、风貌的一种意识形态”[①]。包括精神谱系在内的红色资源，丰富了校园精神文化的生动内涵。第一，红色资源在校园精神文化形成的过程中具有导向作用。校园精神文化是在一定的历史条件下，由包括教师和学生在内的校园文化参与者为达到一定的教育目的形成和发展起来的。在这个过程中，井冈山精神、改革开放精神、脱贫攻坚精神和抗疫精神等伟大精神起到思维上的引领、实践上的指导作用，通过深入学习党的伟大精神，将红色资源深深植入校园精神文化，增强了大学生的文化归属感和认同感。第二，红色资源体现于校园精神文化的具象化表现中。校园精神文化表现为一所高校的传统、校训、校风、学风和教风等方面，如北京大学的传统精神是“爱国、进步、民主、科学”，其传统学风是“勤奋、严谨、求实、创新”。由于北京大学是传播马克思主义和民主科学的发祥地，因此在其传统精神和学风方面，将红色资源与校园精神文化的结合体现得淋漓尽致，在校园精神文化温润的影响下，学生自然而然形成的爱国主义情怀是不可磨灭的。可见红色资源的内涵对校园精神文化具象化表现影响深远。第三，红色资源赋予校园精神文化立德树人之意义。校园

① 刘晓静. 校园精神文化的育人功能及其培育[J]. 教育与职业，2008(36)：61-62.

精神文化是培育校园文化的核心，是培养优秀人才的客观需要，同时也是构建和谐校园的关键，红色资源蕴含于校园精神文化的内在逻辑，有利于增强学生的文化认同感和归属感，为增强“四个意识”、坚定“四个自信”打下坚实基础。

（三）开辟行为文化的崭新境界

校园精神文化是潜移默化影响学生行为的关键，而校园行为文化则是对精神文化最直接的诠释。“行为文化是校园文化建设的首要的直接的载体。行为文化主要指师生的行为习惯、生活模式、各类群体（社团）活动以及在此基础上表现出来的校风、学风等”①。校园行为文化主要表现为学术文化、宿舍文化和社团文化。第一，红色资源为学术文化提供了良好的支撑。开展以党史党建为主题的学术交流活动，组织学生绘制以“党的艰辛奋斗历程”为题的黑板报、手抄报等符合学生兴趣的文化活动，从而有效利用红色资源以加强校园学术文化的建设。第二，红色资源为宿舍文化增添了鲜明的色彩。高校大学生基本上实行住宿制，这意味着宿舍是学生的小家，在学院的组织领导下，学生利用课余时间对宿舍进行装饰，以革命精神、英雄故事为主题，评选“优秀党员宿舍”等都体现出红色资源以润物无声的方式融入学生生活。第三，红色资源为社团文化倾注了生动的内涵。社团是校园文化的一大亮点，课余时间的校园中随处可见朝气蓬勃的社团身影，在社团活动中融入红色资源，成为提升大学生精神境界的不可多得的方式。话剧社团以话剧的方式对英雄故事进行演绎，歌唱社团以受学生喜爱的阿卡贝拉形式唱出爱国爱党的歌曲，舞蹈社团将以爱国主义精神为主题的现代舞当作日常排练的舞种，在社团文化中，红色资源的融入将简单的娱乐方式变得富有情感，使学生在兴趣的驱使下对红色资源的内涵有了更为深刻的理解。

---

① 代芯，徐俊．试析高校校园文化的行为与精神主体[J]．社会科学家，2007(S1)：150-151.

(四)永葆制度文化的精神品质

校园制度文化是物质文化、精神文化、行为文化存在的基础,在校园文化整体建设中起着支撑作用。“是校园文化建设中的有机组成部分,是整个文化系统的基础和保障。高等教育要想顺利实施并保证质量,必须注重制度安排及文化建设。在高等教育中制度文化发挥着不可替代的作用”[①]。红色资源融入高校校园制度文化建设,使制度规则和制度意识等内容更加丰富,通过具体可见的规章、制度、政策等内容约束广大师生员工,同时将校园制度内化为个体内在的需要,从而形成良好的校园制度文化氛围。红色资源永葆校园制度文化的精神品质具体体现在多方面。其一,为校园制度文化建设提供精神导向。高校肩负着培养社会主义事业合格建设者和接班人的使命,校园制度文化应体现出为社会主义事业和人民群众的根本利益服务的价值取向,红色资源是以马克思主义理论为指导的中国共产党百年奋斗征程的历史印证,保障了校园制度文化建设的正确价值取向,提高了校园制度执行的科学化、民主化水平,使高校的各类制度规则和价值理念更好地体现广大人民群众的意志。其二,增强校园制度文化的凝聚力。制度文化是高校整体价值取向的体现,承载着全体师生员工共同的理想追求、心理意识和文化品格,将红色资源融入校园制度文化建设,能够有效激发广大师生员工对学校办学理念和办学宗旨的认同感,提升师生员工“心与学校同在”的归属感,将全体师生员工的个人利益与学校的前途命运紧紧联系在一起。其三,改善校园制度文化的制约手段。除正式的制度规则外,校园制度文化还包括非正式的传统、习惯、观念等,具有一定的协商性和约定性,将红色资源融入非正式校园制度建设,能够改善正式制度规则强制约束学生的状况,通过柔性手段对学校的环境、风气、道德、舆论、关系等产生一定的约束效果。

---

① 赵明,蔡彪.论高校校园制度文化的功能性及建设路径[J].中国成人教育,2015(10):75-76.

二、统筹协调：红色资源融入高校校园文化应坚持的原则

红色资源融入高校校园文化建设要遵循理论与实践、历史与现实、动机与效果的辩证统一基本原则，坚持统筹兼顾，协调配合，最大限度发挥红色资源在高校校园文化建设中的价值与功能，才能实现红色资源融入校园文化的有机统一性。

（一）坚持理论与实践相结合

红色资源具有十分丰富的理论价值和实践意义，让大学生通过教育教学和校园学术文化活动学习红色资源的理论内涵，并将所学内容融入社团文化等校园文化活动的实践中，将其转化为实践的力量，有助于学生切身感受党的光辉历史，坚定理想信念，筑牢共同体意识。“只有理论与实践、课内与课外相结合地学习红色历史、走进红色历史，才能让大学生身临其境地走进战火纷飞、硝烟弥漫的峥嵘岁月，为厚植大学生爱国主义情怀奠定知识、理论、情感和实践基础”①。一方面，注重对红色资源理论内涵的学习是大学生打下坚实理论基础的关键一步。党的百年历史蕴含着马克思主义中国化的进程，而红色资源作为中国共产党征程的集中体现，则展示出了马克思主义理论的科学性、人民性和时代性，加强大学生对红色资源理论内涵的学习，有助于提升他们对马克思主义相关理论的理解程度，尤其是对马克思主义理论与中国的革命、建设和改革相结合的理论成果的理解。另一方面，发挥学生主观能动性开展相关实践活动是大学生将理论学习外化于行的制胜一招。在实践方面，既要注重大学生的第二课堂实践，也要鼓励学生积极参与校园文化活动，使学生发挥主观能动性地开展实践活动。理论与实践相结合，是一个“理论—实践—新理论”的过程，大学生需要通过学习内化于心，再将学习到的红色资源理论融入实践中，通过深入实践产生新的更为深刻的理论。

---

① 蓝贤发.用红色文化厚植大学生爱国主义情怀[J].人民论坛，2021(Z1)：150-152.

(二)坚持历史与现实相贯通

时代发展的车轮滚滚向前,党的前进步伐从未停止,红色资源作为党的历史精华,见证了中国共产党一路走来的革命历程。历史与现实是相互贯通的,学习红色资源蕴含的历史经验,有助于提升大学生学习中联系当前国家政策的紧密度,深化高校学生对红色资源的理解与运用。一方面,加强对红色资源历程的学习,有助于大学生将红色资源学习更好地与现实相结合。红色资源见证了新民主主义革命时期、社会主义革命和建设时期、改革开放新时期以及党的十八大以来的复兴伟业建设时期的全部过程,对红色资源历史进程的学习为大学生将红色资源与当前政策学习相结合打下了坚实的基础。另一方面,要在对红色资源历史进程学习的基础上,将红色资源与当前政策学习相结合,把用好红色资源当作大学生势在必学的重要任务。要坚持用红色资源铸魂育人,强调红色资源在高校思政教育中的重要作用,要把校园文化建设作为高校立德树人根本任务中不可或缺的部分,红色资源理应作为高校校园文化建设的首要依据。历史是见证,现实需创新,在红色资源融入高校校园文化的过程中,坚持历史与现实相结合势在必行。

(三)坚持动机与效果相统一

动机与效果相统一是道德评价的标准,是毛泽东对马克思主义伦理思想的继承与发展,动机与效果统一于为人民服务的基础之上,坚持使“为人民”的动机与“受人民欢迎”的效果在实践中统一起来。动机与效果相统一的原则同样适用于红色资源融入高校校园文化的建设中,使“红色资源通过校园文化立德树人”的动机与“受高校学生欢迎”的效果相统一。一方面,坚守融入的目标与使命。红色资源融入高校校园文化建设的最终使命是让大学生通过校园文化的渠道深化对红色资源的学习,最终达到革命传统教育、爱国主义教育和思想政治教育的目的。红色资源融入高校校园文化建设的动机成为促进大学生参与到校园文化建设中的有效内驱动力。

另一方面,关注融入的效果与实际。“受高校学生欢迎”作为红色资源融入高校校园文化建设的效果,是检验“动机”的重要标准。不仅要重视二者融合的目的,更要从学生自身兴趣出发,在课堂教育中穿插以红色资源为题材的多媒体资料,在校园文化中用吸引学生的方式将红色资源的精神内核予以表现,才能实现动机与效果的完美统一。坚持二者统一,遵循了从学生主体出发,有助于发挥学生的自主性与创造性,有助于学生主动学习红色资源的精神内核,从而使大学生能更好地理解和消化所学并将其运用于实践。

三、多措并举:红色资源融入高校校园文化的路径

文化环境、文化内容、文化载体和网络文化构成高校校园文化建设的四重维度,因此,红色资源融入高校校园文化应围绕这四个维度,以有利于高校校园文化的隐性教育作用得到充分发挥,从而将高校校园文化的育人功能落实落细。

(一)嵌入校园文化环境,夯实红色根基

“文化环境蕴含的文化模式和文化传统可以通过各种形式和媒介介入人们的物质生活和精神生活,潜移默化地影响、改变人们的行为方式、价值取向和思维特点,使人的思想品德在不知不觉中被打上文化环境的烙印”[①]。在高校校园文化中,大学生作为主体也潜移默化地被校园文化环境影响着。先进的校园文化有利于学生心理、认知和行为方面的发展,落后腐朽的校园文化不仅不利于学生发展,甚至还会使学生坠入深渊。因此,加强红色资源融入高校校园文化首先需从校园文化环境入手。第一,将红色资源的内涵融入校园学术文化环境。学术文化环境是大学生将所学内容表达出来的最直接场所,学生通过对在课堂所学的红色资源相关知识的

---

① 蔡宏生,郑文慧.思想政治教育视野中的校园文化环境建设[J].学校党建与思想教育,2007(07):75-76.

内化，将其在讨论、写作和文稿演示等形式中表现出来，既有学生内化的过程，也有学生外化的表现，更进一步地深化了学生对红色资源的理解。第二，将红色资源主题融入校园建设环境。校园建设环境是校园中随处可见的自然景观和人文景观的总称，在校园中，学生大部分时间在教室中度过，但除教室外的其他场所对学生产生的隐形影响不容忽视，将红色资源主题融入校园建筑、雕塑、展览馆等，是红色资源融入校园建设环境不可或缺的。第三，以红色资源为题材增强校园文化活动的氛围。参与校园文娱活动是丰富学生课余时间的重要方式，组织开展党的故事、革命精神为题的校园文娱活动，有助于在学生兴趣的驱动下，达到对红色资源精神内核的学习和传承的统一。

（二）引入校园文化内容，注入红色能量

校园文化是以学生为主体、与学生相关的物质文化、行为文化、精神文化和制度文化的总称。加强将红色资源引入校园文化内容，是提升红色资源和校园文化建设融合度的又一重要方式。红色资源蕴含着马克思主义理论的科学性和实践性，将其融入校园文化有助于发挥校园文化的引领作用，引领学生坚定社会主义方向，坚守社会主义道德，从而实现校园文化的育人功能。一是，在校园物质文化内容方面，要重视红色资源融入物态环境文化建设，例如在图书馆、宿舍、食堂、教学设施和文体娱乐设施的设计和建设中引入红色资源，坚持历史和现实相统一的原则；要重视人文景观文化建设，例如历史人物为学校题写的签名、历史事件纪念碑、校史馆的建设等。二是，在校园精神文化内容方面，要用红色资源的精神内核引领高校大学生形成正确的集体理念，在弘扬红色资源的基础上坚持正确办学方向，坚持学术研究与服务社会相统一，更要重视大学生的校史传统和教风、学风、校风的培养。三是，在校园制度文化内容方面，要形成适应时代要求的制度规则和制度意识，以制度的驱动性激励学生对红色资源的学习，在办学理念、管理机制、行为规范、高校精神和集体价值取向等方面切实做到红色资源与高校校园文化的结合。

（三）融入校园文化载体，筑牢红色堡垒

在红色资源融入高校校园文化建设的过程中，红色资源和高校校园文化相辅相成，红色资源是校园文化发展的不竭动力，校园文化为红色资源的传承提供了载体支撑。红色资源融入校园文化载体主要体现在班级文化、宿舍文化、社团文化三个方面。一是，融入班级文化建设。明确班级文化建设的主体力量，发挥辅导员的主导作用，尊重学生的主体地位，以学生干部为抓手，推动红色资源融入班级文化的建设；抓住班级文化建设的核心内容，加强红色资源与学风建设、学习内容的融合；丰富班级文化活动，加强红色资源对班级文化活动的引导作用，在开展具有特色的班级文化活动的同时，坚持红色资源的方向引领性。二是，融入宿舍文化建设。将辅导员的引导作用、后勤保障人员的辅助作用和学生的主体作用结合起来，积极调动各方力量，实现红色资源的精神内核与宿舍文化的结合；积极组织开展以红色资源为主题的宿舍文化活动，例如宿舍形象设计比赛、宣传标语、海报征集等；加强党团组织进宿舍，充分发挥红色资源的凝聚和带动作用。三是，融入社团文化建设。加强用红色资源中蕴含的马克思主义理论指导学生骨干队伍的建设，为学生的社团文化建行提供组织保障；提升红色资源对组织平台建设的影响力度，为学生社团文化的建设提供动力；坚持将红色资源融入社团活动内容，强化活动的思想性，提升社团活动的品质。

（四）植入校园网络文化，凝聚红色力量

当前信息技术飞速发展的时代背景下，学生能够获取的信息繁多且冗杂，受西方自由主义思潮和社会多元化思想的影响，部分大学生对理想信念的坚定程度呈现出一定的弱化趋势，而网络作为当代大学生日常接触和使用相较频繁的工具，在红色资源与高校校园文化融合的过程中作用凸显。首先，要从思想上高度重视网络文化在红色资源融入高校校园文化中的运用。红色资源融入高校校园文化，要坚持传统方法和现代技术相结

合，致力于在受学生欢迎的基础上实现红色资源与校园文化的融合。其次，要坚持将红色资源建设成为网络环境中学生喜爱的热点。将红色资源与网络热词、短视频、快闪镜头等网络环境中时兴的形式紧密结合，在吸引学生关注度的同时加深学生对红色资源的印象。再次，要坚持以学生为主体建立服务于学生的网络文化平台。在网络文化平台积极推送传承和发扬有关红色资源精神内核的文稿、视频、图片等内容。最后，要加强对网络空间的监管力度。要对网络上传播的内容进行严格审核，特别是要审核有关红色资源主题的内容，坚决抵制通过网络抹黑革命人物形象、编造违背历史的革命故事、恶搞相关革命题材等行为。

在高校校园文化建设的过程中，加强对红色资源育人价值的开发和利用任重道远。红色资源的涵养作用为高校校园文化的建设提供了难得的文化依托，对红色资源加以合理开发和有效运用必将为高校校园文化建设带来新的生机与活力。在高校校园文化建设中，我们还需进一步加强对红色资源的挖掘与研究，加强对榜样精神的凝练与升华，彰显中国共产党的鲜明底色，发挥榜样精神的强大力量，为推进高校校园文化建设做更多更有益的思考与探索。

中国式现代化视域下新时代好青年的培育意涵*

党的二十大吹响了奋进新征程的时代号角。实现现代化是几代中国人梦寐以求的理想。肇基于以中国式现代化全面推进中华民族伟大复兴的时代主题，习近平总书记把青年工作提升为战略性工作，并深刻指出："青年工作，抓住的是当下，传承的是根脉，面向的是未来，攸关党和国家前途命运。"①在党的二十大报告中，习近平总书记号召广大青年要"立志做有理想、敢担当、能吃苦、肯奋斗的新时代好青年"②。迈向新征程，青年一代势必要与中国式现代化撞个满怀，因而亟须通过价值养成、能力养成以及强化党团建设和改革的举措，培养兼具四大优秀成才品质的"中国式现代化新青年"，更好地让青年在全面建设社会主义现代化国家的火热实践中擦亮青春底色，彰显青年作为。

---

* 本文系共青团中央中国特色社会主义理论体系研究中心新疆师范大学研究基地招标课题"百年来中国共产党领导新疆青年运动的历程与经验研究"（项目编号：XJGQT202301）的阶段性成果，原载于《陕西青年职业学院学报》2023年第4期，与陈艺鸣合作。

① 中共中央党史和文献研究院.论党的青年工作[M].北京：中央文献出版社，2022：164.

② 习近平.高举中国特色社会主义伟大旗帜为全面建设社会主义现代化国家而团结奋斗——在中国共产党第二十次全国代表大会上的报告[M].北京：人民出版社，2022：71.

一、青年探索中国式现代化进程中的历史价值

实现现代化是中国人民强国兴邦的美好愿望。中国对于现代化道路的自主探索最早可以追溯至新中国成立前夕。在党的七届二中全会上，毛泽东同志提出使中国逐步由“农业国”转变为“工业国”，为中国初探现代化做了思想奠基。后又凭据“一穷二白”、工业基础薄弱等实际情况，随之提出“四个现代化”与“走自己的现代化道路”的主张，再经历了“小康社会”与全面“建设”和“建成”小康社会的探索历程。党的十八大以来，以习近平同志为核心的党中央固本开新，推动中国式现代化实现了新的发展。[①]在奔赴现代化的进程中，中国青年成为探索中国式现代化建设的积极力量，发挥了中国青年的显著优势与历史价值。

（一）青年的思想觉醒推动中国式现代化

青年以信仰之光推动中国式现代化。回眸历史，青年常透过历史去探寻支撑现代化建设的思想支柱。1921年7月，青年以马克思主义为意识觉醒开端，开启了中国历史的大事变。新中国成立后，广大青年在理想力量的鼓舞下，投身于恢复国民经济的社会主义建设澎湃大潮，内蕴“爱憎分明、言行一致、公而忘私、奋不顾身”意蕴的雷锋精神得以家传户诵，锻造为青年奋斗的精神动能。改革开放后，青年以思想活力焕发出“敢向时代潮头立”的蓬勃生机。面对改革开放和社会主义现代化建设新时期中的暗礁险滩，中国青年高擎先进思想之旗，时刻透露出对现代化建设的期待与追求。新时代，广大青年以党的创新理论成果为指导，坚定不移听党话、跟党走，以切身行动证明了新时代的中国青年是可堪大任的好青年。历史洪流不息，青年在马克思列宁主义、毛泽东思想、中国特色社会主义理论体系引领下，与其他发达国家并驱争先，推动了中国现代化进程的弯道超车，蹄疾

① 黄雪英.党探索中国式现代化的历史进程及原创贡献[J].中共山西省委党校学报，2023，46(03)：36-39.

步稳地把中国从积贫积弱的旧社会,发展成为引领构建人类命运共同体的巍巍巨轮,并一步一个脚印地朝实现中华民族伟大复兴的宏伟梦想前进。在实践中得到中国化时代化发展的马克思主义,也被成功形塑为推进中国式现代化建设的理论依据。

(二)青年的实力担当助力中国式现代化

青年以担当作为助力中国式现代化。追溯百年党史,至关重要的是中国青年为振兴中华而抛头颅、洒热血的担当作为。在新民主主义革命时期,广大青年共产党人经努力彻底结束了中华大地一盘散沙的境地,为中国探寻现代化道路夯实了社会基础,彰显出"重要方面军"的青年担当;社会主义革命和建设时期,青年一代继承前人遗志,以社会主义三大改造为契机,在各条现代化建设战线勇于担当,凸显出"突击队"的青年作为。在农业领域,有以杨华、庞淑英为代表组成的驻边青年志愿垦荒队模范;在工业领域,有扎根工程建设,并成立全国第一支青年突击队的胡耀林青年表率;在文化领域,有以侯隽为典型的城市知识青年植根农村榜样。改革开放和社会主义现代化建设新时期,全国青年努力学文化、学技术、学科学,响应号召争做"四有新人",成为向社会主义现代化目标进军的"排头兵"。迈入新时代,中国青年担负起了"两个一百年"的奋斗目标,以敢于担当的行动谱写了青年担当新华章,展现出新征程下为中国式现代化建设而助力的"先锋锐气"。

(三)青年的攻坚克难促进中国式现代化

青年以克难意志促进中国式现代化。回望中国近代历史,无数仁人志士在困苦的环境下轮番探索救国良策,甚至不惜付出年轻可贵的生命代价,但都因各式变法弊端而成效不显著。五四运动的中国青年以"宁为玉碎、不为瓦全"的迎难决心,成为爱国救亡的主力军,用铮铮铁骨发出了嘹亮的青年强音。抗日战争的危急时刻,热血儿郎勇毅投入前线誓死捍卫国土,以为人民、为国家流尽最后一滴血的英勇气概守护每一寸山河。党的十一届三中全会以后，随同党和国家的工作重心转移到社会主义现代化建设上来，发展社会主义市场经济，抓住了难得的战略机遇期，为在新时代拓展现代化道路奠定了扎实根基。

（四）青年的奋斗创新践行中国式现代化

青年以奋斗践行中国式现代化。回溯绵延不绝的中华文明史，中华民族也曾有过各国争相来交流先进文明的汉唐盛世。但随着封建专制发展到顶峰和闭关锁国措施的长期施行，当西方已如火如荼开展工业革命之时，中国仍处于小农经济的原始阶段，现代化建设无处谈起。如何拯救当时那个千疮百孔的国家，一代又一代的中国青年都在艰辛地奋斗探寻。从新中国成立到进入新征程，中国共产党带领全国各族人民，逐步实现了从生产力到生产关系、从经济基础到上层建筑的显著变革及整体跨越，中国青年更以扎实的奋斗创新成为党的好助手与后备军。在过去的十年里，"经受住了来自政治、经济、意识形态、自然界等方面的风险挑战考验，党和国家取得历史性成就、发生历史性变革，推动我国迈上全面建设社会主义现代化国家新征程"[①]。党的二十大对中国现代化过往的探索历程进行理论升华，高屋建瓴地把中国的现代化建设模式概括为"中国式现代化"这一人类文明新形态。如今，中国青年正以"青春之我创造青春之中国"的精神风骨和"请党放心，强国有我"的底气自信，做中国式现代化的践行者。

二、新时代好青年之于中国式现代化建设的当代意涵

党的二十大指出："从现在起，中国共产党的中心任务就是团结带领全国各族人民全面建成社会主义现代化强国、实现第二个百年奋斗目标，以

① 习近平.高举中国特色社会主义伟大旗帜为全面建设社会主义现代化国家而团结奋斗——在中国共产党第二十次全国代表大会上的报告[M].北京：人民出版社，2022:6.

中国式现代化全面推进中华民族伟大复兴。”[①]青年作为党和国家事业发展的生力军，是始终与国家共奋进、与时代同发展的最有活力群体。[②]肇端于新的时代主题，中国式现代化成就了青年，青年又必将把中国式现代化推向更高的阶段。

（一）有理想的青年是中国式现代化建设的思想之基

有理想是思想基础。中国式现代化要迈向更好的发展高度，须具备坚定信仰的青年人才。党的二十大把“有理想”放在青年成才培养的首要品质，是从精神层面强调青年内具伟大理想的根本性、必要性。在推进中国式现代化的关键时刻，马克思主义的立场观点方法既是帮助青年确立理想的保证，且给予了青年超越狭隘眼界的工具，也提供给青年透视时代风云的锐利目光，更赋予了青年展望共同目标的长远见识和坚定共产主义理想的战略定力。青年应主动将真理力量转化为改造客观世界的强劲能动力，在马克思主义真理的科学指引下，在理想的真情激励下，从大事着眼、小事着手，以理想的精神铭记理想、追寻理想、笃行理想、实现理想。志存高远，方可登高望远，新时代的青年应自觉提升自身思想水平、政治觉悟、道德品质、文化素养，从自发到自为、从分散到多元地提升思想自觉、政治自觉、行动自觉，把对理想的信仰落实到平日的一言一行，一点一滴中。尤其是在迎接纷繁复杂的思潮逆流时，在大是大非面前做到对理想笃敬而执着，至信而至诚。在历史交汇的洪流中做到对理想虔诚而坚毅，笃行且不怠，真切践行新时代好青年有理想的精神品质。

（二）敢担当的青年是中国式现代化进步的力量之源

敢担当是力量源泉。青年的担当决定着中国式现代化的未来航向，决

① 习近平.高举中国特色社会主义伟大旗帜为全面建设社会主义现代化国家而团结奋斗——在中国共产党第二十次全国代表大会上的报告[M].北京：人民出版社，2022:21.

② 侯利军，赵敏.以革命精神培育青年志气、骨气、底气[J].中共山西省委党校学报，2023，46(03)：118-122.

定着现代化能够前进到什么地步,发展到什么高度。当今世界,国际形势波谲云诡,现代化道路必然不是风平浪静的坦途,势必会有狂涛骇浪,更需要青年敢于担当、善于担当、乐于担当,以担当精神推动中国式现代化的蓬勃发展,继续弘扬“青春奉献给祖国”的鲜明禀赋,续写担当中国式现代化建设先锋力量的耀眼历史。作为我国两步走战略,全面建成社会主义现代化强国的全程参与者和见证者,现代化的前途命运紧系于当代青年,能否达成目的并将中国式现代化向纵深推进、向世界弘扬,取决于青年能否主动把担当责任落实到民族复兴大任,取决于青年能否自觉成为实现民族复兴的践履主体,因此亟须青年充当社会进步力量的主力军。新时代的青年不仅要在社会建设中挑梁扛柱,还应在社会发展中竭智尽才,更应于社会转型中淬炼精干实干的真实本领,成为推动中国式现代化建设的中流砥柱,真正继承新时代好青年敢担当的道德品质。

(三)能吃苦的青年是中国式现代化推进的固本之要

能吃苦是持续关键。中国式现代化是人类文明新形态,继续推动中华民族勇毅前行,就要持之以恒地丰富和发展这一文明新形态。党的二十大提出:“全面建设社会主义现代化国家,是一项伟大而艰巨的事业,前途光明,任重道远。”[①]这说明,以中国式现代化全面推进中华民族伟大复兴并非一夕之功,定要承受住重大考验才能收获胜利果实。同时现代化所兼具长期性、艰巨性、复杂性、渐进性等特点,也决定了新时代好青年须具备能吃苦的能力。对身处于和平年代的当代中国青年而言,能吃苦既映现着他们不怕累、不怕艰的意志品质,也昭彰出不怕险、不怕峻的闯劲干劲,还凸显出青年不惧痛、不恐难的意志力、坚忍力,更是青年不希望自囿于平稳舒适圈的内心写实和不愿意囿限于安稳人生的时代强音。中国式现代化道路上需要的不是好逸恶劳、“佛系躺平”的青年,前路漫漫,新时代的青年定

① 习近平.高举中国特色社会主义伟大旗帜为全面建设社会主义现代化国家而团结奋斗——在中国共产党第二十次全国代表大会上的报告[M].北京:人民出版社,2022:26.

要以能吃苦的先进品质不辱使命、不负期望。

（四）肯奋斗的青年是中国式现代化发展的成事之需

肯奋斗是成事必需。赓续百年奋斗历程，在两步走战略的开局之初，更需要“全党同志务必不忘初心、牢记使命，务必谦虚谨慎、艰苦奋斗，务必敢于斗争、善于斗争，坚定历史自信，增强历史主动，谱写新时代中国特色社会主义更加绚丽的华章”①。当代中国青年是开创未来的一代，是需要以奋斗创造幸福的一代。党的二十大提出“肯奋斗”是青年成才应当具备的优秀品质，确切贯彻了马克思主义的实践性特征。奔赴新的万里征途过程中，大学生毕业后争先前往农村、扎根边疆、深入落后地区支教扶贫，把所学知识以耳濡目染的实际行动撒播在中国大地；在科研一线，为了解决长期的卡脖子芯片技术难题，夜以继日地在实验室攻关探究，并取得许多世界领先的开创性成果；青年干部躬身一线沃土精耕细作，自主加强“蹲苗淬炼”、努力实现“破节成长”。要走好民族复兴的胜利之路并不容易，需要新时代的青年承续奋斗优良作风，把肯奋斗作为中国式现代化发展的行动遵照，在现代化的伟大实践中誊写别样精彩的青年底色。

三、培育新时代好青年的现实对策

（一）以价值养成提升主体意识

价值是青年成才的先决条件。百年来，青年常以“奋斗趁年华”的态度肩负使命。处于思想观形成分岔口的青年群体，缺乏人生阅历，面临更多难以区分真伪好坏的路径抉择，成才之路更易受到各种不良思潮的影响。但青年群体一旦受到正确观念的熏陶，便可合理建构青年主体意识，帮助青年到达成才的彼岸。所以，要加强青年价值养成的方法探究，进而匡正

---

① 习近平.高举中国特色社会主义伟大旗帜为全面建设社会主义现代化国家而团结奋斗——在中国共产党第二十次全国代表大会上的报告[M].北京：人民出版社，2022：1-2.

青年认定事物、辨定是非、体现价值的思维取向，从而达到拔高青年的思想境界，奠定青年贡献青春力量融入中国式现代化建设、推进中国式现代化进步的理论基础目的。

一方面，要加强青年的科学理论教育。列宁提到："没有革命的理论，就没有革命的行动。"①对于当代中国青年而言，前路的艰难险境亦不明朗，则更应要求青年掌握科学世界观和方法论思考中国式现代化进程的发展航向。习近平总书记告诫青年："青年理想远大、信念坚定，是一个国家、一个民族无坚不摧的前进动力。"②作为具有意志自觉性的主体，青年应当建立起对真理和理想的理性认知，坚持和运用马克思主义理论锤炼自身的责任品格③，以中国式现代化的青年力量全面推进中华民族伟大复兴。

另一方面，要强化青年的道德意识养成。道德作为社会意识形态及人们共同生活的准则和行为规范，可以能动地作用于社会发展。马克思、恩格斯在《资本论》中对工人阶级现实境况的描绘，彰显了马克思主义的人文道德关怀。习近平总书记指出："一个民族的文明素养很大程度上体现在青年一代的道德水准和精神风貌上。"④千年来人类哲学思想的成果结晶，都折射出对人类社会的道德吁求。在当下寻求真正的社会主义道德价值，就应当把社会主义核心价值体系作为青年的核心价值追求。而青年阶段又是人生中思维最为活跃的时期，在乐于接受道德价值观熏陶的同时又易受到虚伪错误价值观的侵扰，所以青年在道德内化上并不深刻，欠缺道德外化的坚定，极为容易被改变原本科学的道德标准，进而可能导致青年道德失范，产生反作用于社会向善发展的消极影响。因此，要着重加强青年的社会主义核心价值观培育，以先进道德促进青年成才成长，让青年在先进的道德社会氛围中培根铸魂、启智润心，帮助青年在强大的道德力量支

① 列宁全集（第6卷）[M].北京：人民出版社，1986：23.

② 中共中央党史和文献研究院.论党的青年工作[M].北京：中央文献出版社，2022：162.

③ 董潇珊，陆永胜.伟大建党精神涵养青年责任担当的实践理路[J].中共陕西省委党校学报，2023，46（01）：103-110.

④ 中共中央党史和文献研究院.论党的青年工作[M].北京：中央文献出版社，2022：17.

撑中奋进新征程，构建有益于全体人类幸福的价值信念，在践诺道德行为过程中彰显实现第二个百年奋斗目标的青年主体意识。

（二）以能力养成增进奋斗姿态

能力是青年成才的现实必要。在历史的洪流中，中国式现代化塑造了青年，青年也在中国式现代化进程中逐日增强成才能力。

一方面，要激励青年努力学习。列宁在《宁肯少些，但要好些》中三次强调要努力学习，要使学问真正深入到血肉里去。习近平总书记也勉励青年要把学习“作为一种责任、一种精神追求、一种生活方式”①，对于学习要养成自觉习惯，构筑自学氛围，通过学习铸牢对科学理论的理性认同，增强为国为民的青年使命紧迫感，从中真正认识到党能够把握历史主动的切要之处。实现中国梦需要聚天下英才而用之，青年能力的高低事关国家事业的成败。故而，在新的历史方位上必须激励青年努力掌握科学文化知识和各项专业技能，潜精研思式地把自己的专业技能弄懂弄透，并在原有的基础上进行前沿科技创新，以“自胜者强，自强者胜”的气势去践行创造和留下经得起历史检验的实践成果，进而养成能够总结过去、迎接当下、挑战未来的青年硬实力。

另一方面，要鼓励青年无惧困难。“人类的美好理想，都不可能唾手可得，都离不开筚路蓝缕、手胼足胝的艰苦奋斗”②。在新时代好青年的成才品质中，指明了“敢吃苦”方能“肯奋斗”，突显青年从理想价值的奠基到青年实践能力养成的辩证逻辑，明确了青年无惧困难、直面难题是能力体现及明晰“以何努力”的关键。困难之所以存在，就是为了要克服，只有强压之下的青年，能力才能得到真正的增长。故此，新征程上需引导青年成长为能在吃苦中巩固理想、担当使命和坚忍奋斗的优秀青年，巩固青年敢想敢为又善作善成的奋斗姿态，并以吃苦耐劳的非凡能力打开实现中国式现

① 中共中央党史和文献研究院．论党的青年工作［M］．北京：中央文献出版社，2022：16.

② 中共中央党史和文献研究院．论党的青年工作［M］．北京：中央文献出版社，2022：17.

代化的新天地。

（三）以青年工作改革团结青年

党团组织的建设和领导，是青年成才的决胜要素。习近平总书记提出："我们要悉心教育青年、引导青年，做青年群众的引路人。"[①]党的领导是青年工作的根本前提，攸关党和国家的前途命运，也是我们党永葆青春基因的重要密码，将来也持续会是党工作中的一项战略性任务。

一是加强对青年的政治引领。应当把政治性建设摆在党促进青年成才的首要位置。立足于当代青年发展规律和青年群体特性，强化青年正确的政治立场、政治观点、政治纪律，善用亲近青年且易于理解的语言艺术，带领青年贯彻落实党的方针政策。把一切对青年的领导培养都放在实现中华民族伟大复兴的落脚点上，巩固青年坚定拥护"两个确立"，坚决做到"两个维护"，继而深化对青年的政治引领。

二是增强青年的思想引领。应以先进真理，特别是以习近平新时代中国特色社会主义思想作为武装青年头脑的重点抓手。既不可千人一面，也不可一蹴而就，需针对不同学龄段的青年做到分层递进、螺旋上升，通过深入开展不同形式的主题学习与实践活动，加强青年对中华民族伟大复兴理想的内化与外化。

此外，强化对共青团的建设和改革。共青团不仅是党的助手和后备军，而且是党在青年工作实践中的重要力量。新征程上共青团的建设和改革须"不忘初心、牢记使命"，坚定不移响应党的号召，为党和人民服务，充当好突击队的角色真正深入青年群体当中。应在各级党委领导下，提高对青年群体的组织团结力度，壮大团组织的队伍规模和组织力量。共青团应当根据新征程青年四大成才品质要求和在遵循总目标的前提下，增强自身政治性，提升先进性，发挥群众性，恪守工作持续性。共青团需引导青年坚定不移听党话、跟党走，在青年中传播党的大政方针，以党的创新理论为指

① 中共中央党史和文献研究院.论党的青年工作[M].北京：中央文献出版社，2022：167.

导并成为引领青年思想进步的政治学校。可以适当利用小视频、微电影等“两微一端一抖”载体带领青年立足实际，深刻体悟知与行的辩证本性。要深入了解青年切身诉求，倾听青年心声，为青年成就理想、担当实践、任劳任怨、火热奋斗提供良好的社会氛围与及时帮助，让青年真正感受到党团组织的关怀，最终帮助青年接好伟大事业的接力棒，跑好民族复兴的马拉松。

第四部分

青年大学生网络思想引领

科学理解马克思主义在意识形态领域指导地位的根本制度*

习近平总书记提出："坚持不懈用新时代中国特色社会主义思想凝心聚魂，广泛践行社会主义核心价值观，巩固马克思主义在意识形态领域的指导地位，在各种文化交汇融合中进一步壮大主流价值、主流舆论、主流文化。"[①]意识形态工作关乎国家旗帜、国家道路和国家政治安全，决定着社会主义文化前进方向和发展道路，具有极端重要性。当今时代，世界进入"百年未有之大变局"，国际国内形势复杂多变，我国意识形态领域面临着诸多的困难和严峻的挑战，如何坚持马克思主义在意识形态领域的指导地位，牢牢把握意识形态工作的领导权，如何有效增强社会主义意识形态的凝聚力和引领力，是坚持和完善繁荣发展社会主义先进文化势必解决的问题。

一、社会意识形态的极端重要性

什么是社会意识形态？马克思在《德意志意识形态》中指出："占统治

* 本文系2018年度国家社会科学基金项目"新疆南疆村级党组织在维护社会稳定和长治久安中的作用研究"（18BDJ019）的阶段性成果，原载于《喀什大学学报》2020年第41卷第1期，选入本书时有删改。

① 习近平在上海考察时强调：聚焦建设"五个中心"重要使命　加快建成社会主义现代化国际大都市[N].人民日报，2023-12-04(01).

地位的思想不过是占统治地位的物质关系在观念上的表现,不过是以思想的形式表现出来的占统治地位的物质关系;因而,这就是那些使得某一个阶级成为统治阶级的关系在观念上的表现,因而这也就是这个阶级的统治思想。"[①]这里的"占统治地位的思想"指的就是作为观念上层建筑的社会意识形态,它作为国家统治阶级的指导思想意识是由一定社会发展阶段的经济基础所决定的,同时自身具有的相对独立性对国家政权的巩固与更迭又起着至关重要的能动作用。国家政权是政治上层建筑的核心问题,在不同社会发展阶段中任何统治阶级面对的最大威胁就是政治安全,而政治安全的第一道防线便是思想意识防线。苏联解体和东欧剧变的惨痛教训深刻反映了一个政党、一个国家指导思想的动摇必然摧毁执政党的执政根基,甚至导致国家改旗易帜。因此,社会意识形态对于国家政权的稳定具有决定性意义。

(一)社会意识形态关乎国家旗帜、道路和政治安全

习近平总书记在2013年的全国宣传思想工作会议上指出"经济建设是党的中心工作,意识形态工作是一项极端重要的工作",并强调"能否做好意识形态工作,事关党的前途命运,事关国家长治久安,事关民族凝聚力和向心力"[②]。政治安全是国家安全的根本,意识形态安全是影响国家主权和国家制度安全的关键。我国的主流意识形态是以马克思主义为指导的社会主义意识形态,是代表广大无产阶级根本利益的思想体系,引领着中国特色社会主义道路和制度。因此,在我国社会意识形态建设中,马克思主义理论是核心,中国特色社会主义道路是方向,中国特色社会主义制度是根基,需要我们不断增强中国特色社会主义道路自信、理论自信和制度自信,始终坚持马克思主义在意识形态领域的绝对指导地位。

---

① 马克思恩格斯选集:第1卷[M].北京:人民出版社,2012:178.

② 习近平在全国宣传思想工作会议上强调:胸怀大局把握大势着眼大事努力把宣传思想工作做得更好[N].人民日报,2013-08-21(01).

(二)社会意识形态决定文化前进方向和发展道路

社会意识形态是一定社会发展阶段统治阶级意志的集中体现,它反映了生产关系中占有生产资料的统治阶级的思想体系。在阶级社会中,文化作为一种社会意识一定是由社会存在所决定的,其前进方向和发展道路必然最终符合经济基础所决定的主导意识形态。马克思主义体现着人类社会的崇高价值追求,是以世界无产阶级和全人类发展和解放为目标的伟大理论指南,坚持马克思主义在意识形态领域的指导就决定了社会主义文化的先进性与人民性,彰显了中华民族精神的本质,增强了高度的文化自觉与文化自信,引领着社会主义先进文化的繁荣发展和实现建设社会主义文化强国的目标。

二、我国意识形态领域面临的风险及挑战

当今世界正处于百年未有之大变局,国际国内形势发展瞬息万变。十八大以来,党和国家事业取得了历史性和根本性的变革和成就,中国已成为世界第二大经济体,国际竞争力与影响力逐步提升。社会主义意识形态在世界舞台彰显出优势与力量,使中国拥有了一定的国际话语权,但是我们也要看到当前意识形态领域两大社会制度斗争异常复杂与尖锐,甚至有愈演愈烈之势,意识形态安全面临诸多的风险与挑战。

(一)多元社会思潮暗潮涌动,与社会主义制度形成无声较量

当今社会意识形态领域正面临着众多西方社会思潮的冲击和挑战,历史虚无主义、新自由主义、宪政民主等这些思想理论披着隐蔽的外衣企图达到颠覆社会主义制度的政治目的。如历史虚无主义虚构国史、党史和革命史,丑化诋毁革命英雄人物,打着学术的旗号“重新评价”和歪曲杜撰历史等,其本质是否定中国共产党执政的合法性与合理性,否定中国特色社会主义道路的历史必然性。新自由主义虽然是以经济思潮出现,但是早已演变为政治思潮,其高调倡导个人主义、反对集体主义的

背后是反社会主义的一种表现。众多西方社会思潮在意识形态领域掀起了层层波澜,与马克思主义为指导的社会主义意识形态形成了无声的较量。

(二)社会思想意识复杂多变,主导价值理念遭遇挑战

新中国成立七十年尤其是改革开放四十多年以来,我国经济与社会发展发生了翻天覆地的变化,伴随着经济的快速发展以及社会结构的深刻变革,人们的思想观念也更加多元化、差异化和个性化。在经济发展不平衡不充分与人民渴望美好生活需要的矛盾中,当个人需求得不到满足,社会中必然存在一些不和谐的杂音,这在一定程度上影响着意识形态领域马克思主义的主导地位和作用。如西方社会早已存在的拜金主义、享乐主义和极端个人主义在我国青少年中滋生蔓延,一些利益为先、道义为后的西方个人主义价值观冲击着社会主义、集体主义和爱国主义价值观,这无疑对弘扬和培育社会主义主导价值观产生了消极的影响。

(三)网络媒体格局和舆论生态难控

随着互联网技术的日新月异,当前社会已进入融媒体时代,较之传统的广播、电视、报纸等媒介,这种全新的网络媒体传播方式打破了媒介之间的边界,使信息传播的范围更为广泛,内容更为多元,速度更为迅捷等。目前,中国网民人数已达到七亿多人,网络媒体已经成为人们生活中必不可少的一部分,头条、抖音、快闪等使社会中的每个人都在参与网络生活,甚至自身成为媒体人。虽然我们正享受着网络新媒体新技术为我们工作生活和学习带来的便捷和好处,但是我们也要看到网络是一把双刃剑,线上与线下、虚拟与现实之间,衍生出巨大而复杂的大型舆论场。在这个场域中,信息传播带有自发性、突发性、公开性、多元性、冲突性、匿名性、无界性和难控性等特点,大大增加了舆论引导和内容管理的难度。同时网络也成为负面舆情发酵、错误思想传播的策源地和放大器,这无疑增加了网络意识形态领域的安全隐患。

(四)各种敌对势力的渗透遏制

各种外部势力不断调整策略，通过各种途径宣扬资本主义制度和输出西方价值观。如打着“民主运动”或“人权问题”的旗号传播西方“民主”“自由”“平等”等价值理念；通过电影、书籍、物质消费、高新技术、网络媒体等手段和方式试图摧毁中华民族爱国主义和艰苦奋斗的优良传统；掀起无风三尺浪的无事之师挑拨各族人民群众的感情，企图达到分裂国家的目的；制造所谓的负面“新闻”，丑化党和国家的领导干部，试图摧毁党和政府在民众心中的公信力和影响力等。西方价值观在我国社会思想舆论领域的渗透，势必影响着普通民众尤其是青年一代的理性认知，动摇他们的马克思主义理想信念，挑战社会主义核心价值观的引领作用，从而对我国主流意识形态传播加以遏制，这无疑冲击着社会主义制度根基的稳定性和持久力。

三、坚持马克思主义在意识形态领域指导地位的现实路径

面对当前我国意识形态领域面临的困难及挑战，为确保国家政治安全，需要不断增强马克思主义在意识形态领域的指导地位，提升社会主义意识形态的凝聚力和引领力。坚定“四个自信”是坚守马克思主义在意识形态领域指导地位的关键，要牢牢把握党对意识形态工作的绝对领导，坚持用习近平新时代中国特色社会主义思想武装人民群众，推动创新主流意识形态传播手段和话语方式，巩固壮大主流思想舆论，打赢网络意识形态斗争，坚持以马克思主义指导占领网络舆论阵地。

(一)坚定“四个自信”是坚守马克思主义在意识形态领域指导地位的关键

党的二十大报告指出：“我们要坚持对马克思主义的坚定信仰、对中国特色社会主义的坚定信念，坚定道路自信、理论自信、制度自信、文化自

信。”①以马克思主义为指导建设社会主义意识形态关键在于坚定“四个自信”。中国特色社会主义道路是历史与人民的客观选择，更是我党在马克思主义科学理论的指引下带领中华民族取得新民主主义革命和社会主义革命胜利的实践之路，是社会主义建设与发展的探索之路，更是新时代全面建成小康社会、全国各族人民实现美好生活的必由之路。坚定走中国特色社会主义道路就是坚守马克思主义信仰、走好科学社会主义的理想之路。中国特色社会主义理论体系是马克思主义与中国实践相结合的宝贵成果，是党和国家几代领导集体的思想结晶，坚定以中国特色社会主义理论体系指导社会主义事业的建设和发展就是坚守以马克思主义为指导。中国特色社会主义制度体现了社会主义的显著特点和优势，彰显了马克思主义真理的力量与魅力，坚定中国特色社会主义制度自信是增强社会主义意识形态凝聚力和引领力的根本保障；社会主义先进文化是中华优秀文化的当代展示，是党领导的伟大革命实践的思想结晶，代表着马克思主义政党思想精神上的旗帜，坚定文化自信就是坚持了当代中国文化发展前进的正确方向和人类文化发展的进步潮流。因此，坚定“四个自信”，从根本上来讲就是坚持马克思主义的指导地位，也是把握和增强社会主义意识形态凝聚力和引领力的关键所在。

（二）牢牢把握党对意识形态工作的绝对领导

十九届四中全会指出：“中国共产党领导是中国特色社会主义最本质的特征，是中国特色社会主义制度的最大优势，党是最高政治领导力量。”②加强社会主义意识形态工作更需要牢牢把握党的绝对领导，坚定意识形态建设的正确方向。一是牢牢把握党对宣传工作的绝对领导。宣传工作是

① 习近平.高举中国特色社会主义伟大旗帜为全面建设社会主义现代化国家而团结奋斗——在中国共产党第二十次全国代表大会上的报告[M].北京：人民出版社，2022：19.

② 中共中央关于坚持和完善中国特色社会主义制度推进国家治理体系和治理能力现代化若干重大问题的决定[N].人民日报，2019-11-06(01).

意识形态工作的重中之重，习近平总书记强调："做好新形势下宣传思想工作，必须自觉承担起举旗帜、聚民心、育新人、兴文化、展形象的使命任务。"[①]要想出色圆满完成任务需要党在政治方向、舆论导向和价值取向上成为领航者和掌舵人，确保宣传思想不偏离中国特色社会主义道路的正确航线。二是牢牢把握党对媒体工作的绝对领导。"无论是广播电视、新闻出版单位，还是社科理论、文化艺术单位，无论是传统媒体还是新兴媒体，都要自觉置于党的领导之下，自觉用一把尺子量到底，传播好党的声音和主张，决不允许有'特殊成员'和'舆论飞地'"[②]。三是牢牢把握党对意识形态队伍建设的领导。不论是思想宣传还是媒体传播，都需要一支政治立场坚定、理论水平较强和综合素质过硬的人才队伍。切实发挥党的领导优势，选拔培养意识形态工作的专业人才，把握意识形态领域的主动权与领导权。

（三）坚持以习近平新时代中国特色社会主义思想武装人民群众

毛泽东主席曾经在文艺工作会议上指出，思想的阵地你不去占领，敌人就会占领。坚守意识形态阵地，需要锐利的思想武器。社会主义意识形态最鲜明的特征是坚持以马克思主义为指导，马克思主义理论是占领意识形态领域阵地最强大的思想武器。时代呼唤伟大理论，习近平新时代中国特色社会主义思想是当代马克思主义中国化的创新之举，是中国特色社会主义理论体系的最新成果，科学回答了新时代坚持和发展中国特色社会主义的重大命题。坚持用习近平新时代中国特色社会主义思想武装人民群众，是当今时代社会主义意识形态建设的必然要求。一方面，需要不断推进新思想的大众化进程，引导全党和全国各族人民群众不断领会新思想的核心要义和深刻内涵，科学把握其思想内涵和工作方法，学会理论联系实

① 习近平在全国宣传思想工作会议上强调：举旗帜聚民心育新人兴文化展形象更好完成新形势下宣传思想工作使命任务[N].人民日报，2018-08-22(01).

② 中共中央宣传部.习近平新时代中国特色社会主义三十讲[M].北京：学习出版社，2018：218.

际，将新思想贯彻和落实到具体的生产生活实践中。另一方面，需要理论工作者不断深入研究阐释新思想的理论精髓，宣传工作者通过生动鲜活的方式和途径创造思想表现形式，使习近平新时代中国特色社会主义新思想真正走入人民群众心里，在祖国大地上落地生根、开花结果。

（四）创新主流意识形态传播手段和话语方式，巩固壮大主流思想舆论

主流意识形态的传播不仅需要具有思想性与科学性的内容，也需要具有吸引力和感召力的手段和方式。面对当前非主流思想观念日趋泛滥之势，需要我们不断挖掘和创新主导价值观的传播手段和话语方式，营造积极向上的主流舆论氛围，抢占思想领域的制高点。首先，要创新传播内容。目前，能否推进马克思主义大众化的关键在于理论是否能够被人民群众信服，是否能够深入到人民群众的心里。这就需要不断打磨理论宣传的内容和形式，深入到人民群众的生活中，创造映心声、接地气的思想理论文化产品，不断提升思想内容的现实性，进一步实现理论内容的创造性转化。其次，要创新传播手段。融媒体时代为我们创造了理论传播新的理念和手段，要学会利用先进的多媒体技术传播正能量，抢占主流意识形态传播的先机。再次，要创新话语方式。学会以生动鲜活的语言宣介马克思主义最新理论成果，主动讲好习近平新时代中国特色社会主义建设伟大实践的故事、讲好党和国家取得的历史性全方位成就的故事、讲好“一带一路”建设中中国坚持和平发展合作共赢的故事，发挥故事这种叙事话语的优势，在人民群众中传播新思想的人情味，让党的创新理论“飞入寻常百姓家”。

（五）打赢网络意识形态斗争，占领网络思想阵地

网络意识形态安全是意识形态工作的重中之重，坚持马克思主义在意识形态领域的指导地位必须首先打赢网络意识形态斗争。一是要创作出好的网络宣传内容。俗话说巧妇难为无米之炊，赢得斗争胜利的关键在于有没有厉害的武器，网络思想斗争的武器就是网络宣传的内容。要想有流量，内容不仅要有高度、深度，还得有新度，学会将党的政策理论转化为吸

引点击率的网络主旋律，不断挖掘丰富内容传播的形式。二是要构建网络治理体系，形成强大合力。建立政府、企业、社会以及网民多主体共参与的网络突发事件防控联动机制，利用经济、法律、技术等多种手段相结合，综合治理网络乱象。三是要营造风清气正的网络空间。良好有序的网络环境是网民精神生活的基础，打赢网络意识形态斗争需要不断强化网络空间治理，构建良好网络秩序。要加强互联网管理法律法规建设，持续深入开展净网专项行动，创造文明有序的网络环境。面对激烈的网上舆论斗争，要严防死守网上对主流意识形态攻击渗透的言论，组建具有专业素质的团队开展网上对驳，最大限度降低错误言论的负面影响，建设健康的网络生态环境。

四、结语

社会意识形态建设在任何一个社会发展阶段对于国家政治安全及文化发展都具有极端重要性。我国意识形态建设的根本任务就是不断增强社会主义意识形态的凝聚力和引领力，核心在于坚持马克思主义在意识形态领域的指导地位。面对当前意识形态领域的斗争与挑战，需要我们不断吸取历史的教训，提高警惕，坚守阵地，不断探讨如何深化马克思主义在意识形态领域的指导地位，如何建设好这一根本制度，为坚持和完善繁荣社会主义先进文化保驾护航，积蓄力量。

新媒体时代青年学生网络舆论的特点及其引导策略*

随着互联网技术的迅速发展，当今社会已进入新媒体时代。信息传播的渠道日益多元化，极大增强了传播者与受众的交互性。强大的技术手段使海量化信息的承载功能越来越强，最大限度地实现了资源在线上和线下的共享。同时，网络社交平台的发展日益壮大，网民可以不局限于时空限制，自主表达、传播和互动具有个性化的意见、观点和看法。第45次《中国互联网络发展状况统计报告》显示："截至2020年3月，我国网民规模为9.04亿，互联网普及率达64.5%，其中青年学生网民数量占据三分之一。"①青年学生群体无疑成为网民中传递信息的喇叭口，也是网络社会利益诉求的集散地。目前，青年学生的网络舆论呈现出一些新的特点，透析网上舆论背后的风险，积极引导网上舆论的正向输出，是维护网络意识形态安全、增强网络社会中社会主义意识形态凝聚力与引领力的必然要求。

---

* 本文系2018年度国家社会科学基金项目"新疆南疆村级党组织在维护社会稳定和长治久安中的作用研究"（18BDJ019）和新疆师范大学本科教学质量工程建设教学研究与改革项目"习近平新时代中国特色社会主义思想有机融入'思想道德修养与法律基础'课教学研究"（SDJG2019-35）的阶段性成果，原载于《喀什大学学报》2020年第41卷第5期，与陆玉佩合作，选入本书时有删改。

① 中国互联网络信息中心.第45次中国互联网络发展状态统计报告[EB/OL].[2020-04-28].http://www.cac.gov.cn/2020-04/27/c_1589535470378587.htm.

一、新媒体时代青年学生网络舆论的新特点

与传统媒体相比，新媒体主要是利用数字技术、网络技术、移动技术等通过互联网等渠道以及电脑、手机、数字电视等终端，向用户提供信息和娱乐服务。新媒体作为新的媒介方式使信息资源的传播体现出海量化、碎片化和虚拟化的特点，这深刻影响着青年学生的网络生活。青年学生的网络舆情从舆论的关注点、舆论的表达方式以及舆论群体层级都表现出一些新的特点。

（一）网络政治参与度日益升温

随着当前媒体平台的融合发展，平台类型逐步多样，功能逐渐完善，主流媒体不断发挥着其在网络舆论中的主导功能和引领作用。青年学生积极利用主流媒体平台了解时事政治、参与时政话题、关注热点信息，表现出对政治生活极大的兴趣。从网络舆论发展中形成的“小粉红”群体到共青团员主动参与政治学习，再到青年学生主动宣传政策方针，青年学生表现出强烈的政治参与感和参政欲。在网络生活中，青年学生讨论政治生活的话题范围越来越广、频率越来越高，从疫情发展到志愿服务，从国外舆情到国内复产复学，关系到国家大事的各个方面都引起了青年学生的广泛关注。这也说明主流媒体平台受到了广大青年学生的认可，并在宣传主流意识形态中发挥着重要的作用。

（二）网络舆论表达方式新潮

新媒体时代使“人人拥有麦克风”“人人皆为传播者”，青年学生在网络生活中表达思想和观点的平台更为多元，表达方式更加随性。一方面，从摸索QQ、博客和撰写发布个人情绪到使用微信、微博以表达个人诉求，再到玩转bilibili、抖音、快手，尝试利用新鲜表达方式，青年学生总是善于运用新渠道，谈所感、畅所言、聊所获。另一方面，与过去晦涩、乏味的传统用语相比，当前青年学生在网络社交中善于运用“上接天气下接地气”的网络

用语进行舆论表达。无论是“蒜你狠”，还是“柠檬精”，抑或“动漫圈层中‘大丈夫’‘233’‘hhhhh’等表达”[①]，都使舆论表达方式变得愈加趣味十足，这更体现出青年学生群体的话语表达特点。

（三）网络舆论“圈层化”现象凸显

网络社交成为新媒体时代发展的重要交往方式。目前，在网络上建立一个虚拟化信息的传播环境，构成的虚拟社群越来越多。青年学生在网络上寻求志同道合的人群成为朋友，因“趣”成圈。“90后”“00后”青年学生参与兴趣爱好广泛，参与圈层种类多样。青年学生通过看朋友圈，透过圈层过滤、筛选和编辑信息，获取自身本来就认同、关注的新闻和评论。所以不论身处何处，青年学生都会受到圈层的影响，并在特定的圈层讨论特定的事物。青年学生在各个圈层中发表符合圈层信息的内容，表达的利益诉求和信息传播大体一致，也就是说青年学生的生活圈层就是自己对世界认识的边界，若超出圈层内部安全区，易产生群体极化现象，从而使网络舆论呈现多极化的趋势。

二、新媒体时代青年学生网络舆论面临的风险

在新媒体时代，网络舆论作为一把双刃剑，它是宝库还是“魔盒”主要取决于网民自身的思想素质以及网络环境能否反映及适应时代发展。不可否认，快速发展的新媒体平台推动了青年学生网络社交，拓展了交往和利益表达的渠道，便于展示“真实自我”。同时，互联网资源丰富了青年学生的认知，开阔了其思考问题的视野。但我们也要看到，青年学生正处于成长的关键期，其思想观念和行为方式尚不成熟，加之复杂难控的外部网络舆论环境，更增加了青年学生网上舆论的风险，也对主流意识形态的传播造成了一定困扰。

---

① 项久雨．透视青年“圈层化”现象：表征、缘由及引导［J］．人民论坛，2020（01）：104-106.

(一)网民心态的非理性和从众化

海量和碎片化的信息一定程度上会使身处网络舆论环境中的青年学生无所适从,极易产生非理性化和从众化的心态。其一,青年学生容易受到网络舆论中虚假信息的蒙蔽或干扰,从而产生错误的价值判断,出现内心彷徨和疑惑的负面情绪,甚至产生极端心态造成恶性事件。如在涉及"钓鱼岛归属""香港事件""台湾问题"等社会舆论中,别有用心的媒体故意制造不真事实,扭曲是非,企图对青年学生进行诱导,使得青年学生对事件的处理态度和评价标准出现偏差,从而产生偏激情绪,引起了部分青年学生的"暴力围观",甚至借此机会刻意宣泄个人不良情绪,造成群体性突发舆情事件。其二,青年学生在"圈层化"的网络生活中,易被圈内群体的言论影响,害怕被孤立、被排斥,从而选择隐匿个人观点,追随圈内意见领袖。不论是过去的大V统领的舆论场,还是现在小众的"圈层化",都体现出青年学生自我教育、自我引导力不足以及跟风随大流求安稳的心理状态,同时害怕圈内群体抛弃,极易产生"边缘群体""沉默的螺旋"效应。青年网民群体的非理性化和从众化心态使网络舆论形势变得更加复杂和不可控,是影响当前网络舆论有序健康发展的突出问题,需要引起我们的重视。

(二)舆论内容的娱乐性和庸俗化

现阶段青年学生学业压力大,为了释放自身压力和情绪,青年学生会选择参与互动性、娱乐性强的网络话题,以慰藉心理、缓解学习压力、获得短暂的开心和满足,使得青年学生网络舆论内容呈现娱乐和庸俗化特点。第一,网络亚文化的兴起离不开新媒体技术的推波助澜,青年群体作为泛娱乐化庸俗化文化产品的主要体验者,他们对网络直播、影视游戏、明星选秀等网络亚文化有着天然的亲切感,并因此深陷泛娱乐化庸俗化网络亚文化的包围之中而不可自拔。[①]如横跨音乐、影视、选秀各领域出现的《中国

① 卜建华,徐凤娟.网络社会青年信仰泛娱乐化庸俗化风险的"文化景观"与破解策略[J].中国青年研究,2020(01):33-40.

有嘻哈》《陈情令》《青春有你2》等节目，吸引青年学生关注的同时，也出现了“李小璐PG1出轨”“王一博、肖战撕番”“申冰交友问题”等事件。青年学生易受娱乐信息施加影响，使得青年学生网络舆论内容呈现娱乐性的特点。第二，青年学生作为网络的主要参与者。看到明星的爱恨嗔痴、网红的纸醉金迷、戏说内涵英雄、传播低俗言论、暴力刺激游戏都会使青年学生沉醉于消极的网络亚文化圈中，舆论内容变得更加庸俗化。在使用浏览器进行阅读信息时，偶尔会跳出“黄色漫画”“棋牌赌博”等页面，刺激着青年学生的神经，使得青年学生网上舆论内容呈现庸俗化特点。

（三）舆论环境的难控性和复杂化

随着新媒体时代的到来，互联网成为网络舆论信息传播的重要渠道。网络媒介成为舆论传播和发酵的重要载体。由于网络和新型媒介的交互性、便捷性和隐匿性，使得网络中舆论环境呈现难控性、复杂化的趋势。一方面，难控性是指在网络社会中的青年学生借助新媒体背景下的虚拟身份借用虚拟形式对所持观点和态度进行集中表达，人们对于网络背后的人群毫无了解，也无法对公民行为是否恰当做出有效评估，如出现“舆论反转”“后真相”等情况，网络舆论的不可控性进一步增强。加之网络舆论中，青年学生参与网络人数多，转载量大，易变性强，这也导致网络舆论引导工作控制难度高，给网络意识形态斗争的方式增添了一抹神秘性。不断向公众传递的各种价值观念和使用娱乐性文化输出方式引导受众接受各类网络舆论内容，掩盖了意识形态斗争的复杂性，客观上又使得网络意识形态舆论斗争变得更为难控。另一方面，网络中以青年学生为主体的网民，面对网络舆论各有主张，各种思潮多元碰撞、竞相释放都会使网络舆论变得更为复杂。无论是青年学生借助新媒体平台将获取数据和信息进行整合、归纳后向外进行传播，信息通过网络传递至各个角落，和原有信息传递的固定、单一性的平台来说，传递更加随意自由，这将造成网络信息在传播中变得更加复杂；抑或青年学生面对“爆料”“内幕”等页面，青年学生控制不住猎奇的心理，点击“标题”进行关注、评论，青年学生容易成为“键盘侠”“标题党”。虚虚实实、真真假假的舆论内容,使一些青年学生容易受其迷惑,深陷其中,无法自拔。若青年学生任舆论内容左右,萎靡之风将会在网络之中飘荡,对青年学生的价值观产生冲击,使得青年学生面临的舆论风险越发放大,舆论环境也会更加复杂。

三、青年学生网络舆论正向输出的引导策略

党的二十大报告提出:“加强全媒体传播体系建设,塑造主流舆论新格局。健全网络综合治理体系,推动形成良好网络生态。”[①]青年学生的网上舆论内容需要引导,网络文化需要培育,网络环境需要净化,只有积极引导青年学生网上舆论正向输出,才能不断维护网络意识形态安全,增强网络社会中社会主义意识形态的凝聚力与引领力。

(一)筑牢红线,坚守底线思维,拒绝“资本”操控力量

青年学生受到各类社会思潮影响在网络发表个人见解,其用自身行动参与到网络政治生活中来,用言语表达其对某一制度的认同和信任。因此,针对网络舆论问题,必须严格加以管控。一是要制定舆论底线,确保网民有法可、有法必依。“底线标准内容主要有:维护政治安全是根本,传播正能量是方向,加强法治建设是关键,夯实文化安全是重点,引导社会思潮是要务,包容非意识形态内容是要求”[②]。二是要正确对待网上舆论,要发强声,站稳政治立场,加强青年学生的政治素养和政治认同感,传递正能量,培养正确的三观。三是要精准打击网上不良舆论行为。如面对网络空间中西方媒体传递的新自由主义、“普世价值”等观点,我们切不可盲目听信,沉默不语;若西方媒体借助“资本”向青年学生进行利益渗透,我们切不可失去定力,应坚决拒绝资本的威逼利诱,立足本心,坚决维护意识形态建设

---

① 习近平.高举中国特色社会主义伟大旗帜为全面建设社会主义现代化国家而团结奋斗——在中国共产党第二十次全国代表大会上的报告[M].北京:人民出版社,2022:44.

② 黄楚新.当前我国网上意识形态研判[J].人民论坛,2018(07):110-112.

高地，在抵制错误舆论和观点的同时，要始终强化自身网络舆论职责，当好网络舆论的把关人。

（二）多措并举，重视利益诉求，营造风清气正的网络环境

网络是虚拟的，参与网络之中的人是现实的。互联网的出现，改变了我们的生活方式，网络虽有很多积极作用，但我们也不能忽视网络的负面因素。若是不对网络环境加以管控，没有风清气正的网络空间，对青年学生的价值观形成和健康成长是极其不利的。为此，要多措并举，鼓励正向发声，营造风清气正的网络环境。政府要开拓网络舆论新局面，需要进一步改善网络空间环境，对网络中出现的复杂、恶意行为进行管控，同时借助新媒体手段规范网络行为，管控信息发布渠道和质量，确保营造良好的社会网络舆论环境。媒体要坚守本心，正确引导网络舆论，警钟长鸣，保持高度清醒，拒绝以讹传讹，维护网络安全，杜绝负面消息在网上的散布以腐蚀青年学生。学校要进一步加强校园文化建设，打造主流的校园网络舆论阵地，对青年学生的思想观念和行为方式进行正面引导，积极培养有强烈爱国情操的青年学生成为校园意见领袖，提升校园网络舆论的质量，让正能量的舆论占领校园舆情的主要阵地。

（三）居安思危，鼓励正向发声，拓宽舆论发声方式

网络舆论话语体系面临多种价值观和思想观念的挑战和冲击。多元价值观的形成会衍生出许多异质文化，青年学生很可能受各种文化的影响，形成不正确的价值取向或者思维观念。对此，政府要坚持把政治方向放在首位，抓住时机，找准角度，把握网络舆论风向，让青年学生敢于发声和善于发声。如倡导和鼓励青年学生使用新媒体发出正能量，传递好观点；开通社情民意专线，及时了解青年学生所想所需，保障其发声制度等等。学校要重视将网络舆论的显性引导和隐形渗透相融合的方式，要主动、勇于和善于正面发声，借助学校的权威发声对青年学生进行网上舆论引导，强化青年学生主题教育。青年学生要确立正确信仰观，居安思危，自

觉抵制不良诱惑，不被利益所驱动，做到在校园网络舆论中能发声、发好声、常发声，用行动彰显爱国情，写好中国故事。

（四）协调各方，整合资源力量，构建监管引导新格局

对青年学生实施监管、引导时，需重视网络舆论监管与引导力量。一方面，实施网络监管过程中，需要协调各方，统筹资源，打造网络舆论新方式。一是作为网络监管部门面对各类复杂舆情、传播的多样议题以及新媒体特有的传播方式，要搭建系统完备的网络舆论监督机制，将传统监管方式与网络监管方式相结合，整合多方资源和信息资料，取其精华、去其糟粕。同时政府要努力培养理性网络信息传递的"喇叭口""把关人"。2020年3月出台的《网络信息内容生态治理规定》凸显了政府对完善网络舆论监管信心与举措，约束了网民行为，改善了网络监管出现的各类不良反应，引导着网络舆论监督朝着良性化方向发展。二是作为网络编辑人员要强化个人职业修养，发挥专业优势，传播正能量、新思想，强化网络信息筛选处理能力。三是作为学生要强化责任、监督和自律意识。青年学生是网络舆论的主力军，只有青年学生正确认识自身舆论所呈现特点，培养自身独立自主的主体意识。在发表言论时辩证思考，遵纪守法，抵制有害信息，才能推进网络舆论监督工作的顺利运行。另一方面，习近平总书记曾说过"形势逼人，挑战逼人，使命逼人"，面对网络上话题分秒更迭、各类事件此起彼伏现象，要重视网络舆论引导工作。一是政府要掌握舆论的主导权，抢占舆论先机，争当舆论事件的第一发布者，权威发布者。遇到问题，实事求是，拿出实证，直面问题，满足大众的知情权。二是教育部门要引导青年学生树立正确的舆论观念。结合青年学生自身特点，因材施教。同时，教育部门面对青年学生出现问题，要积极回应、耐心解读，寻求最佳解决办法，化解青年学生非理性情绪。三是培养青年学生独立思考能力，切实发挥青年学生主观能动性，引导青年学生树立正确舆论观念。

“躺平文化”对大学生思想政治教育的影响分析*

网络文化作为一把“双刃剑”，积极向上的网络文化不断激励着大学生努力实现自己的人生目标，而网络亚文化对大学生的影响也不容忽视。近期，“躺平”一词频频出现在大学生的生活中，作为消极应对“内卷”的方式，不少大学生深信“躺平的韭菜不好割”，将躺平文化视为人生信标。躺平文化对大学生的影响体现在各个方面，从思想到行动，从学习到生活，躺平文化作为网络亚文化的一种表现形式，由浅及深地影响着部分大学生的理想信念、价值选择、学习方式和生活方式。习近平总书记同青年大学生座谈时强调：“要树立正确的世界观、人生观、价值观，掌握了这把总钥匙，再来看看社会万象、人生历程，一切是非、正误、主次，一切真假、善恶、美丑，自然就洞若观火、清澈明了，自然就能做出正确判断、做出正确选择。”①大学生应该用科学的理论知识武装头脑，将个人的人生追求同国家利益、人民实践结合起来，在实现社会价值的过程中实现个人价值。

一、躺平文化的本质

“躺平”从一种话语表达方式发展到部分大学生践行的准则，其原因一

* 本文原载于《成长》2022年第8期，与佟晓玲合作，选入本书时有删改。

① 习近平谈治国理政（第1卷）[M].北京：外文出版社，2018：173.

方面是因为校园中内卷现象盛行，部分学生通过非合理的内部竞争获取有限的学习资源，另外一部分学生因无法获取资源产生抵触情绪，干脆用“躺平”的态度对待“内卷”。另一方面是由于当代大学生面临着来自社会各方面的压力较大，部分大学生在消极情绪的影响下选择不去积极面对挑战，而是以“躺平”的方式，以顺其自然的态度对待压力，因此躺平文化实质上是消极应对挑战与挫折的方式。

（一）由内卷而生，与直立相对

躺平文化从字面来看就是由躺平现象扩大而成的文化，那么何为躺平现象呢？从表象来说，躺平与直立相对，“直立”指人体的表现形态笔直站立，给人容光焕发、精神饱满的印象；而“躺平”则指代人体倚靠某物体，以极为轻松的姿势放松自我，表现出来的则是放松、舒服的状态。从内涵来说，躺平与内卷相对，“内卷”现多用于指代学生在学习上以非理性的方式达到预期的某些目的，主要是为了超越竞争对手，以期自己能做到脱颖而出；而这里的“躺平”则与内卷恰恰相反，指代学生以消极的态度应对学习生活中的内卷现象，不以“脱颖而出”为自己的目的，认为学习成绩得过且过就好，不追求过高的目标，以此来换得轻松的生活状态。

从文字意义来看，“躺”乃动词，指身体或器物倒在地上或其他物体上。“平”作动词指表面无高低起伏；作形容词则指两相比较无差距；另有公正、安定、寻常等义。[①]这样看来躺平对于当代大学生来说是一个不可取的状态，而思想政治教育是大学生学习生活中极为重要的课程，有效运用思想政治教育应对当代大学生躺平的状况势在必行。

（二）由态度而变，与行为相应

何来躺平？躺平之所以能够产生，首先离不开负面的社会现象，它们一次接一次地刷新青年大学生的三观。大学生群体相对其他社会群体而

① 现代汉语词典（第七版）[M].北京：商务印书馆，2016：1275、1005.

言使用网络较为频繁，而在网络时代，信息传播速度之快，使大学生成为近乎第一时间接收到网络信息的群体，其中也包括各类负面信息，大学生因为受到负面信息的影响，不免会改变自身心态，选择以躺平的方式面对学习生活。其次，网红文化“蓬勃发展”的今天，各类网红以轻松的方式获得高额的报酬，使青年大学生认为不奋斗就能获得生活的保障，甚至以成为一名网红为自己的职业规划，自然就磨灭了许多在学习生活中努力进取的心境。再次，大学生中内卷现象盛行，一些有能力的同学为了达到自己预期的目的，以非理性的方式进行学习，另外一小部分同学因为如何努力都无法超越前者，因此直接选择以消极的态度来应对，干脆放弃努力。最后，大学生面对社会、家庭以及校园环境很大的压力，无法选择合理的措施应对困难，久而久之形成了以躺平的方式来应对学习生活中的各类困境。

（三）由网络而起，与各国平行

日本学者大前研一针对日本社会人口老龄化、泡沫经济破灭等现象撰写了《低欲望社会》一书，书中对日本年轻人丧失物欲、成功欲，对未来丧失希望的状况进行了描写，并且将该状况的社会称之为“低欲望社会”。经过不断的热化发展，躺平一词在大学生群体中流传甚为广泛，“躺平才是正义”“我选择躺平”“躺平的韭菜不好割”等词语成为部分大学生的人生信条。躺平已由文字符号发展成为不可忽视且亟待改善的社会现象，如今在网络躺平文化的影响下，部分大学生忽视平时的学习，靠考试前的一夜冲刺来达到不挂科的目的，更甚者对同学努力学习的行为嗤之以鼻，日常生活亦以躺在宿舍为优先选择，参与校园活动不积极，锻炼身体没兴趣。

（四）由劝解而始，以拒绝为先

躺平一词被《咬文嚼字》评为2021年度十大流行语之一。现今对于躺平现象的评价褒贬不一。少部分人认为躺平可取，认为躺平现象是一种轻松生活的方式。但与之相对而言，大部分人认为躺平绝不可取。习近平总书记指出，要“加强社会舆论引导，形成劳动创造财富、实干创造业绩、奋斗创造幸福的正确导向，防止轻视劳动、不劳而获、一夜暴富、坐享其成、消极躺平等不良思想滋长蔓延，充分激发全社会创造活力”①。对此，青年大学生应当树立远大又正确的人生理想，积极应对学习生活中的困境，知难解难、迎难而上才是正确对待人生的态度。加之社会经济快速发展，当下我国正面临转型发展时期，大部分人认为，青年大学应当用科学的理论武装头脑，并自觉将理论学习与深入实践结合起来，用自己的双手创造出一片天地，不负国家与社会的培养，将个人价值与社会价值的实现结合起来。

二、躺平文化对大学生思想政治教育的影响

由于躺平文化渗透性较强，青年大学生对于此类新鲜观念接受速度较快，躺平的观念以不容小觑的速度在部分大学生之间传播。习近平总书记指出：“坚持发扬斗争精神。”②部分大学生的思想与之背道而驰，在躺平文化的影响下，不愿奋斗只想躺平。大学阶段接受思想政治教育的洗礼，是人生中确立世界观、人生观、价值观的重要过程，因此要重视在躺平文化影响下，青年大学生的思想观念的变化。

（一）心态之“躺”，带偏大学生的理想观念

第一，躺平文化对大学生的学习观念影响甚大。一方面，部分学生因躺平文化的影响，在课上不愿意认真听讲，认为大学阶段的课程不甚重要，只要在期末将至时临阵磨枪即可，抱着“轻松”应对课堂的态度，认为迟到、旷到、早退等严重违反校规的事情皆为小事。另一方面，认为在课余时间只要在宿舍休息即可，课余时间只是用来打游戏或在网上冲浪的，不需要对课程内容进行巩固与预习，更甚者对其他同学认真学习的行为嗤之以鼻，认为认真学习只是在“徒劳无功”，以躺平为自己的信条，并将“躺平的

① 习近平．推进中国式现代化需要处理好若干重大关系［J］．求是，2023(19)：4-8.

② 习近平．高举中国特色社会主义伟大旗帜为全面建设社会主义现代化国家而团结奋斗——在中国共产党第二十次全国代表大会上的报告［M］．北京：人民出版社，2022：27.

韭菜不好割”等负面话语常挂嘴边。

第二，在课余活动方面，躺平文化对大学生的影响也不可忽视。首先，部分大学生认为社团活动只是浪费时间，与其参与社团活动不如将时间用于躺在床上刷手机。其次，此类大学生也不愿意积极参加如迎新晚会、毕业典礼等校园文化活动，甚至在学院组织参加时口出怨言。最后，也是最重要的一点，该类大学生认为课余时间不需要进行适当运动来锻炼身体，认为“年轻就是资本”，认为熬夜打游戏不会对身体造成危害，实际上这一系列行为已对本该有的学习生活造成了巨大危害。

第三，在社交方面部分大学生认为，不需要与老师和同学有过多的交流，宁愿在网络上抒发自己的想法，也不愿与身边的人分享，认为社交是一项有压力的活动，久而久之形成了较为孤僻的性格特点。

（二）选择之“躺”，浸染大学生的价值选择

躺平文化对于部分大学生的影响不仅在于心态方面，在其价值选择方面的负面影响也不容小觑。信息技术高速发展的时代背景给网络销售提供了坚实的基础，网红文化应运而生，特别是某些带货主播月入千万大大影响着部分青年大学生的择业观，使这些大学生在毕业之后的工作选择上，更偏向于简单轻松的工作模式——成为一名网红。马克思在自己的中学毕业德语作文《青年在选择职业时的考虑》中写道：“如果我们选择了最能为人类而工作的职业，那么，重担就不能把我们压倒，因为这是为大家做出的牺牲；那时我们所享受的就不是可怜的、有限的、自私的乐趣，我们的幸福将属于千百万人，我们的事业将悄然无声地存在下去，但是他会永远发挥作用，而面对我们的骨灰，高尚的人们将洒下热泪。”[①]青年大学生应当以马克思的择业观为指引，努力提升自身综合素质，立志成为一名对社会有用的人才，应当积极走向基层，贯彻落实中国共产党为人民服务的宗旨，脚踏实地将理论学习同深入实践相结合，为社会贡献个人力量，在实现社

---

① 马克思恩格斯全集（第1卷）［M］.北京：人民出版社，2006：459.

会价值的基础上实现个人价值。

(三)学习之“躺”,影响大学生的学习方式

躺平文化也潜移默化地影响着部分大学生的学习方式。首先,在课堂上,部分大学生抢着占后排座位的现象偶有出现,目的是要与教师的距离更远,便于在课上做与课堂无关的事情,例如打游戏,刷手机,急于完成其他课程作业等,课上与教师互动的积极性不高,对课堂不闻不问呈现出漠不关心的态度。其次,此类大学生在课余时间,选择回到宿舍,将自己的大部分时间运用于刷手机、玩电脑游戏等消遣项目,不将时间合理运用于学习,不对课上所学内容进行巩固,而是一味将宝贵的时间浪费于网上冲浪。最后,在课前此类大学生不对课堂内容进行预习,不去图书馆查阅资料,将躺平贯彻于自己的学习生活中。大学时期是人生中尤为重要的人格确立时期,大学生应有效利用理论知识,以思想政治教育课程内容为理论基础,树立正确的学习观念,在有限的学习时间里获取尽可能多的知识。习近平总书记提道:“应该把学习作为首要任务,作为一种责任、一种精神追求,一种生活方式。”①所以,部分受躺平文化影响的大学生,对学习抱有“浅尝辄止”的态度是不可取的,应当潜心钻研,在自己的学习领域取得一番作为。

(四)生活之“躺”,入侵大学生的生活习惯

大学时光相对于中小学来说,有更多的时间由个人支配。对于积极向上的大学生来说,有效利用课余时间可以提高个人学习效率,使自己的大学生活丰富多彩。但对于受躺平文化影响的大学生来说,更多的空闲时间意味着可以“躺”得更久,例如,此类大学生既不利用课余时间进行学习,也不参加校园活动,校园社团活动或者学生组织能够帮助我们学习较多的课外知识,相对提高工作能力、组织能力及社交能力,各式各样的社团活动不仅能够丰富学生的校园生活,也可以提升自己多方面的才艺。但部分大学

① 中共中央党史和文献研究院.论党的青年工作[M].北京:中央文献出版社,2022:16.

生对于这种活动提不起兴趣，不参与校园活动，将自身封闭在宿舍里，也将内心封闭在宿舍里，久而久之形成了对任何事情都提不起兴趣的现象，这就需要思想政治教育工作者以积极的态度、专业的知识和同学们喜闻乐见的方式引导大学生树立正确的观念，使学生对学习生活始终抱有乐意奋斗的态度，进取才是属于青年大学生的主旋律，使青年大学生做到从自身抵制躺平行为。

三、运用思想政治教育对躺平说“不”的具体措施

习近平新时代中国特色社会主义建设时期，大批“80后”“90后”“00后”青年冲在一线，为人民与社会贡献了自己的力量，这些青年是大学生的榜样，榜样的力量是强大的，青年大学生应做到拒绝躺平，坚决向躺平现象说不，利用学校资源，有效学习理论知识，用马克思主义理论武装头脑，从理论知识、校园环境、教育者与教育对象四个方面出发，引导青年大学生树立正确的价值观念，并成为积极向上且能够为社会贡献自己的力量。

（一）坚持目的导向：强化思想政治教育目的引导效能

提高人们的思想道德素质，促进人的自由全面发展，激励人们为建设中国特色社会主义，最终实现共产主义而奋斗是思想政治教育的根本目的。一方面，要有效运用思想政治教育课程提高大学生的思想道德素质，社会发展的客观要求和教育对象精神世界发展的需求及思想实际，决定了青年大学生需要运用思想政治教育对自身进行理论武装，大学时期是青少年茁壮成长的关键时期，身体素质与思想道德素质齐头并进是培养大学生的必然要求，因此，需要强化思想政治教育目的的引导效能，提高大学生的思想道德素质教育。另一方面，要强化思想政治教育促进大学生自由全面发展的效能，青年大学生在大学时期，不仅要尽自己所能学习专业知识，练就过硬本领，而且努力做到实现自由全面发展，这就需要通过思想政治教育，对大学生进行理论引导，使其明白个人自由全面发展的重要性，提升自身综合能力。综上所述，要做到坚持目的导向，强化思想政治教育目的的

引导效能，在提升大学生自身思想道德素质，促进大学生自由全面发展的基础上，激励青年大学生为建设中国特色社会主义，最终实现共产主义而奋斗。

（二）完善育人之地：优化高校思想政治教育的阵地建设

校园环境是对大学生进行思想政治教育的主要阵地，大学生除假期以外，大部分时间都是在校园中度过，因此要优化高校思想政治教育的阵地建设，全面优化校园环境，使思想政治教育渗透于大学生生活的方方面面。首先，在课堂上，可以有效运用多媒体设备，用学生喜闻乐见的方式，例如插播短视频、与学生进行网络热词互动、布置内含思想政治教育意义的短视频拍摄作业等，吸引学生对课堂的关注度，增强学生对课堂内容记忆的牢固程度。其次，在学生课余生活中可接触到的校园环境里，进行适当的思想政治教育，以达到潜移默化影响学生的效果，例如在空闲小广场设置思想政治教育张贴专栏、在学校大屏幕以及食堂公共电视等多媒体设备中播放内含教育意义的视频素材等。另外，加强思想政治教育讲座的开展、广泛征集各专业学生关于思想政治教育论文并对其进行相应奖励等，在丰富校园政治教育环境建设的同时，也促进了学生自身对思想政治教育理论学习的积极性，有助于完善育人之地，优化高校思想政治教育阵地的建设。

（三）重视教师之育：增强思想政治教育工作者对躺平现象的重视及引导

教育者作为高校思想政治教育中不可缺少的要素，对学生的影响不容忽视，对于在高校中部分学生受躺平文化影响的现象，教育者要从自身出发，在重视此类现象的基础上对学生作出正确的引导。一方面，教育者要做到提升个人接受新兴文化的速度与能力，紧跟年轻人的步伐，提升对躺平现象一类的校园亚文化感知的敏锐度，深刻理解该类现象的内涵、目的及其出现的原因，及时制定相应的措施，从而对学生中出现的躺平现象重视起来。另一方面，教育者在提升自身应对躺平现象的能力的同时，要做到积极引导学生反对躺平，躺平不可取，从理论和实践两方面引导学生拒绝躺平,使学生明白躺平的危害。我国当前正处于经济转型期,新时代青年应当大有作为,而不是将躺平作为自己的风向标,教育者应引导学生积极向党组织靠拢,将学生培养成为有理想、有道德、有文化、有纪律的“四有”新青年。

(四)立足教育对象:大学生提升思想政治理论水平

大学生作为思想政治教育中的教育对象,其受教育者的身份决定了大学生从自身提升思想政治理论水平是尤为重要的一部分。第一,大学生应做到积极接受教师在课堂中的讲授,及时进行课前预习、课后巩固等工作,还要将思想政治理论带入实践活动中,使思想政治理论能时时指导学生的各项行为。第二,大学生要做到自觉辨别网络信息,运用思想政治教育课程上所学的内容,对网络上的海量信息进行甄别,将有用信息为自己所用,拒绝接受负面信息,用自身够硬的理论知识,使躺平现象无机可乘。第三,大学生应做到合理运用时间,协调学习与生活,积极应对学习中遇到的内卷现象,而不是选择用消极的躺平来应对。青年大学生应谨记习近平总书记的嘱托,不忘初心、牢记使命,紧跟时代步伐,顺应发展主旋律,成为一名对社会有用的后备人才。

网络意识形态建设：历史智慧与现实观照*

互联网意识形态建设是维护我国政治安全和文化安全，不断增强社会主义意识形态凝聚力和引领力的重中之重。田海舰教授著《互联网的意识形态属性与我国社会主义意识形态建设研究》（人民出版社，2019年）紧紧围绕我国互联网意识形态建设主题，深入探析了互联网意识形态的基本属性和我国互联网意识形态建设面临的机遇与挑战，从主体、技术、信息传播和制度四个维度提出了网络时代社会主义意识形态建设的表达方式和有效路径。该书问题意识强，观点新颖，研究思路清晰，分析论证翔实，是一部兼具理论与现实价值的力作。

一、以哲学方式思考问题

坚持以马克思主义立场深刻阐释意识形态的内涵、分类与功能，将马克思主义意识形态理论作为研究社会主义意识形态的理论基础和学理依据，彰显了马克思主义在当今时代的真理力量。该书坚持以哲学的视角和辩证的思维来认识与分析问题，运用辩证唯物主义和历史唯物主义方法论深入探析了互联网与意识形态的内在关联与双向互动，从互联网的自身属

* 本文系2018年国家社会科学基金项目（18BDJ019）的阶段性成果，原载于《中国出版》2021年01期，选入本书时有删改。

性出发提出互联网虽为信息传播技术，但具有意识形态属性和功能，突破了原有研究对互联网属性认知的局限性。该书思辨地阐明互联网建设与社会主义意识形态建设的辩证关系，以期实现理论之思与现实分析、合规律性与合目的性、真理性与价值性的有机统一，以哲学社会科学的高度为网络时代社会主义意识形态建设拓展了新视野。

二、以历史眼光观照现实

对现实与未来的正确把握，需要深刻历史经验和历史智慧的支撑。著者将互联网与社会主义意识形态研究置于新中国成立以来意识形态工作的历史进程中进行考察，回溯了党中央在各个历史阶段意识形态工作的发展变化及其积累的优良传统、政治优势和经验成就，揭示了我国社会主义意识形态工作的一般性规律，以历史逻辑回应了当前互联网意识形态建设的现实基础性问题。该书从地位意义、目标任务、原则方针、重点关键、方法途径、阵地平台等十个方面概括和总结习近平总书记关于互联网意识形态建设的新思想新观点新论断新战略，为新时代中国特色社会主义网络意识形态工作提供了经验总结和理论指导，为应对目前网络意识形态面临的挑战与问题阐明了实践思路。在研究方法上，该书不仅对历史、现状与未来进行了纵向比较，并且横向对比了我国与西方国家在互联网意识形态建设中的具体做法，拓宽了社会主义意识形态功能转化与实现的思路和空间。

三、以理论魅力回应实践

坚持理论与实践相统一是马克思主义认识论的根本要求。理论只有回到实践中去检验，才能真正彰显其魅力和力量。该书从多个维度探讨了网络时代社会主义意识形态建设的策略与路径，为建设网络强国和维护社会主义意识形态安全提供了科学的理论指导和实践遵循。从国家、社会、个人三个主体层面探讨了我国网络意识形态建设的主体规定性；从研发网络核心技术、强化网络监管和防范网络渗透方面着眼，为社会主义意识形态安全提供了网络考量和技术支撑;从内容、方式、秩序、机制等方面提出了我国互联网意识形态建设中信息传播的进路;从构建完善的网络监管体系、网络治理体系、风险评估体系,并加强国际合作与完善网络保障机制等视角探讨了互联网意识形态制度建设。四重维度的结构体系与核心观点都彰显了学理性和创新性,体现了其思想的深度与广度,为未来我国互联网意识形态建设的理论与实践拓展了新的研究视野。

提升高校主流思想舆论传播力新探：基于高校融媒体中心建设的思考

高校作为意识形态工作的前沿阵地，是网络舆论的主战场，如何牢牢把握高校舆论场的主导权和主动权，增强高校主流思想舆论的影响力、引导力、传播力、公信力，使广大师生树立正确的理想信念、价值理念和道德观念，是做好高校新闻舆论工作，加强高校意识形态阵地建设的重要内容。目前，随着全媒体不断发展，高校主流思想舆论传播格局发生新变化，应对新的机遇和挑战，融媒体中心建设为高校构建全媒体传播体系提供了物质基础和资源条件，对高校打造新型主流媒体，提升主流思想舆论传播力具有重要的价值和意义。

一、全媒体时代高校主流思想舆论传播格局的新变化

习近平总书记在中共中央政治局第十二次集体学习时指出："全媒体不断发展，出现了全程媒体、全息媒体、全员媒体、全效媒体，信息无处不在、无所不及、无人不用，导致舆论生态、媒体格局、传播方式发生深刻变化，新闻舆论工作面临新的挑战。"[①]高校作为舆论传播的前沿阵地，思想舆论传播受到传播环境和媒体特点的影响也发生着一些新变化。

① 习近平：加快推动媒体融合发展 构建全媒体传播格局[J]求是，2019(06)：4–8.

（一）传播生态新变化

近年来，随着国家网络治理空间的日趋完善，高校积极主动占据互联网传播的制高点，发挥主流媒体压舱石的作用，唱响时代最强音，不断加强网络监管及主体责任，网上舆论向上向好的态势正在形成。但高校较之其他舆论场一直是网络舆情的多发地带，仍然是舆论斗争的主战场、最前沿。随着舆论主体多元化、传播平台多样化和舆论交锋复杂化等特点，突发网络舆情事件屡屡发生，舆论生态失调的境况依然存在。一方面，高校网络舆论不乏众声喧哗。青年学生正当青春年少之时，思想活跃，个性鲜明，是时代潮流的引领者，网络成为发表自我主张、渲染个人情绪、博取大众认可的最好场域。加之部分学生存在从众心理，在青年学生中存在很多为感性诉求超越客观事实影响大众意见的后真相言论表达，一旦积累过多很轻易演变成舆论界的一场风波。另一方面，高校网络舆论真假难辨。由于部分青年学生思想认知不够成熟，明辨是非能力有限，容易受网络水军的影响，身不由己成为其逐利的利用对象，被动变为网上虚假言论的助推者或制造者。高校网络舆论的多样态和不稳态会打破舆论生态的平衡性，在一定程度上影响正确信息传播的充分性和流畅性，从而消解和弱化青年学生对主流意识形态的认同感，对主流媒体传播环境带来了一定的风险与隐患。

（二）传播内容新变化

随着新媒体时代的到来，网民成为信息交互传播的自主发布者，每个人都拥有书写文本的机会和条件。“世俗、琐碎、浅白、零散和喧嚣”的网上叙事内容彰显后现代主义的特点，吸引着广大青年学生的眼球。越来越多的青年学生在网络平台碎片化表达趋势的影响下也逐渐形成了一种碎片化的阅读习惯。在网络信息传播中，仅仅靠标题或一些关键词就能拼凑出整个事件的过程，往往事件的真相被碎片化后，消解了理性话语的深度认同。在宽松的网络环境下，非主流或反主流的网络文化渐渐汇聚成流，表达情绪、传播观点，一点一滴地改变着网络意识，形成对主流意识形态的分进合围。加之“普世价值”、历史虚无主义、新自由主义、消费主义、享乐主义等各种西方社会思潮和价值观念借助新媒体传播力的优势在青年学生中借势渗透，正在不断冲击并消解高校主流意识形态的主导权。

（三）传播方式新变化

新媒体技术发展的日新月异使社会中的每个个体都将成为网络信息的交互者。我们分享着信息技术革命带来的信息化高速发展的红利，实现了每个普通公众都能参与到社会生活及事务的方方面面。加之自媒体和微媒体的出现使信息传播不仅只有交互性，而更多地体现为个性化、社群化。自媒体建立起以个体为导向的互动交流网络，继承了传统媒体所具有的意识形态功能，并建构了全新的话语与意义空间。自媒体和微媒体的移动化、短视化传播特点契合青年学生的思想行为特质，如微博、快手、抖音、直播是青年学生中最受欢迎的且影响力最大的网络交流平台，这些平台使青年学生获取了平等交流对话的机会，大大提升了作为话语传播主体的参与度。同时，青年学生舆论场中的圈层化现象也越来越明显，不同兴趣的爱好者在网络聚集，体现了信息传播群体性特点。同时，我们也要看到这种交互性、个性化、社群化、即时性的传播方式形成了各种信息的匿名性和媒体用户发言的自由性，使得信息传播范围不断扩大的同时也加剧了负面信息的影响力。

二、以融媒体中心提升高校主流思想舆论传播力的重要性

面对高校主流思想舆论传播格局新变化带来了机遇和挑战，如何牢牢把握高校舆论的主动权和主导权是我们亟须思考和解决的关键问题。在互联网传播中，机会是共享的，看谁主动作为谁就能占据制高点。因此，关键在于如何提升高校主流思想舆论的传播力，牢牢把握高校舆论的主动权和主导权。推动建设媒体融合性发展与全媒体发展格局，不仅是现代传播技术发展的趋势所向，同时对提升主流媒体影响力、引导力、传播力、公信力意义深远。建设高校融媒体中心可以推动校园媒体又好又快发展，提升高校用网治网水平，拓宽主流思想舆论传播渠道，增强师生凝心聚力，是加

强和改进学校宣传思想工作的重要平台。

(一)打造新型主流媒体,牢牢把握舆论主导权

高校融媒体中心建设是在现有官方微信、门户网站等对外媒体渠道和校园广播、电子屏幕等内部媒介资源的基础上,进一步推进融媒体平台理念、内容、手段、机制等全方位迭代升级。通过流程优化、平台再造、实现各种媒介资源、生产要素的有效整合,进一步实现信息内容、技术应用、平台终端、管理手段共融互通,催化融合质变,放大一体效能,探索符合高校实际的具有影响力和竞争力的新型主流媒体。依托融媒体中心,学校宣传思想工作占据了传播的制高点,构建宣传党的政策方针主张、弘扬社会正气、疏导和凝聚人心的有力平台。

由于新媒体自身特点以及高校学生的思想活跃程度、信息获取偏好等因素,与高校学生的日常学习生活存在着密切关系,对高校主流思想舆论传播产生了全方位的影响。受学校环境的影响,高校学生容易接受新媒体资源,但信息源广泛、内容难辨真伪等问题,故而真实可靠性远低于传统媒体。因此,在高校建立融媒体中心是网络媒介不断深入发展到高校的结果。高校融媒体中心它既是不同新闻主体、不同经营主体的有效融合,又是不同传播技术和方式的有效融合,进而打造了一个新型主流媒体。依托融媒体中心,可以积极探索微信、微博、抖音等形式,将学生的行为、思想引入正轨。同时,融媒体中心要担负起学校宣传工作的使命,占据思想工作传播的制高点,构建宣传党的政策方针主张、弘扬社会正气、疏导和凝聚人心的有力平台,在看待碎片化、敏感信息传播内容问题上,要明确自身立场和态度,引导科学舆论,批判错误观点,要唱响主旋律,使社会主义主流意识形态占领新媒体阵地,牢牢把握正确的舆论导向,以崇高的风尚及先进的文化占据意识形态阵地。

(二)发挥传播优势,彰显师生服务理念

学校融媒体中心建设不仅要具备一般媒体的属性与功能,也要具有多

方位、多领域、多终端、多样化服务师生的能力，学校融媒体中心建设可以更好地引导师生、服务师生。高校主流思想舆论传播需要不断挖掘青年学生的话语表达特点和规律，以生动的青春风格、前卫的网络语言和鲜明的时代氛围来创新丰富内容。更需要推出更多的能够满足师生需求的新闻产品，以应对师生新的阅读习惯和阅读要求。在高校要强调师生用户观念，可以利用融媒体平台沟通平等、多向互动等特点，改善媒体以往的传播单一、受众乏味的缺点，更加注重师生获取信息需求的个性化与多样化趋势，从而提高师生体验感。既可搭建针对师生学习生活对内信息发布和综合服务需求的平台，也可满足学校对外信息发布的需要，最终成为对内信息服务、对外推介高校、讲好大学故事、传播青年学生声音、展示高校形象的重要窗口。深入和全面地体会和理解广大师生的利益诉求，了解心声。从学生习惯用手机终端预览信息，还是教师借助网页获取信息，都可以借助融媒体中心这一平台精准宣传，在提高传播有效性方面秉持内容为王的同时要高度重视传播新技术的运用和传播渠道的拓展，不能顾此失彼。

（三）净化新媒体网络信息，弘扬校园正能量

在全媒体时代，高校媒体用户量多，黏性强，信息来源多样，思想活跃，有着较强的公共精神，但是在维护社会和谐稳定和长治久安方面容易受到各类思潮施加干预和影响。“熟人社交”圈层下，信息传播量大，易被信任，其传播效应会比在其他社交平台接受度更高。基于高校网络传播的特殊性，建立高校融媒体中心可以借助和发挥现实生活中的能动作用，确保师生之间信息获取的对称性，为高校主流思想舆论提高影响力和宣传力。再者，高校融媒体中心可以在校园中充当“把关人”角色。及时传播正能量、弘扬好声音，降低局部矛盾引发产生冲突，形成群体性事件的可能性。最后，网络像是放大镜，会聚集校园热点信息，引发其思想行为发展转变，而建立融媒体中心在精准掌握舆情动态的同时，有助于更加及时有效地关注学生群体状态，了解校园舆论动态，切实发挥融媒体中心的吸引力和影响

力，形成网络建设与现实融合的协调关系，促进网上网下相结合，加强思想政治教育对广大学生的团结和凝聚作用，有利于教育有效性的实现。因此建立高校融媒体中心，做好高校学生思想政治工作是全媒体时代主流思想舆论宣传的重难点。

三、以融媒体中心提升高校主流思想舆论传播力的实践路径

中央全面深化改革委员会第十四次会议通过了《关于加快推进媒体深度融合发展的指导意见》，会议强调，推动媒体融合向纵深发展，要深化体制机制改革，加大全媒体人才培养力度，打造一批具有强大影响力和竞争力的新型主流媒体，加快构建网上网下一体、内宣外宣联动的主流舆论格局，建立以内容为根本、先进技术为支撑、创新管理为保障的全媒体传播体系，牢牢占据舆论引导、思想引领、文化传承、服务人民的传播制高点。

学校以整合校内媒体渠道及涉媒体专业人力资源，搭建融合生产传播平台为目标；以服务高校内外宣工作为定位，兼顾涉媒体专业新闻生产传播教学实践、服务师生校园生活等，建设一个功能较为完备的高校融媒体中心。

（一）在“新”字上求突破，拓展新内容、新阵地

融媒体中心具有现实性、综合性、可控性等特性，为思想政治教育提供了在高校信息环境中构建主体与客体两者之间有效中介的可能性。融媒体中心的现实性和可控性为教育主体和受教育客体搭建了一个有效互动的场所。青年学生是网络交往场所的主体，是现实中青年学生进行获取资源，进行人际交往活动在虚拟空间下的映射。教育者可以借助融媒体中心这一平台将互动从现实社会发展到网上互动，也可以主动将虚拟群体向线下进行引导，将思想政治教育工作全面覆盖在融媒体中心信息传播的内容之中，构建教育主客体之间的有效沟通。

一方面，在官方微信、门户网站等对外媒体渠道和校园广播、电子屏幕

等内部媒介资源的基础上，推动媒体资源整合，着力解决智慧校园、信息化、网络安全、综合服务平台和融媒体平台功能重复、内容同质、力量分散的问题，合理优化人员、资源配置，拓宽宣传和舆论引导的领域及范围。

另一方面，在学校融媒体中心建设的基础上，大力培育和打造校园App、官方微博、抖音、百度百家号、今日头条号等平台账号，搭建全媒体智能云平台，不断拓展新媒体发展的新阵地、新平台，着力打造集思想引领、文化传播、风采展示、信息服务为一体的融媒体平台，更好地发挥媒体引导舆论、服务师生、服务社会的作用，形成网上网下同心圆。师生是高校融媒体中心建设的主要受众者，因此高校融媒体中心推送的信息一定要立足师生实际情况，以师生的需求为实际出发点，尽可能确保推送信息和话题，贴近师生生活，满足师生获取信息的需要，这也就意味着要读懂师生用户需求，发挥师生服务功能。建设高校融媒体平台能整合多方位、全领域、多终端的信息，重视对发布内容的荤素搭配，既可以满足学校发布信息收集意见的需要，又可以满足学生获取信息表达观点的需求，通过双向互动促进师生关系更加密切，最终成为对内满足需求，提供服务，对外展现平台、拓宽交流渠道、讲好大学故事、传递青年学生声音、展现高校形象的最佳渠道。建立融媒体中心平台，能够立足实际全面深刻理解学生特点，了解心声，依托该平台处理好堵与疏的关系，针对学生特点奉献干货、以吸引师生的阅读兴趣和关注热情。

（二）在“融”字上下功夫，有效融合相关资源

首先，坚持传统媒体和新媒体优势互补、一体发展。按照积极推进、科学发展、规范管理、确保导向的要求，坚持先进技术为支撑、内容建设为根本，推动传统媒体和新媒体在内容、渠道、平台、运营、管理等方面深度融合，加快建设形态多样、手段先进、具有强大传播力和竞争力的融媒体平台。在内容的设计上，增强了学生的认同感和亲和力，使得青年学生能直抒胸臆、善于表达，提升网络传播的效果。通过打造融媒体中心平台，促进内容融合、形式融合、受众融合，形成接受群体细致化、覆盖内容全面化，最

终实现一加一大于二的媒体融合效果，为优化高校把握主流思想舆论传播奠定了良好的实践基础。其次，积极主动与目前学校周边县市建成的县级融媒体中心搭建交流平台。交流建设应用经验，使得学校可以围绕媒体融合做好文章，抓好融媒体中心各核心功能建设，让融媒体平台作用得到有效发挥，让党的声音传得更开、传得更广、传得更深。最后，有效利用和融合学校丰富的内部资源。如有些学校校区面积大、办公教学用房充足，已有全媒体、融媒体和视觉传媒等相关实验室建设，并设置有广播电视学、数字媒体技术和艺术设计等专业，这为多个信息管理平台建设等软硬件设施逐步配备创造了良好的条件，也给相关涉媒体传播专业师生提供了充分的实践机遇。

（三）在“管”字上做文章，建立健全管理机制

第一，建立健全齐抓共管的领导机制。树立“大宣传”理念，把融媒体中心建设作为服务学校发展的重要抓手，采取顶层设计、上下联动、分享驱动的推进模式，形成学校党委统一领导、党委宣传部协调指导、各单位学院分工协作、全校师生共同参与支持的工作格局。第二，建立健全运行和管理机制。丰富内容板块，完善各项功能，建立新的与之适应的运行和管理体制，提高功能定位的精准度以及建设实施工作的效率。设立融媒体指挥调度中心，切实加强对融媒体平台的管理使用工作重大问题的分析研判、重大任务的统筹指导和落实。根据学校实际在融媒体中心设置专门的机构部门，包括综合办、采编部、技术部等内设机构，统筹负责学校融媒体中心建设、发展和管理工作。第三，建立健全制度机制。建立例会制度，实现融媒体中心的中心流程再造（策、采、编、审、发、评）、采编制度规范、绩效考核制度、运行管理机制（除党委宣传部、融媒体中心采编部之外的各单位，特别是涉媒体专业）、教学运用实践、对外关系连接等制度的设计。强化融媒体平台记者、编辑、审校、主编的政治责任意识，建立与之相关的工作制度，确保守土有责、守土负责、守土尽责，不断推进融媒体平台管理制度建设。第四，建立健全监督评价机制。进一

步加大监督体制和力度，做到依法、科学、规范、有效管理。理顺融媒体中心管理体制，破除制约融合发展的体制机制壁垒，对不同媒体进行科学、有效地融合和管理，努力提高管理的科学化水平，使传播秩序更加规范。坚决维护客观、公正、准确、及时的报道，在重大、敏感、热点问题上把好关、把好度。第五，建立健全突发舆情事件应对机制。提高网络舆情监控及应急处置能力，及时掌握重大舆情动向，切实做好突发事件舆论引导工作。

（四）在"人"字上，提升技术能力和水平

一是设置一定的专业岗位，组建融媒体技术团队，使既懂信息网络技术、新媒体技术，又对运用新媒体运营工作比较熟悉的和具有良好沟通能力的人才进入相关岗位工作。此外，通过预留学生实习名额，从广播电视学、数字媒体技术和艺术设计等专业中选拔优秀学生留校实习，为涉媒体专业师生教学提供实际操作环境，为融媒体平台运转和应用提供人才保障。二是采取办培训班、举行专题讲座、主题沙龙、现场模拟等多种方式，以及到地方融媒体中心进行学习实践，帮助中心工作人员提高运用融媒体平台开展工作的能力，努力增强融媒体平台团队运用本领和实践经验。三是健全师生学习服务、实践教学和正面宣传引导机制和融媒体平台相关建设、管理、运转体制，深入研究融媒体平台对象化的趋势，提升中心人员研究传播艺术和服务水平，丰富报道形式，提高宣传和引导水平。四是加强中心人员舆论监测能力和水平，构建及时发现、加强研判、分级应对、动态追踪、及时处置、舆论引导、研究分析的工作流程和体系，推动网络舆论工作正规化、专业化。

四、结语

新的时代，高校宣传思想工作面临新要求和新任务。在媒体传播格局发生巨大变化的情况下，如何推动媒体融合向纵深发展，实现宣传思想工作的重心下移，让主流思想舆论覆盖广大高校师生，也需要创新思

路，甚至颠覆之前传统的工作模式。通过高校融媒体中心提升高校主流思想舆论传播力就是这样一种理念和工作的创新。高校舆论场作为中国最前沿的舆论场，越来越受重视，体现出了国家对于基层宣传思想工作的新认识，融媒体中心也必将在未来中国高校主流舆论场构建中发挥更大的作用。

新媒体背景下我国网络意识形态的特点、挑战及对策

在新型技术快速迭代、媒体高度融合发展的互联网时代，新媒体正在迅速改变信息传播方式和公众思维方式。新媒体虚拟性、现实性、多元性、累积性的主要特性，为网络意识形态变化发展带来了新挑战。习近平总书记强调："互联网已经成为舆论斗争的主战场。在互联网这个战场上，我们能否顶得住、打得赢，直接关系我国意识形态安全和政权安全。"[①]基于新媒体背景下网络意识形态发生的新变化，把握网络意识形态的特点，应对面临的挑战，提出维护我国网络意识形态安全的路径对策。

一、新媒体背景下网络意识形态的新特点

传统媒体作为意识形态传播的重要载体和阵地，发挥着正面宣传，引导社会舆论的政治功能。但随着新媒体时代的到来，网络媒介的不断发展，意识形态传播进入发展的新阶段。结合新媒体背景下网络发展现状，对网络意识形态呈现的新特点进行研究，为网络意识形态发展提供了新的思考与启发。

（一）虚拟性与现实性共生

网络作为信息传播媒介具有虚拟性，而运用网络的主体用户却是现实

① 习近平新闻思想讲义（2018年版）[M].北京：人民出版社、学习出版社，2018：28.

的。现实中的公众通过新型媒介技术和手段，在网络空间内发表和传播各类言论和观点，这些观点在网络空间内流通、转载，再重新被吸收和承载，使得现实世界中公众的认知、思维和行为方式发生转变。而网络意识形态中虚拟性与现实性是密不可分的，这是因为网络空间和现实社会相联系的人是客观存在的，网络意识形态本身不是凭空想象、捏造而成的，而是人们借助网络空间宣泄情绪，发表言论的另一种渠道，是来自现实生活的真实反映。而如何将现实中的公众在网络上发表言论的这一“虚拟的最大的变量”转换成“现实的最大的正能量”是我们亟须反思的问题。

（二）开放性与多元性并存

网络空间相对于现实世界来说是较为开放且自由的，新媒体技术使信息传播速度更快、波及范围更广，使得人与人之间交往更加便捷与高效，并且公众可以充分运用网络传播信息，表达自己的立场和观点，促使人与人之间的合作交流便利化、快捷化。在新媒体时代，全世界文化、思想以及价值观念通过互联网这个平台传播开来，网络用户主体选择性增强，能更加充分吸收民众观点和意见，发现民众诉求，激发思想产生共鸣，使得网络空间下意识形态观念多元化，网络意识形态内容可读性强。

（三）复杂性与隐蔽性重生

新媒体背景下线上网络与线下社会互动融合、协同作用相互叠加，更加凸显了网络意识形态具有复杂性。各种思潮、价值观念多元碰撞都会使网络意识形态面临的环境变得更为复杂。无论是网络用户借助网络平台获取或整合信息，通过有效归纳后向外进行传递，还是网络用户通过自我赋能获取更大的话语权，运用多元化的方式进行阐述，抑或遭受大量外部环境施加影响，自身发表言论时，也会跟随大众观点，易被诱导，都使网络意识形态环境变得日趋复杂。在网络中公众使用虚拟形式对所持观点和态度进行集中表达，给网络意识形态斗争形势增添了一抹神秘性。不断向公众传递价值观念和使用娱乐性文化输出的方式引导群众接受各类信息内容,掩盖了意识形态斗争的复杂性,客观上又使得网络意识形态斗争变得更为隐蔽。①

二、新媒体背景下网络意识形态面临的挑战

新媒体为我国网络意识形态建设提供了新的平台和途径,拓宽了网络意识形态的发展空间和传播渠道,但也面临着诸多挑战,需要引起我们高度重视。

(一)主流意识形态传播效果亟待提升

目前,主流意识形态在宣传过程中还存在使用言语过于晦涩、官方的状况。公众难以将外部言语转换为内在行动,参与主流媒体传播积极性不高,致使主流意识形态宣传力度大却传播效果欠佳、不理想。此外,主流意识形态所面临的威胁更加隐蔽,如新媒体在传播的过程中的标题党、群体极化等特点使新闻出现失实失真,对文章内容凭空捏造断章取义等不良现象,这导致各种社会思潮对抗冲击加大,加之现有网上主流意识形态内容,这会威胁主流意识形态建设。②

(二)西方网络思潮和文化渗透不断加剧

新媒体背景下人们接受获取信息的方式更加多样化,各类社会思潮和文化会借助网络汇总放大,网络意识形态舆论控制遭受威胁等,这对主流意识形态的舆论引导,社会主义意识形态的凝聚力和引领力造成冲击。西方国家借助新媒体平台向我国公众输入新自由主义、历史虚无主义和民主社会主义等思潮,本质是丑化中国共产党形象,鼓吹资本主义国家的价值观。一些特定网络群体的文化行为或者现象借助媒体平台以短视化、移动化的方式输送文化产品和价值观,对主流意识形态传播

---

① 黄楚新.当前我国网上舆论表达特点及引导[J].人民论坛,2019(30):120.

② 卜建华,徐凤娟.网络社会青年信仰泛娱乐化庸俗化风险的“文化景观”与破解策略[J].中国青年研究,2020(01):34.

造成了一定的冲击。

(三)网络舆情管理复杂难控

随着信息化的快速发展,互联网日益深刻地影响着人们的生活,这种影响是在人们长时间使用网络交流中逐步形成的。网络主体进行交流的内容,实际需求,时间都和网络意识形态传播效果的累积性有着密切联系。这种长时间的累积既有正向的,又有负向的。正向的累积有利于人们的向上向善,这是值得鼓励的一方面。而负向的累积不仅会给人们带来消极影响,还会增加人们控制网络意识形态的难度。与传统意识形态范围可控、边界明确特点相比,网络意识形态具有难控性。而网络的开放性让各种观点、多元思潮交融交锋,对抗冲击,使得网络意识形态朝着多样化的趋势发展,这不断加大了网络意识形态管理和控制的难度,对我国网络意识形态安全产生了一定影响。

三、新媒体背景下把握网络意识形态主导权的对策

新媒体背景下网络意识形态呈现的特征以及面临的挑战,需要我们针对新媒体背景下网络意识形态出现的各类情况,探讨如何牢牢把握网络意识形态主导权。

(一)广泛吸纳民意,提升网络意识形态话语权的吸引力

坚持马克思主义意识形态为指导,掌握意识形态的领导权,占据主导地位,在抓好网络主体建设的同时,也要重视网络意识形态话语权的建设,增强网络意识形态的吸引力。重要的是创新网络意识形态内容。一是传播的语言要通俗易懂。如抖音在宣传某些内容时使用了家乡话和高频热点词,更加贴近大众生活,引起大众产生共鸣,达到了预期的宣传效果。而过分通俗的语言发展到一定阶段,会向低俗化进行转变。因此要把握好适度原则,不仅要贴近生活,风趣易懂,而且要有理论深度,以此更好地传递主流意识形态。二是网络意识形态的表述方式也需要进行优化升级。让

使表达方式融于生活却高于生活，我们要抛弃从前灌输的教育方式，进行平等交流，倾听大众心声，广泛采纳民意，潜移默化地提升话语吸引力，以此更好地传播网络意识形态。

（二）强化网民主体意识，树立正确的价值观

新媒体是网络媒介进行传播的新方式和新手段，具有虚拟性、隐蔽性等特点。基于此，网民的言论具有较强的自主性和随意性，人们在网络上可以畅所欲言，但这会加大我国在新媒体平台的监管难度。人们认识党政方针政策与新媒体传播的速度进行相比具有一定的滞后性，导致人们不能有效对网络意识形态的新状况、问题进行做出及时反应和适当解决，导致约束网络主体行为的效果不佳。因此，提升网络主体意识，重视价值观的引导就显得至关重要。在各类信息快速传播的今天，网络主体其素质的高低直接影响了能否构建风清气正的网络空间，这需要网络主体：一要坚持马克思主义信念，树立正确的价值观念，对自身行为进行严格管理和约束；二要增强网络主体意识，提升人们分辨是非的能力和水平，对待各类问题保持警惕性，自觉屏蔽不良和非法信息，积极传播主流意识形态的同时，为养成正确的价值观奠定基础。

（三）及时关注和反馈社会民生问题，强化网络意识形态的现实导向

当前，虚拟空间的信息纷繁复杂，网络空间"把关人"的地位受到挑战，致使虚拟与现实相分离，制约着网络空间的健康发展。针对网络空间中出现的各种情况，我们要对网络意识形态出现的状况进行重新定位，做好网络空间的"守门人"。一是在倾听群众呼声和广泛搜集信息的过程中，借助线上、线下有效整合传播的方式，确保信息传递的及时性和高效性。群众有困难时，要想群众之所想，解群众之所忧，通过妥善安抚群众心理、拓宽收集民意渠道、及时关注并落实反馈问题等的方式，提升群众的满意度和信任感。二是"把关人"要密切关注社会热点，提升思维的敏锐度，紧密围绕社会问题，鼓励民众参与社会话题的讨论和社会建设，加强网络意识形

态的现实导向，促进网络意识形态健康有序发展。

（四）坚持联动融合原则，完善网络意识形态治理体系

新媒体背景下，网络意识形态治理虽有成效，但其治理手段和效果作用不佳，产生了许多问题，要想有效解决网络意识形态治理中存在的问题，党作为主导力量，要统揽全局，协调各方，政府在充分发挥自身舆论监督管理作用的同时，要有效组织各种社会力量，借助多方社会力量，提升公民对网络主流意识形态的认可度，以便有效解决网络意识形态中存在的问题。社会组织要自觉接受党的领导，积极响应和落实党的方针政策，在网络空间发表和传播正向舆论，以身作则，抵制和遏制不良网络意识形态的传播。积极响应党的各种号召，为社会发展贡献自己应有之力。对于同时生活在现实社会和网络空间的个体而言，要坚持和拥护党的领导，响应政府和社会的号召，严于律己，坚守底线，不为利益所驱动，立足实际，弘扬真善美、传递正能量。党政机关、社会组织、广大群众三者协调联动发展，有利于形成你中有我，我中有你，同向而行、协调发力的多元主体，为网络意识形态的建设营造良好的网上空间社会。

人工智能技术创新思想政治教育的应用前瞻与基本遵循*

一、问题的提出

习近平总书记指出:“要运用新媒体新技术使工作活起来,推动思想政治工作传统优势同信息技术高度融合,增强时代感和吸引力。”①近年来,扩展现实、云计算等人工智能技术有了深入发展,利用现代技术建设智能化校园,加快信息化时代教育变革势在必行。《虚拟现实与行业应用融合发展行动计划(2022-2026年)》提出,要建设一批虚拟现实课堂、教研室、实验室与虚拟仿真实训基地。近期,教育部也在逐步组建思政虚拟教研室,力图运用信息技术打造思政“金课”,充分证明了人工智能技术与思政教育融合是大势所趋。

问题是时代的先声,新媒体时代高校的思想政治教育要利用人工智能技术推动思政教育的进步,在运用人工智能技术的实践探索中创新思政教育理念的发展,拓展实践经验。应当强化问题意识,突出实践导向,把技术与思政教育的融合向纵深推进。思政教育的本质特点是思想性

* 本文系新疆师范大学本科教学质量工程建设教学研究与改革项目“运用新疆红色文化资源提升思想道德与法治课教学效果研究”(课题批准号:SDJG2022-06)的阶段性成果,原载于《教育信息技术》2023年第Z2期,与陈艺鸣合作。

① 习近平谈治国理政(第2卷)[M].北京:外文出版社,2017:378.

与政治性,因此教育内容理论性较强,教育对象难以把握,实际教育中存在缺乏生动性及不接地气,缺少感染力的问题。除此之外,如何将思政理论与实践更好地结合,让教育对象将理论内化于心、外化于行也是一大难题。针对以上问题,本文对五大前沿技术如何在思政教育领域实现"教"与"学"、教育空间、教育过程、教育管理及评估的融合创新进行了应用型刍议,并提出了人工智能技术创新思政教育过程中的三大基本遵循,对于推进思政教育创新改革,探寻提高思政教育吸引力途径具有积极指导意义。

二、人工智能技术赋能教育领域的特征

习近平总书记指出:"积极推动人工智能和教育深度融合,促进教育变革创新。"[①]面向新征程、新时代立德树人的教育要求,充分发挥人工智能优势,创新教育形式,将更有利于思政教育成为一门灵活开放的学科。思政教育要灵活运用音视频、触觉反馈、数字孪生、扩展现实及脑机接口技术,构建交互式、沉浸式、体验式、感知式的思政教育。分析发现,上述技术在教育领域中的应用主要体现出以下四点技术特征:

(一)赋能教育"自由协同"特征

依靠音视频最新的8K视频技术和毫秒级极低延迟的通讯效率,展示时画面更加清晰,细节更加完整,声音传输的卡顿、模糊概率也得到降低,身处异地的人们可以在会议画面中以真实形象出现在同一数字画面,进而提升教育中跨地域协作的整体流畅度与交流自由度;而在触觉反馈中的振动和压电反馈已得到广泛应用的前提下,逐渐让触觉反馈脱离实体,以远程操控等途径实现新兴触觉体验,并以此增强教育中的互操作便捷度,技术的两者合力将最终呈现"自由协同"的教育效果。

---

① 中共中央党史和文献研究院.习近平关于网络强国论述摘编[M].北京:中央文献出版社,2021:166.

(二)赋能教育“数实融合”特征

数字孪生技术注重于真实世界和数字世界的交互连接,而运用精细化数字孪生技术构建的三维虚拟世界与现实世界之间将更加真实且实时同步,能更好地实现教育中的沉浸式体验,并给予“数实融合”全场景转换的在场感满足。

(三)赋能教育“全真体验”特征

VR技术(虚拟现实技术)早已广为人知并得到深入运用,随着扩展现实中的低延迟、高清晰、轻量化等的改进,及未来短焦光学技术的突破和光导波技术的攻关,将帮助教育者和教育对象更加熟练地运用VR,也可以让AR技术(增强现实技术)更快速地普及到课堂,并最终实现MR技术(混合现实技术)的使用,从而呈现教育领域“全真体验”的全感官感受。

(四)赋能教育“全面感知”特征

脑机接口技术可以实现把大脑中所思所想直接变成现实数据,虽然技术仍处于萌芽阶段,但站在长远视角,未来教育中人与人或人与机器的双向互动授课模式或被颠覆,通过相应设备即可达成教育者与教育对象间无缝衔接的多端感应互联,满足教育中的“全面感知”需求。

三、人工智能技术赋能思想政治教育创新的应用前瞻

(一)基于音视频及触觉反馈技术增强思政“教”与“学”的协同互动

当前思政教育活动普遍以教育者为主体,以教育对象为客体,是一种自上而下的灌输式教育,忽视了教育对象的情绪感受对教育活动的决定作用,缺乏“教”与“学”的交互性,难以调动教育对象的主观能动性。思政教育的这种症结,能够通过音视频及触觉反馈技术赋予的“自由协同”交互式特性去解决,促使思政教育中的协作更方便、更多样、更真实,继而实现交

互式的思政教育。

首先,以更先进音视频技术为基础的云平台扮演着思政线上教育的“水电煤”角色。教育者与教育对象可以在云平台上化身为虚拟人物形象,由于虚拟世界形象与现实形象相近,因此在平台上实现了一种更近乎真实的“面对面”交流。加之已得到实际运用的144帧8K画质的实时画面输出及全景声还原辅助,更帮助教育者与教育对象实现了双端沉浸式的课堂体验。其次,借助与云平台相匹配的触觉反馈工具,能够以近乎实际的触觉打破视听感受局限。使教育对象隔着屏幕即能进行更为生动真实的多人互动、协同作业。即使在线下教育中也可运用相应工具打破教育协作的物理界限,不用实际挪动身躯便可直接参与到线下的思政教育协作中。最后,在协作过程中让教育对象的角色得到了转变,学习主动性得到发挥。技术的运用不仅克服了教育者主导性和教育对象主动性两者相互掣肘的现象,呈现教学相长的态势,[①]还为教育者和教育对象相互间构建了公正和谐的教育氛围和维护了两者间民主平等的教育关系。良好的关系不仅更能增强教育者责任感,也有益于教育对象形成接受教育内容的积极心态,进而逐步促成教育对象由“他教”到“自教”学习方式的自主转变,最终达到改变传统“说教”的被动教育模式,达成思政教育的协作互动、内化提升的目的。

(二)基于数字孪生技术延展思政教育空间

当前倡导的思政教育要做到“精、明、实”,绝不是让教育对象看不懂、没兴趣,或是抄笔记、背背书的教条式教育。运用数字孪生技术能够给予教育对象“数实融合”的教育沉浸感,以此增强思政教育的吸引力、说服力,实现沉浸式的思政教育。

一是以数字孪生构建动态拟真空间。数字孪生是将现实环境以实景

① 郑永廷,刘书林,沈壮海,等.思想政治教育学原理(第二版)[M].北京:高等教育出版社,2018:194.

三维形式进行场景还原，是对现实环境的实时同步，所以能够建构出动态化的思政教育空间，满足思政教育因时而变的特点；譬如，思政教育所需的自然环境，通过数字化影像存储和裸眼3D技术可以达到毫米级的实景数字化场景还原，足不出校便可以看清远在千里之外的秀丽风光、名山大川，解决了时空藩篱对思政教育实践的束缚，带给教育对象与众不同的沉浸式感受。二是以数字孪生构造虚拟决策空间。譬如，教育者运用数字孪生教室，提前模拟教育情境，预测教育对象心理、行为、动机、需求，准确把握教育中的突发性事件、偶然性情况，减少实际教育中出现差错的概率，进而确保教育环节一一相扣。三是以数字孪生创建泛在教育空间。数字孪生学习空间，不仅能更有效整合教育资源、充实教育内容、丰富叙事形式，[①]又能够充当教育对象的私人和交际空间、生活与研修空间，满足教育对象交流互动和思想表达的诉求，继而激发教育对象对思政教育的热情。四是，以数字孪生构建思政教育模拟预测空间。符合时代要求的思政教育应当直面教育对象的困惑与需求。为此，通过开发思政教育数字孪生实验室，可以帮助教育者创建模拟环境，根据问题特性调整相应参数开展模拟实验，以此向教育对象有的放矢地开展思想引导、价值引领、意见纠偏、问题解答。

总而言之，通过对现实环境还原、虚拟空间创建、仿真实验预测，既有利于营造最佳的思政教育顺境、改善常境、削弱逆境，也有助于拓展教育环境，充实教育形式，继而更有实效性地提高教育对象的思想情感、道德品质、政治信念。

（三）基于扩展现实技术革新思政教育载体

传统的思政教育载体，包含黑板、图片、视频，以及最常用的PPT放映载体。然而，当今的教育对象都是“数字原住民”，教育者需要革新教育载体，强化教育对象在思政教育中的参与度。“VR+思政”“AR+思政”能够有

---

① 倪国良，冯琳.数字孪生赋能思想政治教育探析[J].思想教育研究，2022(12)：39-45.

效提高教育对象的学习兴趣，通过“全真体验”特性增强思政教育对教育对象的感染力、信服力，实现具备丰富体验感的思政教育。

以“VR+思政”为例，作为一种能够创建拟态场景的新型教育载体，可以为教育对象提供身临其境的感官刺激。譬如，在介绍中共一大召开地点嘉兴南湖红船时，利用VR思政资源库，让教育对象能看到红船的内部摆设、整体构造。通过VR新式载体，超越了传统思政教育中文字、图片、视频的单一载体维度，让教育对象从眼睛在场转变为身体在场。近几年，VR实训室在各地得以落地，例如位于广州黄埔区的“VR智慧思政室”。此外，AR新型立体教材已初步运用于医学、语言学习、工程机械等领域。随着教材开发涉及面的扩大，“AR+思政”未来可期。教育者或可借助轻便易携且成本可控的AR设备，对现实物体进行AR虚拟内容标注。抑或应用AR新形态立体教材，将思政课本中的平面文字、图形转化为生动的3D画面。质言之，VR、AR载体的运用，能够达到思政教育载体向现代化转型的目的，避免各载体的割裂状态，发挥新旧教育载体间的强大合力，为教育对象提供喜闻乐见的新奇思政教育体验。

（四）基于脑机接口技术提升思政教育管理及评估

思政教育的成效如何，需要依靠庞大调查数据支持。通过对管理要素进行有效评估，能更好提升思政教育运行系统的效率。然而传统的调查问卷、随机访谈、答辩，甚至于通过教育对象面部表情的直接观察，都存在样本不足、范围小、片面化等局限性问题。当前，技术的变革不断推动思政教育管理及评估向更深层次的全面感知现代化模式发展，进而实现多层次感知式的思政教育。

脑机接口技术在国外教育领域已有探索运用，我国个别学校通过与科技企业的合作，也有进行脑机接口在教育中的应用探究，譬如通过脑机接口技术进行对学习状态的识别，以此提高学习成绩；进行学习风格的鉴定，将不同教育对象划分为相区别的学习风格，帮助教育者进行有针对性的教育指导；通过Emotiv EPOC脑机接口仪器测量教育对象参与课堂的水平高低，判断学习动机的强弱；利用移动脑机接口对教育对象注意力水平进行测量等。①

思政教育的教育对象是人，要突出以人为本，把管理的核心要素指向对人的管理。基于此，脑机接口技术对个体层面脑内意图的识别，不仅符合思政教育管理以人为本的原则，技术的运用还可以直接反馈个体在课堂中的认知状态。通过对管理主体所思所想的实时反馈，既协调了教育者与教育对象间的关系管理，还可以在复杂多变的教育情境中实现教育活动和教育过程管理中对教育对象的差异性划分，更好地激发教育者与教育对象的主体性，实现这两者管理要素的合理区分，促进其他管理要素的配合与协调，继而行之有效地参与和促进思政教育的高质量运行，实现思政教育管理的开放性、多元性、层次性、创新性，更好地满足不同管理对象的需要，发挥管理对象的自主性。

基于脑机接口技术的思政教育评估，将为评估提供丰富的情感数据、认知数据以及与教育密切相关联的动态数据。通过大脑内部信息的数据反馈，超越了人眼对表情、动作的观测范围而演进到对内部神经生理活动的识别，可为评估提供实时追踪和过程记录。通过技术获取的丰富脑内数据，弥补了调查问卷、访谈、答辩等评估形式的诸多不足，也为教育中的定性和定量评估提供了更全面的客观依据，减少了评估中个人的主观感情色彩，将更佳地展现评估主体的思想变化情况，更好地实现评估的客观真实和评估的整体性、层次性、连续性要求。总体而言，脑机接口技术将为思政教育进行深度数据分析、横纵向的挖掘学习等带来新机遇。②

四、人工智能技术赋能思想政治教育创新的基本遵循

人工智能技术已展示了实际可用性和可观的应用前景，但要实现思政

① 任岩，安涛，领荣．脑机接口技术教育应用：现状、趋势与挑战［J］．现代远距离教育，2019（02）：71-78.

② 陈仁山．新媒体时代高校思想政治教育的主要问题与对策［J］．教育信息技术，2022（12）：74-78.

教育与技术的深度融合,还需进一步在实践中进行探究和总结成败经验。需关注的是,技术运用不妥当则会导致技术的异化,进而影响对思政教育的实际成效。因而在思政教育中要坚持三个基本遵循,确保技术在合理范围内得到正确运用。

(一)坚持思政教育的正确价值引领,防止教育目的偏离正轨

思政教育的价值引领是道和本,教育的目的是讲道理。必须学会辩证地看待技术对思政教育深度、广度和产生功利主义、应试思维等的正反两方面影响,要以正确的价值引领消解技术带来的不良影响,提升技术赋予的正向作用。思政教育作为落实立德树人的关键课程,需坚持正确的价值引领,就是要坚持马克思主义在思政教育中的根本指导地位,要巩固政治引导,紧跟党的理论路线和方针政策,把社会主义核心价值观与“四个自信”“五史”内容充分融入教育全过程,以技术赋能课堂和优化教育手段,增强教育对象对中国特色社会主义共同理想、对共产主义远大目标的坚定信念和永恒追求。同时在“培养什么人、为谁培养人、怎样培养人”的根本问题上,教育者要坚持道不变、志不改,确保技术推动下的思政教育创新发展的同时,始终能围绕中国共产党关于团结带领全国各族人民全面建成社会主义现代化强国、实现第二个百年奋斗目标,以中国式现代化全面推进中华民族伟大复兴的中心任务展开,进而实现思政教育要达到的教育目的。

(二)坚持教育者主导性与教育对象主体性的统一,防止主体性的肆意发挥

在思政教育过程中要坚持教育者主导性与教育对象主体性的有机统一,两者的统一是思政教育以人为本原则价值取向的复归体现,能够促进教育者与教育对象的共同成长。在人工智能技术去中心化、去权威化特点的加持下,有利于教育对象与教育者保持互促互进的实践张力。而教育对象在数字孪生虚拟空间化身成为“虚拟人”“数据人”,使得教育对象主体性得到逐渐增强。但无论技术如何先进,都应当把技术定位为思政教育的辅

助性工具和手段,不能让技术代替教育者的主导地位,在教育目标的确定、教育内容的遴选、教育环节的安排、教育活动的开展、教育氛围的营造方面都应当由教育者进行最终定夺,教育者在课堂中的主导地位是不允许改变且是要加以巩固的。因此,要防止教育对象借助技术在课堂上无限制地发挥主体性从而造成教育者课堂主导性的弱化失效,教育者也应自觉对技术加以规范,从而把教育对象在课堂中的主体性增强限定在合理范围之内,进而确保思政课在教育者的主导下完成思政教育任务,实现教育目标。

(三)坚持内容为王和方法创新相统一,防止形式大于内容

在思政教育中要坚持"内容为王、方法创新"的主张。新技术为思政教育带来新的教育载体、新的教育方式,为教育者和教育对象都带来了新鲜感、参与感及沉浸式体验,增强了思政教育课堂的吸引力,但并不意味要偏离内容去迎合取悦,使思政教育娱乐化。故此,要审慎考虑新载体对思政教育内容的承载限度,避免新载体的运用演化成为盲目跟风和娱乐至上。在载体运用过程中要注重思想的内在性,保证新载体对教育内容的有效传导。思政教育要做到入脑入心入行,就要以丰富的内容把课程重点讲深、讲透、讲活,更加突出内容为王的教育特性,而不是单纯或者着重地在方法、手段创新上下功夫,否则就造成了舍本逐末,脱离了教育的目的。所以,只有教育者善于利用人工智能技术载体和手段,把思政教育内容的丰富内涵和逻辑关系讲清楚、讲明白,才能真正做到内容与技术的深度融合,高质量地落实立德树人的思政教育根本任务。

人工智能技术赋能思想政治教育将促进思政教育的内容、形式、模式的改革创新,使思政教育更具时代性、实效性,也为实现交互式、沉浸式、体验式、感知式的思政教育提供新路径。展望未来,人工智能技术将为推进思政教育现代化提供更多支持和可能。作为思政教育的教育者在享受技术优势的同时也将面临更多的挑战,但只要坚持好科学的基本遵循,思政教育定能为国家培育更多具备推进中国式现代化建设能力的优秀建设者和可靠接班人。

生成式人工智能对思想政治教育的挑战与应对

近年来,人工智能技术快速迭代。生成式人工智能是一个无监督或部分监督的机器学习框架,它所生成的人工产品是通过概率,统计数据来完成的。[①]ChatGPT是目前呼声最高的生成式人工智能技术,也是本文的研究对象。

ChatGPT作为生成式人工智能的典型,近年来在全球范围内掀起了巨大的热度并持续高涨。它的应用涉及医疗、金融、教育等各行各业,能否在思想政治教育行业得到广泛应用是目前值得考虑的问题:其中,有关ChatGPT在思想政治教育领域的应用部分人抱着赞扬支持的态度,认为技术的革新解放了教师与学生的一些工作;也有部分人却对这种爆火的"流量"持担忧态度,认为ChatGPT在思想政治教育领域的应用具有一定的风险挑战,有许多学校明确规定使用ChatGPT在日常作业或考试中会按照作弊进行处罚。面对科技的日新月异,我们更多的是应该勇于面对挑战,提出可行性的对策来完善其缺失的保障与运行机制,从而规避风险,将技术运用到最大化程度。因此,本文探讨的是关于ChatGPT目前出现的一些风险挑战提出针对性建议,以及如何运用好这项生成式人工智能技术,促进

① 毕文轩.生成式人工智能的风险规制困境及其化解:以ChatGPT的规制为视角[J].比较法研究,2023(03):155-172.

思想政治教育发展。

一、生成式人工智能的智能原理及运行特征

以ChatGPT为代表的生成式人工智能于2022年11月30日面世，由美国ChatGPT研究实验室OpenAI开发的一种基于ChatGPT技术驱动的自然语言处理模型，是基于GPT-3.5架构的大型语言模型，究其根本可以说是一种新型的聊天机器人。

（一）ChatGPT的智能原理

就目前查阅文献显示，生成式人工智能分为两种存在形式：一个是生成式对抗网络（Generative Ad-versarial Network，简称GAN），另一个是生成式预训练转化器（Generative Pre-trained Transformer，简称GPT）。生成性预训练转化器GPT模型通过使用大量公开的语言信息生成类人化文本，甚至在大多领域的回答上具有一定信服力。让用户参与到类似人与人之间的交流对话中。ChatGPT就属于后者。

首先，ChatGPT的运行前提是大算力；大算力体现在对海量数据的处理与计算上。ChatGPT作为一个大型的聊天机器人，这种规模的模型需要算力来训练和推理，来支撑其海量的参数数据和高效的推理能力。微软Azure云计算服务为ChatGPT提供了强大的支持，为其构建了超过30万个CPU核心，大量的AI计算集群显示基片，以及400GB/s的GPU服务器网络传输带宽，[①]可以达到以每秒1000万亿次浮点指令的速度进行计算。在此基础上，利用ChatGPT进行大规模计算，不断提高计算速度和并行处理能力，从而提高模型的反应和处理效率。其次，ChatGPT以海量数据为训练基础；在没有大量数据的情况下，ChatGPT的迭代是不可能完成的。GPT发展之初仅采用了5GB训练文本和1.17亿参数量进行预训练，仅可以处理

① 张建云，孙璐萌．马克思主义理论视域下ChatGPT的功能、本质及意义［J］．兰州学刊，2023（10）：5–15．

一般数据，训练模式并不惊艳。而在之后的发展中出现的ChatGPT就使用了近万亿的数据资料，这种模式利用了互联网上丰富的信息资源，涵盖了纸质图书、维基百科等内容，同时也包括现实生活中的对话和各类公共信息。大量的语料构成了ChatGPT语料库，使其能够在学习过程中持续地发展和演化。最后，ChatGPT的算法逻辑是“预训练＋微调”；这是ChatGPT运行的核心。重点研究基于转化器（transformer的生成式预训练模型和基于人工反馈的精细化调节方法。预训练就是在数据基础上下达指令，采用无监督学习方法进行训练，通过预训练，模型初步具备了人类语言理解和上下文学习的能力，能够捕捉语料库中相似信息进行整合，从而生成更准确的文本为后续微调任务提供支持。微调是指在特定任务的数据集上对预训练模型进行进一步的训练。例如对大数据进行反复地学习训练，达到了想要的数据结果进行反馈，未达到理想结果就重新进行调整训练，进而达到最终理想化结果。ChatGPT在具有强泛化能力的预训练模型基础上，通过整合基于代码数据的训练和基于指令的微调，利用特定的数据集进行微调，使之具有更强的问答式对话文本生成能力。

（二）ChatGPT的运行特征

与传统的弱人工智能相比，基于ChatGPT等大型模型的生成式人工智能技术正逐步走向强人工智能。ChatGPT具有制定化、拓展性以及类人性等三个有别于其他人工智能的特点，这也正是ChatGPT所体现出的技术革新。

第一，制定化。ChatGPT可以根据不同的需求进行定制化开发，包括模型结构、数据集、训练算法等。ChatGPT的数据库资源十分丰富，蕴含着海量的知识与信息.用户可以通过ChatGPT查询到他们需要的信息，并找到他们需要的漏洞。例如ChatGPT能帮助教师根据因材施教的教学方法对每位学生定制专属学习计划。当用户键入提示语后，ChatGPT就会像人类一样进行推理，生成规则，然后给出答案。更好地改进人机交互形式，让人们更容易地获得知识和信息，这无疑为使用者获得和储存知识带来了很多方便。在此过程中,ChatGPT起到了类似“辅脑”般的工具支持功用,在任何领域,无疑为使用者开展教育研究与科技创新提供了有力的支撑。[①]

第二,拓展性。就其使用性而言,人工智能分为专用人工智能(Narrow AI)和通用人工智能(General AI)。专用人工智能是专门针对某一特定问题开发的,其主要优势仅限于某一特定领域,不能轻易转移到其他领域。通用人工智能是一种能够在多个领域执行不同任务的人工智能系统。通用人工智能系统在学习、思考、规划和创新等方面具有类似人类的能力,并能适应各种情况、事件和问题。在ChatGPT诞生以前,以前的AI都是专用人工智能,只能够专注于某一方面的工作。而ChatGPT则更进一步,它具有强大的自然语言处理功能,适用于多种场合、多个领域,适用场景之间没有明显的界线。比如,ChatGPT可以作为聊天机器人、客服对话、语音识别、机器翻译、情感分析、信息检索等。它在教育、金融、医疗、旅游、电子商务等领域有着广泛的用途,能很好地解决问题,提高用户效率。

第三,类人性。ChatGPT设计之初的“类人性”旨在用户接收到更精确的更真实可信的知识,它会依据丰富的数据库,模拟教育者的语言和行为来对不同的教育对象进行因材施教。类人性是其具有一定的情感性,这种再创作是建立在机器语言规则基础上的,它赋予了文本更高的智能性。ChatGPT可以简单地根据数据上下文联系用户当下的语言文字,进而产生快乐或悲伤的输出答案来反馈给用户。就这点来看,ChatGPT初步具有了人的思考,这是不同于其他技术的。它可以在学习人类知识的基础上作出一定的判断,与以往人工智能相比具有简单的逻辑性和创造性。ChatGPT具有很强的归纳推理能力和自主学习能力,可以存储和检索大量知识。基于大规模大数据和无监督学习模型,ChatGPT无需预处理就能像人一样自主训练和学习。

---

① 阮一帆,王智博.ChatGPT之于思想政治教育的伦理风险及应对策略[J].社会主义核心价值研究,2023,9(03):50-58.

二、生成式人工智能对思想政治教育的风险挑战

ChatGPT技术问世以来便受到多方的关注，这是新一轮的技术革新。ChatGPT应用于思想政治教育提质增效的同时，也给思想政治教育带来冲击现有教育模式，引发伦理危机，干扰主流意识以及淡漠人文关怀方面的潜在风险。对此，必须理性审思ChatGPT技术应用的潜在风险让智能技术更好地赋能思想道德教育。

（一）ChatGPT的应用冲击现有的思想政治教育模式

ChatGPT是否可以在思想政治教育场景中使用、在哪个阶段以及在多大程度上使用，取决于对ChatGPT功能特点的定义和使用意图，而如何协调技术意图和教育目标是探讨ChatGPT能否契合教育的基本条件。[①]新技术的出现解放了一部分教师与学生的双手，也淘汰了一些落后的教育模式，现有的思想政治教育模式主要是“人为”大于“智能化”的，但如今原本由师生开展的知识传授活动作为聊天教学的一部分，使人机交互代替师生互动来完成教学任务。ChatGPT教学一方面会弱化师生的主体地位，因为ChatGPT与思想政治教育相结合，会弱化教师对知识占有和舆论控制的优先地位。过度依赖ChatGPT提供的课程和模板，会导致课程和教学的僵化，教学过程沦为讲授过程。这不但使我们对教师的教学水平、教学智慧得不到体现，而且使他们的知识权威进一步丧失。另一方面，由于学生在重复地使用ChatGPT并且获得了很好的成绩之后，他们很有可能会对ChatGPT形成一种依赖性，从而被其所影响，从而失去了自己的独立思维能力。正如现在的娱乐软件对用户的负面影响是一样的，人们更喜欢刷片段视频，对信息简单搜索、略读，并未深入了解，久而久之人们便只会沉溺于表层信息收集。这不利于学生的创造力的发展与思维能力的锻炼，也不

① 张敬威.ChatGPT的教育审思：他异关系技术的教育挑战及应用伦理限度[J].电化教育研究，2023，44(09)：5-11+25.

符合思想政治教育现存的模式。ChatGPT在思想政治教育中的应用冲击了思想政治教育模式,一堂优秀的思政课应当是以人为主,技术为辅配合。让原本师生为主体的教学关系演变成师生—人机的关系,全盘肯定技术为主的思想政治教育模式显然不利于教学的开展。

(二)ChatGPT的应用引发思想政治教育的伦理危机

目前,ChatGPT技术还处在发展初期,还不够完善,在使用过程中容易产生使用没有界限,一些负面的因素以及在应用中出现的一些不良行为都可能引发一些伦理问题。国家新一代人工智能治理委员会于2021年9月25日发布的《新一代人工智能伦理规范》中所提出的基本伦理要求提升伦理素质,是我们探讨ChatGPT信息技术伦理规制的社会共识基础。思想政治教育能够引导人树立正确的政治观与价值观,重视人的全面发展,强调人的思想道德等各种素质能力达到健康自由的发展状态,这恰好与要求提升伦理素质所强调的是一致的。然而,生成式人工智能ChatGPT正由于发展不完善。ChatGPT可以储存用户的使用喜好,思想偏好,使用习惯等方面的信息,就极易引发侵犯隐私、学术不端、发生个人隐私泄露等问题,容易产生社会道德问题。ChatGPT的生成虽然是计算用法,数据模型,预训练构成的,但最终技术的使用,应当以思想政治教育立德树人根本任务为落脚点。如果缺乏数据保护机制,就容易发生个人数据隐私泄露的情况。这不仅会危害教师与学生的个人隐私,自身财产安全问题,还会对思想政治教育智能化发展起到阻碍作用。①

(三)ChatGPT的应用干扰主流意识形态的传播

当初开发ChatGPT的时候,开发者就是要将大量的数据录入机器,然后将其中蕴含的思维,复刻进机器数据里。在ChatGPT发布以前,互联网

① 隋灵灵,徐铭泽.智能思政:内在逻辑、矛盾境遇及实施策略[J].北京联合大学学报(人文社会科学版),2023,21(04):26-34.

上绝大多数的内容已非人为创作，人们跟不上机器的节奏。因此智能水军极易误导大众的判断，弱化主流意识形态的吸引力。[①]此外，ChatGPT的强大算法能力极易造成群体思想极化与依赖成瘾，进而可能削弱社会价值共识。一方面，由于ChatGPT研发所在地以及最初的技术理念是在美国，因而会带有他国强烈的主观价值，一些问题的解答带有看似客观实则包含了自己的价值理念，这对于我国用户，特别是思想政治教育者使用是不友好的。另一方面，信息交流渠道众多，使用者坐在家中就可与任何人交流交往，对于自身意志薄弱者，极易受有心人的刻意挑拨，产生社会舆论问题。这种不良影响会对意识形态安全造成阻碍，对风险防控产生消极影响。在ChatGPT思想政治教育应用场景中，ChatGPT很难做到绝对的公正理性，作为一种对传统思想政治教育产生巨大影响的技术工具，ChatGPT的价值中立只是一种假象。它的主要需求是算法，内部的运行机制也是体现了开发商的意识，而目前美国OpenAI的主导地位注定了ChatGPT要遵循西方的逻辑，即追求利益最大化，这种价值观会轻易影响我国使用者的思想，进而影响国家的社会思想体系。虽然算法本身并无价值偏向，但当研究者将资本意志融入技术并寻求技术进步时，很容易导致工具理性占据主流思维，对我国的主流意识形态进行干扰。

（四）ChatGPT的应用淡漠了思想政治教育的人文关怀

人文关怀是马克思主义的核心理念之一。思想政治教育是围绕人来开展具体工作的，高校在教育过程中秉持人文关怀理念在思想政治教育过程始终，始终坚持以人为本是其核心理念。无论是在课堂上运用情感教学法使学生身临其境感受课程内容，还是课下组织志愿服务，走访调查等等，都体现了学科的人文关怀性。思想政治教育是一门有温度的课，不是干巴巴的、冷冰冰的讲解，而是充满了思想温度的课程。思想政治教育人文关

① 常宴会.ChatGPT对思想政治教育的潜在挑战及其应对[J].青年学报，2023(03)：20–26.

怀主张一切是为了人的全面发展，这就要求思想政治教育工作者要重视被教育者与被教育者的关系，两者的关系状态如何，才能真正体现出人文关怀。[①]思想政治教育依靠思想之间的碰撞交流与信息的收集传播，传播学者麦克卢汉认为，媒介即信息。[②]作为一种能够与用户进行智能互动的媒介，它的介入必然会对思想政治教育的理念和信息传播的方式产生一定的影响。ChatGPT强调对话式交往。模仿人类的ChatGPT机器进行提问和回答。ChatGPT以一种对话参与者的身份介入思想政治教育领域，就会异化传统的师生关系，无论是因材施教问题还是需要创造性解决的问题，ChatGPT看似提供了合理的方案，但并没有体现人的温度，并且，思想政治教育注重宣传工作，宣传是通过交流交往实现的，鉴于此机器无法代替人的行为理念。过度相信技术的答案会使教育者身份逐渐弱化，受教育者对科技过分崇拜，会让人失去独立思考的能力。在这样的教学方式中，学生能够获得的信息量大幅度缩减，学生个体的全面发展就难以实现。

三、生成式人工智能应用于思想政治教育的应对策略

为了确保ChatGPT的应用对思想政治教育中教育者与受教育者及所有其他利益相关者的安全和公平，在思想政治教育中实施该技术时，有必要更新现有的思想政治教育模式，完善相关制度规定，保证主流话语地位以及加强人文关怀理念。

（一）更新现有教育模式，促进ChatGPT与思想政治教育共同育人

传统的思想政治教育，是以教育的内容与方式为主要形式，对被教育者进行正确的思想教育。思想政治教育者不同以往的地位，以知识权威自居，其教学模式与知识储备已经不满足科技快速发展的今日，教育者在人

① 张瑞敏．人工智能视域下思想政治教育人文关怀论析［J］．重庆邮电大学学报（社会科学版），2022，34（06）：81-89.

② 马歇尔·麦克卢汉．理解媒介：论人的延伸［M］．何道宽，译．北京：商务印书馆，2000：274.

工智能时代下，角色转变依然发生了巨大的变化。面对这一角色转变，若教育者仍然故步自封，思想守旧，就会被时代所淘汰，这也会让教育者与被教育者之间产生认知鸿沟与时代代沟。因此面对这种情况，首先，融入新教学形态“对话—学习”模式：这种新颖的对话式教学方式，可使学生在知识内容、认知方式上获得多样化的归纳学习，并注重多元化的认知方式与不确定性回答。其次，更新教学辅助材料：ChatGPT的应用能够提高教学材料的生成效率，ChatGPT将AI画图工具与教学内容进行有机融合，形成系统化的教学材料，引导学生直观地解决疑难问题，并利用ChatGPT引导学生进行知识结构的重塑与迁徙。最后，ChatGPT应结合学生的切身体验：学习的过程并非单一的抽象过程，学生作为学习者的成长性依赖于亲身体验与实践。学生通过实际操作才会有所成长。ChatGPT的作用就是基于在场的情境，通过真实的操作与体验，有效地引导学生的学习。要实现以人为本的教学目标，必须将ChatGPT与思想政治教育教学相结合。在教学实践中，教师要正确认识和把握好角色的作用和影响。同时，要开发ChatGPT技术对教育领域的需求，为教育者提供更加专业、更加精准的技术支持，强化教育者的主导地位，保证思想政治教育的教育与ChatGPT联合育人，发挥最大效益。

（二）规避思想政治教育伦理风险，推动ChatGPT法治化建设的完善

道德与制度具有紧密的联系，二者相互渗透、相互支撑。当前，国家在ChatGPT管理体系方面相对滞后。在我国的法律法规体系中，对这方面的约束力还不够。人工智能伦理建设与现当代飞速发展的科技水平相较而言，其存在一定的滞后性，道德的约束需要法律的保障。制定相关的法律法规是保障ChatGPT健康发展的前提条件。通过法律的权利制度化、规定化ChatGPT的使用，要在学校、社会、国家要形成三方面合力，杜绝不良问题引发的伦理危机。首先，学校要强化对学生树立正确价值观政治观，定期组织国家安全讲座，树立正确的大国观念与政治意识，同时学校可以聘请ChatGPT技术方面专业的人才，全面了解ChatGPT技术，让学生明白其

运行原理与内在构成，尽可能避免校内出现作弊学术不端等问题，为ChatGPT的应用提供安全、健康的环境。其次，透明化ChatGPT的算法，但由于技术巨头的垄断，对公众形成了遮蔽性的黑箱风险，阻碍了人们正确认识和评估算法的逻辑和结果，迫切需要打破黑箱，确保算法逻辑的透明度，消除潜在风险，提高公众对ChatGPT的使用度与信任度。最后，建立健全ChatGPT健康发展的法律法规，利用制度强有力的手段，将技术风险控制在可预见范围内，对一些不法手段要加以严格惩治，起到良好的示范作用。确保使用的安全性。目前，我国新一代人工智能治理专业委员会和国家科技伦理委员会发布的《新一代人工智能伦理规范》提出了要全面健全使用主体，算法内部，使用平台三方面联合有效的监管制度，将责任明确到个体，防止技术的过度滥用与技术的异化。

（三）保证主流话语主体地位，推动ChatGPT与思想政治教育高度嵌合

对传播技术的领导权决定了人工智能所体现的意识形态。ChatGPT可能会生成相悖于我国意识形态问题，OpenAI数据库中的主要语种是英文，因此ChatGPT生成内容极容易折射西方价值观念，这对于我国存在一定风险危机，为杜绝风险，需在多方面保证我国主流话语的主体地位。首先，用主流意识形态引导ChatGPT技术；ChatGPT技术模型内部的生成机能与运行制度反映了其意识形态，要用主流意识形态的伦理框架引导算法，在算法和程序设计中注入社会主流意识形态，以针对性供给强化主流意识形态话语生产，有效应对意识形态领域的冲突。其次，高校是传播主流意识形态的主阵地，因此要以思想政治教育为导向，发挥其凝神铸魂的特殊功能，增强全体师生对技术与意识形态方面的教育，明确技术的研发与呈现凝结了技术人员的意识形态，让全体师生树立正确的政治站位与价值观念。最后，树立良好的社会主义核心价值观；要以社会主义核心价值观引领ChatGPT技术创新，强化对ChatGPT应用的治理，规范和节制资本及权力的渗透。思想政治教育者要向受教育者传播马克思主义世界观和方法论观念，宣传主流价值观念，以社会主义核心价值观纠正错误的思想偏向，

不断提升国内用户的道德修养和法律法规意识，摒弃流量时代的价值取向，在ChatGPT模式中更加强调社会主义核心价值观，为思想政治教育内容的呈现创造优质空间。避免使教育对象成为被ChatGPT操纵和控制的没有思想的人。

（四）加强人际交流，驾驭ChatGPT与思想政治教育的人文张力

思想政治教育是一种育人工作，其最终目标是让教育对象认同和执行自己的教育内容，这是一种以人为本的教育，即注重在教学中的情感渗透，注重对被教育者的人格品德和情感的培养。ChatGPT新的变革对思想政治教育的影响是巨大的，特别是对被试对象的掌握，为思想政治工作精准化的实现，提供了科学的、广泛的技术支撑。但在某种程度上，它弱化了教师和学生的主体地位，教师对知识的绝对掌握与学生学习知识的渠道拓宽，这让一些教师失去与学生共同交流探讨的机会，掩盖了师生之间的感情交流。首先，明确教学相长的教学思路，思想政治教育的良性过程应该是教学相长的，是双方共同来完成的交互过程。而ChatGPT通过虚拟的过程来完成教学过程。是在ChatGPT教育应用场景中，教育对象很难通过冰冷的算法代码来体验人文关怀和熏陶，无法感受到思想政治教育的人文精神。其次，进一步推进ChatGPT与思想政治教育第一课堂和第二课堂的融合；要在开展以思想政治理论课为主阵地的显性思想政治教育的基础上，将思想政治教育任务融入教育对象的专业课程中，借助ChatGPT应用智能教育场景，为优质的思想政治教育内容提供展示空间，对教育对象进行更加精准化的内容分发，使思想政治教育工作能够直达学生心灵。最后，有针对性地对教育对象给予关怀；每个人的思想与需求不同，就会产生多样化的个性特征。因此要对每个人给予专门性的特别化的生成产品。人们的观念是抽象的，这种抽象的观念是难以具体量化的，唯一能找到逻辑的是在思想政治教育过程中留下的足迹。这样收集信息，就能减轻思想政治工作者搜集材料的压力，还能体现人性化的个性化服务。只有这样，我们才能更好地发挥其人文关怀的作用。

当前,以ChatGPT为代表的生成式人工智能势不可挡,已然无法忽视ChatGPT应用于思想政治教育,存在于我们的日常生活中,即使部分人高喊在我们的教育体系中严禁使用ChatGPT,但这并不是一劳永逸的办法,因为我们无法禁止个人使用ChatGPT。因此,我们需要做的是在风险来临之前找到约束的方法策略,并尽可能地降低ChatGPT在思想政治教育实践中所可能出现的使用风险,不断优化使用过程来更好地服务思想政治教育。总的来说,这需要教育工作者主动研究ChatGPT如何高效地应用于思想政治教育体系中,提高教师的教学水准以及采取必要的措施以减少其运算过程中出现的算法风险,更好地锻炼学生主动思考,培养批判性思维。

第五部分

青年大学生铸牢中华民族共同体意识

民族地区铸牢中华民族共同体意识的现实问题及路径选择*

党的二十大报告中指出："以铸牢中华民族共同体意识为主线，坚定不移走中国特色解决民族问题的正确道路，坚持和完善民族区域自治制度，加强和改进党的民族工作，全面推进民族团结进步事业。"[①]中华民族共同体意识是习近平新时代中国特色社会主义思想的新成果，是新的历史背景下民族工作的思想主线，也是民族团结教育的主旋律。铸牢中华民族共同体意识是党和国家面对当前复杂的国内外形势以及民族地区社会发展的特殊性提出的重大战略任务，直接关系到实现国家安全和维护民族地区的社会稳定和繁荣发展。目前，在民族地区铸牢中华民族共同体意识还面临诸多现实问题。如何结合民族地区的发展规律，在民族地区铸牢中华民族共同体意识是当前亟须解决的重大现实问题。

---

* 本文系2018年度国家社会科学基金特别委托项目"新时代爱国主义教育研究"（18@ZH010）、2018年度国家社会科学基金项目"新疆南疆村级党组织在维护社会稳定和长治久安中的作用研究"（18BDJ019）的阶段性成果，原载于《民族教育研究》2019年第30卷第4期，与王易合作，选入本书时有删改。

① 习近平.高举中国特色社会主义伟大旗帜为全面建设社会主义现代化国家而团结奋斗——在中国共产党第二十次全国代表大会上的报告[M].北京：人民出版社，2022：39.

一、民族地区铸牢中华民族共同体意识的重大意义

在中华文明源远流长的历史进程中形成了“中华民族”这一民族实体。在中华民族共同体形成与发展的过程中，也逐渐形成了对中华民族共同体的认知、心理、评价和认同等一系列心理活动的总和，[①]即中华民族共同体意识。社会意识由社会存在所决定，同时也深刻影响着人们的认知和行为，对社会发展起着重大的推动作用。因此，在民族地区铸牢中华民族共同体意识是维护国家统一与社会稳定，促进各民族繁荣发展，构建各民族共有精神家园的应有之义。

（一）筑牢国家统一与社会稳定的思想根基

国家统一和社会稳定是各民族人民的最高利益，是各民族繁荣发展的前提和基础。各族人民自觉维护国家统一和社会稳定关键在于对国家、中华民族、中华文化、中国共产党和中国特色社会主义持有高度的认同感，对身为中华人民共和国的公民具有归属感，对身为中华民族的一分子具有荣誉感，对党和国家的路线方针政策具有强烈的信任感和责任感。“五个认同”是树立中华民族共同体意识的基础和底线，是筑牢国家统一与社会稳定的思想根基。如何正确认识中华民族、中华民族多元一体格局以及各民族与中华民族之间的关系是树立“五个认同”意识的关键所在。我国自古以来就是一个统一的多民族国家，费孝通先生曾说：“中华民族作为一个自觉的民族实体，是近百年来中国和西方列强对抗中国出现的，但作为一个自在的民族实体则是几千年的历史过程中形成的。”[②]在长期的历史发展中，各民族已经形成了中华民族共同体这一大家庭。各民族都是中华民族大家庭中的一员，各民族之间的关系是一个大家庭中不同成员之间的关系。铸牢中华民族共同体意识就是要增强各民族人民群众的“大家庭”和

---

① 青觉，赵超.中华民族共同体意识的形成机理、功能与嬗变——一个系统论的分析框架[J].民族教育研究，2018(04)：5-13.

② 费孝通.中华民族多元一体格局[M].北京：中央民族学院出版社，1989：1.

“家庭成员”的意识，从历史逻辑、理论逻辑和现实逻辑来强化“一体”的概念，从而凝聚各族人民团结之心，共同维护国家统一和社会稳定。

（二）实现各民族利益与国家利益的有机统一

在中华民族发展的不同历史阶段，整个中华民族的生死存亡始终关系着各族中华儿女的切身利益。在救亡图存的国家危难时期，各族人民同呼吸、共命运，自发结成抗战联盟，共同抵御外敌入侵。在改革开放的和平年代，各族人民凝心聚力，团结一致，为社会主义事业的建设和发展推波助澜，不懈奋斗。如今我国迈入了实现第二个百年奋斗目标的新征程。正是各族人民将民族命运和国家命运统一起来，形成命运共同体，才能担负起时代的重任和使命。铸牢中华民族共同体意识能够将各民族利益和国家利益紧密地联结起来，将各民族的繁荣发展置于整个国家社会主义事业建设发展的大局中，凝聚各族人民的共同智慧和力量，调动各族人民群众的积极性和主动性，激发全体人民群众的创新创造热情，共同为实现国家和中华民族的根本利益而努力奋斗。

（三）满足各族人民对美好生活的精神需求

为人民谋幸福始终是共产党人的初心和使命。十九大报告指出人民对美好生活的向往是党和国家的奋斗目标。共享美好生活是各族人民共同的生活理想，这不仅需要物质生活的富裕，还需要精神生活的富足。在民族地区，意识形态领域还面临着诸多挑战。习近平总书记在2014年中央民族工作会议上指出：“要旗帜鲜明地反对各种错误思想观念，增强各族干部群众识别大是大非、抵御国内外敌对势力思想渗透的能力。”[①] 敌对势力在意识形态领域的思想渗透和各种错误观念严重影响着民族地区人民群众的精神生活，需要我们及时加以引导和应对。一方面，铸

① 中央民族工作会议暨国务院第六次全国民族团结进步表彰大会在北京举行[N].人民日报，2014-09-30(01).

牢中华民族共同体意识在各族人民群众心里埋下“我们都是中华儿女”的种子，不断促进各民族人民交往交流交融，深入推进民族团结进步教育，共同应对民族地区意识形态领域敌对势力的分裂与渗透。另一方面，铸牢中华民族共同体意识有利于引导各族人民尊重差异、包容多样，以社会主义核心价值观为引领形成价值共识，以中华文化的文明成果作为各族人民的精神养分，满足实现人民追求美好生活的精神需要，构建各族人民的共有精神家园。

二、民族地区铸牢中华民族共同体意识的现实问题

（一）暴力恐怖活动和意识形态领域渗透的威胁仍然存

在从外部因素看，国外敌对势力始终没有放弃分裂中国的企图，尤其希望以民族地区作为突破口，与国内敌对势力勾结从事暴力恐怖活动和民族分裂活动。境内外“三股势力”打着民族、宗教的幌子，煽动民族仇视，制造宗教狂热，破坏民族团结，其险恶用心是妄图达到分裂国家的目的。在意识形态领域渗透与反渗透的斗争依然严峻复杂。在新疆地区，境内外敌对势力大肆歪曲新疆历史，竭力否认新疆自古以来就是多民族聚居的历史事实，抹杀历代中央政府对新疆的统辖治理，编造传播“双泛”思想；大肆攻击党的治疆方略，刻意挑拨是非、制造民族矛盾与隔阂；利用信教群众朴素的宗教情感，强制推行极端宗教思想，改变维吾尔族群众风俗习惯和生活方式，逐步侵蚀维吾尔族优秀传统文化，割裂新疆一体多元的文化格局。境内外敌对势力已经成为威胁国家统一和社会稳定的最大毒瘤。暴力恐怖活动对民族地区人民群众的物质生活和身心安全造成了极大破坏和影响，伤害了各民族人民群众的利益和感情。敌对势力在意识形态领域渗透的本质就是扰乱人民群众的思想认识，散播分裂主义的种子。面对如此严峻的斗争形势，在民族地区铸牢中华民族共同体意识显得尤为重要，同时也对民族地区培育中华民族共同体意识提出了极大挑战。

(二)大汉族主义和狭隘民族主义的思想残余依然存在

从主观因素看,民族地区目前还有部分干部群众存在大汉族主义和狭隘民族主义的思想观念。这已成为影响构建团结和谐民族关系、铸牢中华民族共同体意识的主要消极因素。新中国成立之前,大汉族主义主要指的是汉族地主阶级和资产阶级在民族关系上表现出来的对少数民族的压迫和歧视思想。随着民族区域自治制度建立之后,消除了民族压迫和民族剥削,原有的大汉族主义失去了存在的阶级基础。与大汉族主义对应的是狭隘民族主义的思想观念,狭隘民族主义也称地方民族主义,其主要表现是部分少数民族群众认为本民族的局部利益要高于国家的整体利益,过分夸大本民族的优越性,认为本民族是世界上最聪明、最优秀的民族;否认各民族之间互帮互助的意义,过分强化以民族身份画线,强调民族的差异性而非共同性。不论是大汉族主义还是狭隘民族主义,本质上都是以孤立、保守、排外为特征的民族主义,它们都忽视了民族团结的重要性,只看到本民族暂时的、局部的利益,甚至维护本民族中某些落后消极的成果,从而阻碍各民族的进步和发展。习近平总书记指出:“要坚决反对大汉族主义和狭隘民族主义,自觉维护国家最高利益和民族团结大局。”①在民族地区消除部分干部群众中这两种错误思想观念的残余,统一思想认识,增进各族群众情感联系,营造各族群众水乳交融、和谐共处的交往氛围,是铸牢中华民族共同体意识势必面对和解决的问题。

(三)地域差异性与固化文化多元性的客观影响

从客观因素上看,地域差异性与固化文化多元性对铸牢中华民族共同体意识也有一定的消极影响。一是强化地域差异性的客观影响。新时代我国社会主要矛盾已经转化为人民日益增长的美好生活需要和不平衡不

① 中央民族工作会议暨国务院第六次全国民族团结进步表彰大会在北京举行[N].人民日报,2014-09-30(01).

充分发展之间的矛盾。发展的不平衡不充分更多地体现在区域经济发展的差异性上。虽然改革开放以来,在党和国家的大力支持下,民族地区在经济发展、城镇化建设,民生改善以及基础设施完善等方面取得了很大进步,但是与发达地区相比还存在较大差距,这是由地区自然环境、历史发展等很多客观因素所造成的。地区经济发展的差异性会使民族地区人民群众的思想认识产生一定的落差感,对于党和国家的政策会出现一些不和谐的声音甚至产生消极对立的情绪等。因此如何尽快缩小差距,消除发展的不平衡,是在民族地区铸牢中华民族共同体意识过程中首要面对的客观现实。二是固化文化多元性及其历史积淀的影响。统一的多民族国家是我国的基本国情。各民族在历史演进中产生文化多元也是事实,但有交往也会有摩擦,有交流也会有碰撞,有共通也会有差异。文化多元性是由各民族人民在长期生产生活的历史积淀中形成的结果,但近年来,一些民族地区发生了不断固化少数民族在语言、思维方式、风俗习惯、宗教信仰、道德风范、人生观、世界观和价值观等方面的特殊性。这样不是推进民族文化在平等的交流汇聚发展,而是强化所谓的"不同"文化在互相接触中产生的碰撞、冲突和矛盾,突出和强化语言文化的阻碍作用,从而对铸牢中华民族共同体意识、实现中华民族文化认同和培育共有文化心理意识造成消极影响。

三、民族地区铸牢中华民族共同体意识的路径选择

现实问题凸显的矛盾与冲突成为制约民族地区形成、发展进而铸牢中华民族共同体意识的主要困境。如何突破现实困境,探寻民族地区铸牢中华民族共同体意识的出路,是我们当下亟须解决的问题。面对民族地区境内外敌对势力制造的暴力恐怖活动以及在意识形态领域分裂思想渗透的严重威胁,需要我们不断强化社会主义意识形态的凝聚力和引领力,增强各族人民"五个认同";破除大汉族主义和狭隘民族主义的思想残余,需要我们不断推进各族人民交往交流交融,逐步达成民族关系认知的价值共识;需要我们消解地域差异性与文化多元性的客观影响,也需要我们不断

加快民族地区的经济繁荣发展，在推进物质文明进步的基础上同时提升精神文化生活的品质，增强各族人民中华文化认同，构建各民族共有精神家园。

（一）大力增强社会主义意识形态在民族地区的凝聚力和引领力

习近平总书记指出："意识形态工作是为国家立心、为民族立魂的工作。牢牢掌握党对意识形态工作领导权，全面落实意识形态工作责任制，巩固壮大奋进新时代的主流思想舆论。"①意识形态工作是党的一项极其重要的工作，尤其在民族地区基层党组织建设中，增强社会主义意识形态的凝聚力和引领力是与境内外敌对势力争夺人民群众的思想阵地，抵御敌对势力对民族地区的渗透和破坏，加强各族人民群众对国家、中华民族、中华文化、中国共产党和社会主义制度认同的最有力的武器。

一是坚持民族区域自治制度，把握正确舆论导向。习近平总书记指出，"坚持和完善民族区域自治制度，健全民族政策和法律法规体系，推动民族事务治理体系和治理能力现代化。"②一方面，在坚持中国特色社会主义方向的前提下既要体现国家治理的统一性，也要充分行使民族地方的自治权，发挥民族地区自治的主动性与创造性；另一方面，结合民族地区的特殊性，党和国家在顶层设计决策过程中，需要在政策导向上给予民族地区帮扶性措施。但是"帮助性民族政策在实施中要坚持具体情况具体分析，在民生、扶贫、环境等问题上，应用区域性帮助政策来代替民族性帮助政策。在少数民族物质文化遗产和非物质文化遗产保护，新闻出版、广播影视等文化产业上，还须保留以民族划界的扶持政策"③。这样既不会强化地

① 习近平.高举中国特色社会主义伟大旗帜为全面建设社会主义现代化国家而团结奋斗——在中国共产党第二十次全国代表大会上的报告[M].北京：人民出版社，2022：43.

② 习近平.铸牢中华民族共同体意识 推进新时代党的民族工作高质量发展[J]求是，2024(03)：4-8.

③ 赵刚.民族政策与中华民族共同体意识的建构[J].学术界，2017(02)：86-96.

方民族主义的优越感，同时也解决了区域发展的不平衡不充分的问题，有利于实现各民族“和谐共生”。

二是访民情，惠民生，聚民心。古语有云：“民心所向，胜之所往。”基层党组织和政府通过宣传教育和落细落实党的民族政策，使各族人民群众深切体会社会主义制度的优越性，感悟中国共产党人牢记以人民为中心的初心和使命，体现习近平新时代中国特色社会主义思想的巨大生命力。在加强扶贫开发中，让人民群众感受到党和国家帮扶民族地区一道实现全面建成小康社会的坚强决心。在兄弟省市的互帮互助中，加深各民族同胞之间的荣辱与共、守望相助之情。在教育医疗公共服务水平的提升中，增强各族人民群众作为中华民族大家庭成员的幸福感和自豪感。

三是强化基层党组织建设与社会治理能力。民族地区基层党组织是各项民族政策的领导者、实施者和执行者，提升基层党组织的政治素养和治理能力，强化基层党组织的战斗堡垒作用，大力培养和选拔少数民族党员干部，在精准扶贫、民族团结等各项工作中发挥模范带头作用，构建少数民族党员干部与汉族党员干部的沟通合作机制，才能切实保障党的各项民族政策在民族地区落地生根。

（二）力促各民族交往交流交融，构建团结互助和谐的民族关系

民族关系是中华民族共同体意识产生和发展的环境和土壤，良好健康的民族关系有助于推动各民族共有价值、观念和意识的形成，反之则将起到阻碍作用。大汉族主义和狭隘民族主义思想产生的根源就在于对民族关系认知的偏差和局限，体现了思想观念的封闭性和保守性。2018年3月11日，第十三届全国人民代表大会第一次会议通过的宪法修正案明确指出：“平等团结互助和谐的社会主义民族关系已经确立，并将继续加强。”铸牢中华民族共同体意识需要不断推进各族人民交往交流交融，构建平等团结互助和谐的社会主义民族关系。

首先，民族交往交流交融对各民族形成共有的文化心理认同起着重要的推动作用，是培育中华民族共同体意识的行为先导。民族交往是社会交

往的一种类型，它表现为族际之间的接触和互动，涉及经济、政治、文化、生活、心理等各个方面，是中华民族共同体意识产生的前提和基础。唯有交往才可能相知和了解，进而相互理解。同时，交往也是突破原有固化思维和观念的重要环节，是彼此尊重和接纳的开始。民族交流是在交往的基础上实现的信息沟通和互换的过程，它是中华民族共同体意识形成的情感纽带。通过交流，各民族之间彼此产生更为深入的认识，改变原有的刻板印象和想象性解读，建立语言、文化、情感的共通和共融。民族交融则是实现各民族相互了解、相互尊重、相互包容、相互欣赏和接纳，“我中有你，你中有我”的一种理想样态，是中华民族共同体意识形成的外在表现。从交往到交流再到交融，体现了各族人民群众在内在结合中表现出“海纳百川，有容乃大”的精神气质，营造了民族平等和谐、荣辱与共的社会氛围，诠释了各族人民向往美好生活的共享状态。其次，民族地区应不断挖掘和创新民族交往交流交融的实践方式和载体，如新疆维吾尔自治区在全区开展的“民族团结一家亲”以及在高校推进的“三进两连一交友”活动就是推进民族交往交流交融实践的有益尝试，增进了各族人民之间的思想交流、语言交流和情感交流，拉近了彼此的身心距离，有助于形成共有价值共识，在促进和发展民族关系中发挥了积极的作用。最后，在推进各民族交往交流交融中要注意在实践工作中结合本地区实际情况，尊重民族发展客观规律，打牢基础，稳步推进，切勿生搬硬套，搞“一刀切”，避免急功近利。

（三）在推进民族地区物质文明建设的同时提升精神文明建设水平

习近平总书记指出：“在新的历史起点上不断构筑中华民族共有精神家园，为铸牢中华民族共同体意识奠定坚实的精神和文化基础。”[①]一方面，需要加快民族地区经济繁荣发展，缩小地区间差距，消除不平衡心理的增长点。马克思指出：“发展着自己的物质生产和物质交往的人们，在改变自

① 习近平．铸牢中华民族共同体意识 推进新时代党的民族工作高质量发展[J]求是，2024(03)：4-8.

己的这个现实的同时也改变着自己的思维和思维的产物。不是意识决定生活，而是生活决定意识。"[①]只有民族地区经济繁荣发展，民生显著改善，与发达地区间发展差距缩小，才能打牢人民群众对党和国家以及对社会主义制度认同的现实基础。近年来，国家实施精准扶贫战略、对口支援政策、"一带一路"倡议等，对民族地区的经济社会发展产生了巨大的推动作用，民族地区的基础设施建设和民生质量有了很大的提高和改善，但是在发展经济的过程中还需要处理好一些关键性的问题。如在打好精准扶贫的攻坚战中，既要有政策动力，也要激发民族地区群众的内生潜力；既要扶贫，也要扶志。在推进城镇化和生态建设中，既要利用好民族地区的天然资源优势，也要保护好当地的生态环境。在优势产业发展中，既要搞好支援地区的互联互通、合作共赢，又要增强民族地区的自我发展能力等。另一方面，需要增强中华文化认同，构建各民族共有精神家园。随着物质生活的改善，必然带来人民对精神文化生活的更大需求。如何引导各族人民群众构建共有精神家园，铸牢中华民族共同体意识，成为少数民族群众精神生活的迫切需要。

一是需要引导各族群众正确认识中华文化和各民族文化的关系。在中华文明历史进程中，各民族人民共同创造了中华民族璀璨的文化成果，各民族文化是中华文化的有机组成部分，《诗经》、汉赋、唐诗、宋词、元曲、明清小说中有大量反映少数民族生产生活的作品，大量少数民族作者的作品中蕴含着中原文化的元素，中华文化是各民族文化的集大成者。不论是汉民族还是各少数民族，都为中华文化的形成和发展贡献了重要的力量。同时，要在中华文化认同的基础上不断传承和发展各民族文化，保护各民族非物质文化遗产。二是以社会主义核心价值观引领建设各民族共有精神家园。社会主义核心价值观是全社会价值认同的最大公约数，是各民族人民对国家、社会和个人发展的价值共识，指明了中华文明进步的方向，是

① 中共中央马克思恩格斯列宁斯大林著作编译局．马克思恩格斯选集（第1卷）[M]．北京：人民出版社，2012：152.

各民族共有精神家园的核心内涵。铸牢中华民族共同体意识，构建各民族共有精神家园，需要在各民族群众中培育社会主义核心价值观，让爱我中华的种子在每一个人心中生根发芽。三是不断创新中华文化的传播形式和载体。培育各民族人民共有文化心理特质，需要重视中华文化的价值表达形式和传播手段创新。“以多民族文化是中华文化基本构成的深刻阐明，丰富多样的艺术形式表达与底蕴深厚的文艺作品，涵育人心的文化景观、文化工程、传统节日、休闲生活，链接中华民族共同体意识”[①]。正确处理好各民族文化与中华文化的关系是消解文化多元，增强中华文化价值共识的前提和基础，以社会主义核心价值观引领是构建各民族共有精神家园的方向指引，创新中华文化传播形式和载体是激发文化自信的必然要求，三者共同着力形塑各族人民的中华民族文化自觉。

① 范君，詹小美.铸牢中华民族共同体意识的文化方略[J].思想理论教育，2018(08)：49-55.

在"思想道德修养与法律基础"课中培育大学生中华民族共同体意识的思考*

习近平总书记指出："铸牢中华民族共同体意识、推进新时代党的民族工作高质量发展，是全党全国各族人民的共同任务。"①中华民族共同体意识是新时代党的民族工作的思想主线，也是思想政治教育和民族团结教育的主旋律。"思想道德修养与法律基础"课（以下简称"'基础'课"）承担着引导大学生提高思想道德素质和法治素质，成长为自觉担当民族复兴大任时代新人的历史重任。培育中华民族共同体意识有助于提升当代大学生两大基本素质，是"基础"课教学的应有之义。如何在课堂教学中讲好中华民族共同体意识这一内容，如何将培育中华民族共同体意识有机融入教育教学全过程，是实现"基础"课教学目标和任务，深化民族团结进步教育，推进习近平新时代中国特色社会主义思想"三进"的迫切需要和亟须解决的问题。

一、培育中华民族共同体意识是"基础"课教学的应有之义

培育和铸牢中华民族共同体意识是当前和今后一个时期我国民族工

* 本文系2018年度国家社会科学基金特别委托项目"新时代爱国主义教育研究"（18@ZH010）和新疆师范大学马克思主义学院"名师工作室"的阶段性成果，原载于《思想教育研究》2019年第5期，选入本书时有删改。

① 习近平.铸牢中华民族共同体意识 推进新时代党的民族工作高质量发展[J]求是，2024(03)：4-8.

作和民族团结教育的目标指向和根本任务。“基础”课的教学目标是引导大学生提高思想道德素质和法治素养，成长为自觉担当民族复兴大任的时代新人。时代新人既是维护祖国统一的忠诚爱国者，也是推进民族团结进步发展的建设者。培育中华民族共同体意识有助于提升大学生以下两方面素质。

一方面，培育中华民族共同体意识是提升大学生思想道德素质的必然要求。维护祖国统一和民族团结，尊重和传承中华民族历史和文化是新时代爱国主义的基本要求，“在新的时代条件下，弘扬爱国主义精神，必须把维护祖国统一和民族团结作为重要着力点和落脚点”①。加强爱国主义教育必须引导大学生自觉维护祖国统一和民族团结，这不仅需要大学生对于国家和中华民族怀有真挚朴素的情感，更需要引导学生认识国家主权和领土完整统一的重要性，了解中华民族客观存在的历史进程，正确看待各民族与中华民族的关系，各民族文化与中华文化之间的渊源，正确认识中华民族共同体的内涵和时代意蕴等。只有“深”知才能“笃”行，在“基础”课中开展中华民族共同体意识教学，能够铸牢大学生爱国主义的思想根基，引导大学生做一名忠诚的爱国者。

另一方面，培育中华民族共同体意识是提升大学生法治素养的客观需要。全面认识宪法，强化公民意识是大学生法治教育的重要内容。首先，十三届全国人大审议通过的《中华人民共和国宪法修正案》将“中华民族”正式写入了宪法。在“基础”课教学中要讲清楚这一修宪内容的背景、缘由和重大意义，就需要厘清中华民族以及中华民族共同体相关的理论问题，从而更好地引导大学生从法理的视域认知我国统一多民族国家的特征。其次，维护国家统一和民族团结是宪法规定公民应履行的基本法律义务。只有大学生心中有国家，心中有人民，从思想深处认识到维护国家统一和民族团结是每个公民义不容辞的责任和义务，才能做尊法懂法守法的好公民。最后，培育大学生中华民族共同体意识有助于推进大学生超越彼此地

① 思想道德修养与法律基础（2018年版）［M］.北京：高等教育出版社，2018：58.

域、民族、文化差异形成国家命运共同体，强化大学生公民身份认同。

二、“基础”课中华民族共同体意识教学内容的核心要义

习近平总书记在学校思想政治理论课教师座谈会上强调：“推动思想政治理论课改革创新，要坚持政治性和学理性相统一，以透彻的学理分析回应学生，以彻底的思想理论说服学生，用真理的强大力量引导学生。”①在“基础”课中培育大学生中华民族共同体意识首先应守好课堂教学这个主渠道，准确把握教学内容的核心要义，讲清楚讲透彻相关理论问题，这是做好培育工作的前提和基础。

讲清楚中华民族共同体意识的本质内涵。在教学中首先需要引导学生逐一理解“中华民族”“中华民族共同体”及“中华民族共同体意识”概念的深刻含义。自1902年，梁启超在《论中国学术思想变迁之大势》中首次提出了“中华民族”的概念，一直沿用至今。费孝通先生曾说：“中华民族作为一个自觉的民族实体，是近百年来中国和西方列强对抗中国出现的，但作为一个自在的民族实体则是几千年的历史过程中形成的。”②可以说，中华民族在五千多年的发展历史长河中经历了自觉到自在的过程，它是由五十六个民族共同构成的一个民族实体。这个民族实体体现了多元一体的特征，“是由许许多多分散孤立存在的民族单位，经过接触、混杂、联合和融合，同时也有分裂和消亡，形成的一个你来我去，我来你去，我中有你，你中有我，而又各具个性的多元统一体”③。因此，“中华民族”这个概念更多体现了一种集体身份的认同，是具有共同历史记忆、共同经济基础、共同文化象征、共同前途命运的民族实体。“中华民族共同体”和“中华民族共同体意识”这两个概念是2014年9月习近平总书记在中央民族工作会议上首次提出，可以说是赋予了“中华民族”在当代新的内涵，是习近平新时代中国特

① 用新时代中国特色社会主义思想铸魂育人贯彻党的教育方针落实立德树人根本任务[N].人民日报，2019-03-19(01).

② 费孝通.中华民族多元一体格局[M].北京：中央民族学院出版社，1989：1.

③ 费孝通.中华民族多元一体格局[M].北京：中央民族学院出版社，1989：1.

色社会主义思想的新成果。“中华民族共同体”更突出了“共同”这一意蕴，强调了中华民族一体性的属性。而“中华民族共同体意识”作为由一定社会存在而产生的社会意识，它是人们对中华民族共同体这一客观事物的认知和反映，“是人们在社会化过程中形成的对中华民族共同体的认知、情感、态度、评价和认同等一系列心理活动的总和”①。中华民族共同体意识在中华民族发展的不同阶段深刻影响着社会发展和人们的行为认知，我们需要进一步引导学生运用唯物史观的基本方法去认识中华民族共同体意识的功能与作用，从而全面把握和理解“中华民族共同体意识”这一核心概念。

讲清楚中华民族共同体意识的生成逻辑。全面立体认识中华民族共同体意识还需要我们从深度挖掘其生成与存在的合理性与合规性。首先，中华民族共同体意识生成的历史逻辑是理解民族实体的依据。从战国时期中原与周边民族的兼并融合开始，华夏民族的雏形基本形成，秦汉时期以汉民族为主体，到魏晋南北朝出现民族大迁徙和大融合高潮，隋唐时期开放包容，宋元时期在各民族不断开垦下疆域逐渐扩大，到明清时期已形成了各民族政治、经济、文化高度融合的盛况。近代以来，面临抵抗殖民侵略和救亡图存的历史重任，各民族人民形成了同呼吸、共命运的共同体，辛亥革命开启了现代民族国家的起点，抗日民族统一战线成为抗日战争取得胜利的重要力量。中华人民共和国成立以后，制定了民族区域自治制度，进一步促进各民族间的交往交流交融，从“站起来”到“富起来”再到“强起来”，各族人民共同努力奋斗使整个中华民族屹立于世界之林。社会发展的历史进程告诉我们，各民族在不断迁徙融合团结中早已彼此交融，形成了共同实体。其次，中华民族共同体意识生成的理论逻辑是从宏大叙事中提升理性认知、升华思想的关键。中华民族在源远流长的历史与文明发展进程中，经历了“‘从天下观场域’中的‘华夷一统观’向近代民族国家场域

① 青觉，赵超.中华民族共同体意识的形成机理、功能与嬗变——一个系统论的分析框架.民族教育研究[J].2018，29(04)：5-13.

中的‘中华民族观’,继而向新时代和全球化场域中的‘中华民族共同体意识’的转型与跃升”[①]。古代“大一统”思想是维系和支撑中华民族自在共同体形成与发展的思想根基,中国近代民族主义是中华民族自觉共同体产生的基础和开端,而马克思主义民族理论是中华人民共和国成立以来党的民族政策和处理民族关系的理论基石。最后,中华民族共同体意识生成的文化逻辑是共同体重要的特征。文化是一个民族的烙印,深刻反映了一个国家、一个民族发展延续的精神灵魂和基因。中华民族具有“已融入血脉与基因的以和为贵、理性中正、崇道尚同、宽厚包容等共同精神符号和思维方式”[②]。在中华民族生生不息、绵延发展的历史进程中,各民族文化争相辉映,蓬勃发展。在《诗经》、汉赋、唐诗、宋词、元曲、明清小说的作品中蕴含着很多少数民族的风土人情和精神文化,少数民族作者在各民族交往交流交融中也创作了丰富的文学作品,各民族共同创造了博大精深、灿烂辉煌的中华文化。各民族都为灿烂的中华文化作出了重要贡献,各民族文化是中华文化不可分割的一部分。

讲清楚中华民族共同体意识的时代意蕴。在教学中需要进一步把握在中国特色社会主义新时代背景下,铸牢中华民族共同体意识的现实性和必要性。一是引导学生深刻认识到中华民族共同体意识是维护祖国统一和促进民族团结的思想基础。目前,国家领土完整和主权安全还在受到各种分裂势力威胁,同时新时期民族工作还面临很多挑战和困难,各民族之间的交往交流交融需要进一步加强和巩固,这都需要各族人民树立攻坚克难、共同奋斗的意识。二是引导学生了解中华民族共同体意识是各民族实现民族繁荣发展,推进社会各项事业进步的客观需要。新时代社会主要矛盾突出表现在地区之间发展不平衡和不充分,而经济发展相对滞后的少数民族地区在全国贫困地区中占有很大比例,需要各族人民拧成一股绳,劲往一处使,共同努力奋斗发展建设社会主义事业。三是引导学生理解中华

① 严庆,平维彬.“大一统”与中华民族共同体意识的形成.西南民族大学学报(人文社会科学版)[J].2018,39(05):14-18.

② 陆卫明,张敏娜.铸牢中华民族共同体意识论略.贵州民族研究[J].2018,39(03):1-6.

民族共同体意识是实现中华民族伟大复兴的必然要求。实现中华民族伟大复兴梦是全国各族人民的共同夙愿,代表着全国各族人民的共同利益。梦想的实现需要发挥全民族的内生动力,需要各民族人民团结一心,众志成城。

三、“基础”课中华民族共同体意识教学路径的思考建议

在“基础”课中培育大学生中华民族共同体意识不仅要准确把握课堂教学内容的核心要义,还要运用有效的方法和路径,将中华民族共同体意识融入教育教学全过程。

处理好目标统一与学科多样的关系。培育大学生中华民族共同体意识涉及政治学、民族学、历史学、少数民族文化等多个学科的研究与教学。虽然教育内容存在学科多样性的特点,但是教育目标必须坚持统一性。在教育过程中要把握爱国主义教育的主旨,以维护祖国统一和民族团结为主线,以培养和增强大学生祖国认同、中华民族认同、中华文化认同、中国共产党和中国特色社会主义道路认同为基本目标,以马克思主义基本理论方法为根本遵循。同时,还需要发挥多学科研究的支撑作用,积累、整合、利用历史、文化、民族等领域的最新研究成果,将其融会贯通,有机融入教学的思路、内容、路径中。在教学中要注意把握支撑学科借鉴与吸收的目标性与合理性,理清“理”与“据”的关系,切勿喧宾夺主。

处理好价值主导与批判思维的关系。培育中应坚持马克思主义价值主导地位,发挥好爱国主义引领作用。同时,要敢于直面社会中存在的错误观点和思潮,有力回应学生的疑点和困惑。目前,社会中还存在一些学者或个人打着学术研究的旗号,歪曲杜撰中华民族的历史和文化,攻击党的民族政策和民族理论,其险恶用心是搞民族分离主义和民族分裂主义,妄想最终实现分裂国家的目的。还有一些学生存在民族主义的狭隘认识,在思想上对自我本身单一民族的认同高于对中华民族的认同,这种思想观念非常不利于各民族的团结和谐。因此,这需要教师在教育教学中始终坚持批判性思维,擦亮眼睛,善于运用辩证唯物主义和历史唯物主义方法论

应对错误思想观点的挑战，正本清源，消除杂音。

处理好理性认知与情感共鸣的关系。习近平总书记强调："思想政治理论课教学不仅要以理服人，更要以情动人，提升教学的说服力、吸引力和感染力。"[①]一方面，在教学中需要深入研究相关理论难点，深入剖析重点，破解学生思想疑点，引导学生完善理性认知；另一方面，还需要以情感人，以情动人，做到动之以情，晓之以理。具体而言，一是可以依托本地区的民族团结工作和民族团结教育资源，挖掘特色事实案例，将发生在学生身边或学生熟知的鲜活人物和事件作为教学素材融入教学中，触及学生内心世界，激发学生情感认同。二是设置民族团结主题情境教育活动，引导学生讲好本地域的故事，讲好身边的故事，引发学生的情感共鸣。三是利用网络新媒体，组织学生拍摄各民族和谐交往的微视频，以学生喜闻乐见的网络交流方式传播民族团结校园文化，营造出各民族和谐相处的亲密氛围。

处理好理论内化与实践外化的关系。课堂教学是小课堂，社会实践是大课堂。在培育中不仅要讲好课堂教学，守好主渠道，还需要创新实践教学，到社会中去开辟第二课堂。可以在高校各民族师生之间开展"民族团结一家亲"活动，鼓励教师进班级、进宿舍、进食堂，联系家长、联系学生，与学生交朋友，大大增进各民族师生之间的思想、情感和语言交流，拉近各民族师生之间的身心距离。可以组织学生前往革命老区开展传承红色文化实践活动，尤其是在少数民族地区高校可以分批组织少数民族学生代表前往井冈山、延安等革命教育基地进行参观学习，开展革命文化宣传与交流会，形成示范感召效应。可以组织学生深入少数民族基层贫困地区开展帮扶支教活动，引导学生在基层锻炼中再次体悟民族团结的重要性，锻炼各民族之间交往交流能力，为各民族的繁荣发展尽一己之力。还可以在各民族学生之间开展互帮互助，共同进步的学习活动或文化艺术活动使各民族学生通过课外活动深入交流，像石榴籽一样紧紧抱在一起。

① 用新时代中国特色社会主义思想铸魂育人贯彻党的教育方针落实立德树人根本任务[N].人民日报，2019-03-19(01).

探讨以红色文化铸牢大学生中华民族共同体意识*

铸牢大学生中华民族共同体意识，是实现中华民族伟大复兴的必由之路，也是建设中国特色社会主义的必然要求。红色文化是优秀文化的传承与发展，蕴含着共产党人的优秀品质，是铸牢大学生中华民族共同体意识的应有之义。赓续红色文化血脉，有助于立德树人，提升人们的文化素质，增强文化自信，引导文化自觉。凝聚思想共识，培育时代新人。在发展红色文化过程中，要注重社会、学校和个人层面的建设与培育，从而在大学生中植根红色文化基因，为实现中华民族伟大复兴作出贡献。

红色文化是对中华优秀文化的继承与发展，是中国共产党带领各族人民在革命、建设与改革中凝结而成的优秀文化，贯穿了党带领各族人民从站起来、富起来到强起来的历史进程。弘扬红色文化，对建设文化强国具有举足轻重的作用。其外延包含红色物质文化和红色非物质文化。红色文化作为中华优秀传统文化的重要组成部分，将其融入思想政治教育中，对新时代铸牢大学生立德树人教育具有重大意义。

* 本文系新疆维吾尔自治区社会科学一般项目“南疆农村基层党组织在维护社会稳定中的作用研究”（17BDJ012）的阶段性成果，原载于《侨园》2021年第8期，与尹涛合作，选入本书时有删改。

一、红色文化在大学生中华民族共同体意识中的价值意蕴

实践证明，红色文化在历史和现实中发挥了积极作用，对铸牢大学生中华民族共同体意识具有如下意蕴。

（一）立德树人　提升人们的品质

立德树人是根本任务，其内容包括“培养什么样的人”“怎样培养人”和“怎样立德树人”。红色文化作为中华优秀文化的重要组成部分，将其融入思想政治教育中，融入社会教育实践中十分重要。它也是落实立德树人根本任务和提升人们文化品质的重要内容，是使大学生“心往一处想、劲儿往一处使”的精神动力，是铸牢中华民族共同体意识的力量源泉，对大学生起到启润心智、铸魂培根的重要作用。培育大学生对红色文化的认同感、树立大学生对中华民族共同体意识的认同感，挖掘红色文化的时代价值，加深当代大学生的责任感和使命感，对高校落实立德树人和提升人们的文化品位具有重要意义。

（二）增强文化自信　引导文化自觉

党的十八大提出了“道路自信”“理论自信”“制度自信”和“文化自信”。文化自信是一个国家、一个民族对自身文化的认可，是对自身文化生命力的坚定信心。文化自觉与自信是在适应时代发展的基础上对传统文化的继承和发展。红色文化自信本质上是对红色文化的自信与觉醒。增强大学生红色文化自信就是要用红色精神铸牢大学生中华民族共同体意识。在世界多极化和全球化的背景下，文化的影响力越来越大、覆盖面越来越广，成为一种软实力，文化自信成为国际竞争及力量对比的重要因素。面对错综复杂的外部局势，大学生能否秉持红色文化的自觉与自信，则关系到社会稳定和长远发展。红色文化是中国优秀文化中的重要内容和成果，是各族人民凝聚爱国主义精神和时代精神的延续，是淳朴善良、热心公益、无私奉献良好品质的融合，成为祖国不可或缺的宝贵资源。

(三)凝聚思想共识　培育时代新人

红色文化内容丰富,要依托其凝聚大学生的思想共识。“红色精神自诞生之日起就始终是中国人民的强大精神支柱,它把整个民族紧紧地团结起来、凝聚起来,使全国人民保持着激昂的精神状态向着共同的理想目标前进”[①]。要将红色精神融入大学生的生活和思想教育中去,让红色精神在大学生内心生根发芽,对铸牢中华民族共同体意识具有重要意义。红色文化精神中所蕴含的不惧险阻、不畏牺牲、团结一致、开拓创新等精神,不仅使大学生养成健康积极的精神状态、激发其社会责任感,更有利于凝聚和达成大学生的思想共识,使其成为当代新人。

二、红色文化植根中华民族共同体意识的现实载体与精神体现

红色文化根植于各民族群众中无不体现其精神价值。一方面,红色文化资源起着桥梁和纽带作用。夯实红色文化基础,铸牢红色文化根基,才能使社会稳定发展。红色资源是党领导下各族人民在长期的实践中形成的宝贵经验与财富,是各族群众不怕艰苦的精神写照,是当今美好生活的根基。我们的红色文化资源底蕴深厚,不断推动着社会经济文化的全方位发展。从中我们看到的是全国各族人民在中国共产党的领导下,敢于担当、奋勇拼搏的集体智慧结晶,是各族人民铸牢中华民族共同体意识的现实载体和精神纽带。另一方面,红色文化精神是铸牢各族人民中华民族共同体意识的重要动力。文化的力量是无穷的,假如没有文化的倡导和引领,就不会发挥出各族人民的精神力量作用,也不会充实人们的精神世界,国家和民族就无法走向世界,走向未来。

红色文化精神是由具备优良精神品质的前人用自己的努力、奋斗甚至生命而形成的优秀文化精神,这些红色文化精神对今天的我们是一笔取之不尽、用之不竭的宝贵精神财富。这些红色文化精神是无数前人智慧和汗

---

① 韩玲.红色文化涵育社会主义核心价值观研究[M].北京:人民出版社,2018:63.

水的结晶。因此，发扬和传承红色文化精神，发挥其感染力和凝聚力的作用是我们的责任，更是铸牢大学生中华民族共同体意识的重要动力。

三、以红色文化精神铸牢大学生中华民族共同体意识的实践路径

红色文化内容丰富，历史悠久，充分发挥好红色文化的价值底蕴，要从社会、学校、个人三方面努力。

（一）社会重视红色文化建设

如何建好用好红色文化教育基地，要在保护好红色文化资源的基础上，着力打造红色文化教育基地。既要保护好有形的红色文化，也要利用好无形的红色文化，二者有机结合才能打造出红色文化教育基地，将红色文化融入大学生中华民族共同体意识当中。

创新完善红色文化展陈方式也是宣传红色文化的内容，更是能否吸引参观者的重要因素。要在原有的展示方式基础上推陈出新，比如运用人工智能技术讲解，采用互联网+和 5G 技术提高参观者的体验感，红色文化景点向游客免费开放等。在内容上不仅仅局限于图片，还应增加实景陈列，并与参观者互动，以此提高参观者的兴趣度和体验感。

推出红色文化出版物也是有效的办法。出版物作为宣传精神文化的载体具有重要作用。各文化单位、广播电台、出版社等要在宣传上下功夫，组织推出红色文化精品出版物，以通俗易懂的文字、生动的图片和有趣的音视频等出版大学生喜闻乐见的红色文化出版物。

（二）学校应注重培养大学生的红色文化情感

古人有云：先行其言，而后从之。培养大学生的红色文化精神素养，首先需要加强教师自身的红色文化精神素养。教师要注重红色文化精神的学习，同时要充分利用课堂教学作用，讲好思想政治理论课，将红色文化精神内容融入课堂教学中，以生动的红色文化故事培养教师和学生的红色文

化精神素养，为铸牢师生的中华民族共同体意识打下基础。

实践证明，组织开展红色文化活动能提高师生的参与积极性。在学校举行红色文化教育活动，组织学生观看红色文化电影、举办红色文化知识竞赛等。学校要运用好网络媒体，创新以红色文化铸牢各族人民的民族共同体意识的途径，如在微博、抖音、微信公众号等平台上举办红色文化活动，围绕红色文化讲好人好事，让广大师生更多了解红色文化和中华民族共同体意识。

还有，应该让红色文化融入思想政治课内容里。利用讲课的平台讲好红色文化故事，在思想政治课中开发红色文化资源专题内容，以讲座、表演等形式还原红色记忆，展现各族人民拼搏奋进的光荣历程。组织发动学生了解红色革命英雄事迹，分享红色故事，畅谈家乡变化，加强红色文化教育。

（三）提高个人修养

理想信念是我们行动的指向标。崇高的理想信念，可以使我们更好地扬帆起航，给我们的生活以积极正面的影响。因此，要鼓励大学生研习红色经典，弘扬红色文化，树立崇高的理想信念，这不仅有助于个人的成长，还关系到是否铸牢中华民族共同体意识和实现中华民族伟大复兴。

要培养大学生良好的道德品质。实践证明，大学生具备良好的道德品质，无论对个人的身心健康，还是对社会的稳定都十分重要。红色文化的精神内涵包含许许多多的优良道德品质，所以，研习红色文化精神过程，也是学习如何培养个人优良道德品质的过程。大学生注重培养良好的道德品质，有助于铸牢其中华民族共同体意识。

提高大学生的科学文化知识素养，是培养大学生全面发展的基础。科学文化知识素养当然包含红色文化，学习红色文化不仅能促进个人的全面发展和社会的进步，对于大学生铸牢中华民族共同体意识和实现中华民族伟大复兴也具有重要意义。

总之，铸牢大学生中华民族共同体意识离不开源植于大学生内心的文化自信，而这种文化自信离不开红色文化。铸牢大学生中华民族共同体意识不仅要将红色文化融入大学生的生活中，还要将红色文化价值观念融入到大学生的精神世界中。要在社会实践中深植红色文化观念，让其内化为铸牢大学生中华民族共同体意识的动力和行动向导，进而实现各族群众团结一心，为铸牢中华民族共同体意识和实现中华民族伟大复兴而奋斗。

民族地区青少年铸牢中华民族共同体意识的价值意蕴及当代价值

一、青少年铸牢中华民族共同体意识的价值意蕴

青少年是祖国的未来民族的希望，也是社会发展的中坚力量。对青少年铸牢中华民族共同体意识，能够引导青少年自觉维护祖国统一和民族团结，弘扬爱国主义精神，激发爱国主义热情，养成正确的价值观，认识和了解民族问题，践行中华民族精神起到积极影响作用。因此，深入开展铸牢中华民族共同体意识教育，是建设和谐社会、构建和谐民族关系的关键，也是进一步巩固各族人民大团结、建设社会主义和谐社会的重要方向。

（一）有利于维护祖国统一、民族团结

“中华民族共同体意识是民族团结之本”①。铸牢中华民族共同体意识，可以促进民族地区人民更好地了解和掌握历史。一方面，铸牢中华民族共同体意识可以促进新时代青少年更好地感受中国特色社会主义的伟大实践，感受历经磨难、饱经风霜、百折不屈的中国力量，这种真实而富有深刻历史厚重感的实践经验，有利于促进新时代青少年铸牢中华民族共同

① 习近平.完整、准确、全面贯彻落实关于做好新时代党的统一战线工作的重要思想[J].求是，2024(02)：4-7.

体意识,从思想上更加认可铸牢中华民族共同体的意义。各族人民相互分离到守望相助、密切联系都是民族不断融合发展的结果,也是中华民族共同体意识的思想反映,更是铸牢中华民族共同体意识的真实写照。另一方面,青少年站在历史与现实的高度上,理解国家出台民族政策和方针的深刻意蕴,方可使青少年从心中自觉抵御不良思想的侵蚀和危害,从而更加科学有效地传播正确的民族政策和方针,为维护祖国统一和民族团结做出自己的应有贡献。

(二)有利于增进中华民族认同感和国家认同感

马克思恩格斯曾说过:“人的本质不是单个人所固有的抽象物,在其现实性上,它是一切社会关系的总和。”[①]随着历史、文化、政治、经济不断发展而交织产生的共有情感。只有人民经历了苦难、挫折后,不断内化、反思由心底产生的信任感与归属感才能让人们真正感同身受,理解中国共产党为之奋斗的原因和信念。在人民看到自己行动产生的结果时、获得的成就时,中华儿女必将更加坚定自己的信念,坚持党的初心和使命,提升对国家的认同感。青少年处在春风里,在党的帮扶下茁壮成长。青少年在多方力量的不断鼓舞号召下,青少年能够听党话、跟党走、感党恩。青少年对国家有着很强的认同感和使命感。无论是从经济扶持,还是政策引导,抑或教育帮扶下,党和民族形成多元一体的双向互动,良性反馈。而就在这样一种良性互动的状态下,青少年潜移默化地接受着党的教育的同时,享受着党给民族的政策福利,能够激发青少年爱国主义热情,自觉将中华文化认同与青少年彼此相融合,会提高青少年对中华民族的认同感与自豪感。两者通过有效融合使得青少年更加清晰直观地感受到祖国的伟大与人民的辛勤付出,进一步加强青少年对祖国观、历史观、文化观、民族观的认识,促进青少年养成正确的世界观、人生观、价值观,为新时代青少年铸牢中华民族共同体意识奠定良好的理论基础。

---

① 马克思恩格斯选集(第1卷)[M].北京:人民出版社,1995:60.

（三）有利于培养实现中华民族伟大复兴的时代新人

在当前的科技时代，人才是推动社会进步的重要力量，青少年是国家需要的人才力量，是推动国家发展和社会向好发展的主要力量。要使青少年成长为社会主义事业的合格建设者和接班人不仅要大力提高他们的科学文化素养，也要树立中华民族共同体意识，各族同胞携手共进实现中华民族伟大复兴。坚持把立德树人作为中心环节，加大提升青少年的铸牢中华民族共同体意识。切实加强和改进铸牢中华民族共同体工作，能够使当代青少年与民族共命运、与时代同步伐、与社会共进步，确保实现中华民族伟大复兴，具有重大和长远的战略意义。高校作为一个有机的社会组织和国家政治制度的支柱，是广大青年人才的聚居地，同时也是铸牢中华民族共同体意识的主要阵地。邓小平指出："学校应该永远坚持把正确的政治方向放在第一位。"[①]在青年学生中做好马克思主义政治理论工作，为党和国家培育好青年一代，引导青少年树立正确的人生价值导向，坚定"四个自信"和"五个认同"，铸牢高校青少年中华民族共同体意识。坚持正确的政治方向是坚持党性的关键，无论是做任何行业领域内的工作都要遵循党的方针、路线、政策，了解国内外发生的重大事件，在思想和行动上与党和国家共进退，坚持维护党和国家的权威。当前，我国正面临着许多的困难与挑战，在实现中华民族伟大复兴的中国梦的道路上，广大青少年应当传播社会主义正能量、以爱国主义为核心的伟大民族精神，成为社会主义合格建设者和可靠接班人。

（四）有利于凝聚思想共识，共建精神家园

民族团结的文化氛围培养，离不开文化阵地的建设，只有让各族群众在思想上、价值观上达到一致或相似，才有利于使各族群众产生精神共鸣，从而有利于促进民族团结。而文化阵地的建设离不开基层党组织的领导，

① 邓小平文选（第2卷）[M].北京：人民出版社，1994：103.

离不开民族工作，更离不开铸牢中华民族共同体意识。只有依托党组织的领导，才能更好地培育民族团结的文化氛围。青少年铸牢中华民族共同体意识，对推动国家发展、社会进步和自身的成长成才，具有非常深远的意义。青少年作为最富有朝气和活力的群体之一，是社会主义现代化建设的中坚力量，青少年肩负着国家使命和时代责任，是国家向好发展的关键，要大力推进共同体意识进网络，用先进的、优秀的共同体意识的大环境帮助青少年树立正确的世界观、人生观和价值观，为社会主义建设培养出有用的人才。同时在新媒体下营造中华民族共同体意识的大环境，引导当代青少年树立永远跟党走的坚定信念，是党赋予学校铸牢中华民族共同体意识工作的光荣使命，也是当代青少年树立正确的思想观念最重要、最基本的政治任务。总之，培育民族团结文化氛围的过程中，是各族青少年文化交流交融的过程，也是真正地发挥“聚民心”的过程，更是团结各族人民，为各项事业的发展凝聚力量的过程。

二、民族地区铸牢青少年中华民族共同体意识的经验启示

（一）坚持党的全面领导作为铸牢中华民族共同体意识的根本原则

新中国成立以来民族工作取得的经验成就表明，没有中国共产党的领导，中国人民无法运用先进的思想武器去武装人民的头脑，也就没有先进的马克思主义政党顺应时代的发展，承担历史的重任。只有中国共产党才能改变被压迫、被奴役的命运，只有中国共产党才能实现维护祖国统一和民族团结的时代大任，只有中国共产党才能带领中国人民走上社会主义道路，走向繁荣富强。新时代，在民族开展民族工作是由社情和区情所决定的，具有强烈的政治性。在“五个认同”中加入“对中国共产党的认同”就足以表明坚持党的全面领导的重要性。同时，民族地区坚持党的全面领导是建设美丽民族的根本原则，也是维护民族各族人民根本利益的重要途径，更是处理民族工作取得成功的根本所在。在青少年中铸牢中华民族共同体意识不仅是维护民族地区和谐稳定和长治久安的关键一招，也是落实立

德树人、读书铸魂，实现中华民族伟大复兴时代新人的最终目标；更是传承红色基因，践行实际行动的本真要义。

民族地区要想正确理解和掌握铸牢中华民族共同体意识的理论基础与实践路径，就需要从强化党的领导的重要思想入手，全面贯彻落实党的各项民族工作和政策方针，从源头落实出发，夯实铸牢中华民族共同体意识的思想观、实践观。同时，对中国共产党的认同是民族团结的必要条件。青少年要用行动将党的政策方针落实在民族，打牢民族地区的政治基础。在思想上，青少年要听取党政方针意见，虚心学习；在行动上，青少年要密切联系群众，干在实处。充分彰显了青少年在党的光辉照耀下，响应中国共产党的决心和信心。

（二）坚持“五个认同”作为铸牢中华民族共同体意识的思想基础

“中国是统一的多民族国家，铸牢中华民族共同体意识，始终保持国家完整统一，实现各民族团结奋斗、共同繁荣发展，是中国共产党民族政策的方针宗旨”[①]。民族团结是民族各族人民的生命线，也是国家的生命线。在民族开展好“五个认同”工作，是做好民族团结工作的前提，也是落实好民族团结工作的根基。

从大的来讲，如果民族各民族没有认同感，那么团结也就不复存在了；从小的来说，如果青少年没有认同感，那么祖国的繁荣昌盛也将变得岌岌可危。因此，贯彻落实“五个认同”工作需要结合民族的地理环境、特殊区情、各个群体的差异性来正确看待，不能剑走偏锋、盲目照搬与模仿，需要同民族的实情相联系。现阶段，我国是中国共产党领导下的社会主义国家，这就决定着要“教育引导各族群众树立正确的国家观、历史观、民族观、文化观、宗教观，增进对伟大祖国、中华民族、中华文化、中国共产党、中国特色社会主义的认同”[②]。“五个认同”是新时代巩固民族工作的生命线，是

① 中华人民共和国国务院新闻办公室．中国的民主［M］．北京：人民出版社，2021：18.

② 完全准确贯彻新时代党的治疆方略 建设团结和谐繁荣富裕文明进步安居乐业生态良好的美好新疆［N］．人民日报，2022-07-16(01).

民族地区开展民族工作的基本遵循,更是实现社会稳定与长治久安的重要基石。因此,中华文化认同是民族各民族文化繁荣发展之基。“五个认同”为民族地区铸牢中华民族共同体意识明确了前进方向,指明了现实路径。作为青少年要始终坚持贯彻“五个认同”并作为自身的使命担当,发挥牵引力的作用,成为提升新时代民族铸牢中华民族共同体意识的初心与使命的内在动力。

(三)落实立德树人作为铸牢中华民族共同体意识的根本任务

在青少年中开展铸牢中华民族共同体意识是做好新时期民族工作的应有之义,也是打造实现中华民族伟大复兴时代新人的必然要求。对青少年铸牢中华民族共同体意识体现了民族地区在立德树人的过程中对培育“四有新人”的根本实践和价值遵循。通过贯彻落实立德树人的根本任务,严格把握和管理青少年的教育质量和教育标准,有利于推动青少年铸牢中华民族共同体意识的知行转换。立德树人两者观念的有机统一,最大限度地发挥立德树人的能动性。青少年作为祖国的后备军,需要民族政府重视青少年的人才培养工作。同时,民族学校要将立德树人的观念与课堂生活相融合,提升青少年思维的能动性与可靠性。

在此期间,要将德育工作贯穿学校生活的全过程,积极培养符合民族发展和建设的可靠建设者和接班人,这是民族地区开展铸牢中华民族共同体意识的逻辑起点与实践基石,也是立德树人、读书铸魂的使命要求与责任担当。

(四)坚持促进交往交流交融作为铸牢中华民族共同体意识的关键抓手

在过去“中华民族的形成与发展,是中原各族和文化同周边诸族和文化连续不断交往交流交融的历史过程”[①]。在今天,民族各民族交流交往也

① 中华人民共和国国务院新闻办公室.新疆的若干历史问题[M].北京:人民出版社,2019.:10.

是推进民族工作的内驱动力。开展好民族工作，是民族各族人民画好同心圆，做好亲情事的关键。目前，民族地区坚持以铸牢中华民族共同体意识为主线，始终贯彻落实民族政策方针，扎实做好民族工作，为打造积极健康向上的民族工作环境贡献自己的力量。青少年处于社会、学校中的中坚力量，成为民族团结交流交往的主力军。因此，在民族地区开展青少年民族团结工作变得尤为重要。

按照因地制宜的原则，首先，青少年要树立正确的“三观”，从生活中关心同学，从行动中维护民族团结，推动民族团结在我身边的建设。只有在平时重视民族团结工作，践行民族认同观念，才能更好地构建青少年共有的精神家园，为铸牢中华民族共同体意识营造良好的发展空间。其次，青少年要发挥出自身的青春活力，从小事出发，积极参与社会、学校、班级、宿舍组织的民族团结一家亲活动、手拉手心连心活动等等，形成民族团结友好交流的良性互动平台，为民族团结工作奠定良好的开展基础。只有青少年形成了学习互动小组，才能在不断的交流交往中，推动各族师生形成“生活共同体”“文化共同体”“发展共同体”。最后，青少年在培育民族团结文化的健康氛围中，逐渐成为促进民族团结交流交往的纽带。发挥青少年能歌善舞，聚民心的作用，从而更好地发挥出自身主力军的作用，成为民族团结事业健康养成的孵化剂、凝心力。

（五）坚持形成国家、社会、学校、家庭教育合力的新局面

增强青少年国家认同教化力量，是发挥青少年爱国主义教育整体效应的基本保障。马克思将人的本质归结为“一切社会关系的总和”，以此为遵循，毛泽东主席指出：“思想政治工作，各个部门都要负责。”[①]强调各教育主体协调一致、齐抓共管、形成合力。新中国成立以来，在青少年铸牢中华民族共同体意识的过程中，党和政府坚持国家、社会、学校、家庭教育相衔接，注重聚合青少年国家认同教化力量，取得了青少年爱国主义教育整体上的

---

① 毛泽东著作选读（下册）［M］.北京：人民出版社，1986：780.

巨大成功，培育了一代代社会主义建设和改革的优秀人才，推动了社会主义建设和改革的巨大胜利。然而，铸牢中华民族共同体意识的过程中，由于西方资本主义价值观念的冲击，社会教育力量在青少年国家认同教育中的正向引导作用在一定程度上被削弱，导致青少年的爱国主义教育受到一定程度的影响。

历史经验告诉我们，每当加强青少年国家认同教化合力，青少年民族团结教育就会取得成效；如果忽视或削弱了其中任何一方教育力量，青少年民族团结教育就会受到影响。青少年民族团结教育只有以国家教育为主导、社会教育为依托、学校教育为主渠道、家庭教育为基础，全面增强青少年国家认同教化力量，才能全方位、多角度、深层次地教育引导青少年成长为国家和人民需要的栋梁之材。

三、民族地区铸牢青少年中华民族共同体意识的路径选择

加强文化领域的反分裂斗争，构筑牢固的中华文化认同，实际上是一场围绕国家认同展开的争夺思想文化阵地、争夺民心向背的较量，是一场没有硝烟的斗争，这无疑将是一项长期而艰巨的浩大工程。经过对民族地区铸牢大学生文化认同意义进行分析，提出民族地区对待文化认同面临的问题与困境，在此对构建牢固的中华文化认同从根源上遏制民族分裂主义的对策进行探讨。

（一）筑牢意识形态阵地

坚定青年大学生理想信念。当前意识形态工作已经成为一项极其重要的工作，高等院校作为培养国家未来人才的摇篮，要全面贯彻落实党的教育方针，办好社会主义大学，唱响民族文化主旋律，动员党员干部和广大教师提高政治站位，深化政治理论学习，时刻同党中央保持高度一致。积极引导青年学生树立正确的人生观、世界观和价值观，面对多元文化渗透，保持理性、冷静的头脑，做出客观、合理的评价与选择，在大是大非问题面前不迷茫，在原则问题上始终保持坚定的政治立场，面对价值观念的冲突

与矛盾,做出科学的判断和坚定的选择,坚定为实现中华民族伟大复兴而奋斗不止的信心和决心。

(二)加强网络法律制度保障

网络是高校学生和社会交流的主要途径,高校学生的主要生活场所是学校,他们日常接触的也无非是自己的同学和老师。所以,他们对于社会事实和国家政治问题并不是很了解。对于网络上的一些不合法的信息他们还没有很好区分能力,很容易受这些信息的影响。虽然相关部门已经发布的相关法规来约束网络信息安全,但是还有很多网络平台无视法律法规,在网络平台上发布一些不良信息,这些信息给高校学生的文化认同带来了不同程度的影响。网络法治完善也会影响到学生对我国文化的认同,比如说一些网络黑客利用网络黑洞,传播不利于社会主义发展的视频、文字,抹黑中国历史,干扰大学生的文化认同。或者是通过网络洗脑、传教,企图从精神上摧毁和诱导大学生。由此可见,法律部门需要根据网络文化发展的需求和现状,根据实际情况去完善相关的法律法规,为网络文化提供基础保障。

(三)构建中华文化认同的正确价值取向

共同的文化价值观、历史命运塑造的社会成员一体感是多民族国家凝聚力的重要来源。针对民族分裂主义力图分裂中华统一文化、否认中华民族的共同历史、割裂民族与祖国的历史联系等价值谋求,我们必须不断加强不同民族成员共同认同的中华文化建设。为此,应该在继承中华传统文化价值理念精髓的同时,与现代文化相适应、与现代社会相协调,在价值取向上体现出国家统一的向心理念、“和而不同”的包容理念、凝聚共识的对话理念,塑造全体国民的文化共性,对冲和瓦解分裂主义反文化认同。

(四)丰富文化育人途径,提升青年大学生文化素养

青年大学生是民族文化发展与传承的主力军,高校是实现文化育人的

重要基地，为此高校在文化育人体系的构建上要充分考虑到青年大学生群体与传统文化之间的关系，结合当前网络媒体平台等形式，让传统文化的传播方式更符合青年大学生的审美，才能使文化育人效果更加深入人心。高校要积极拓宽文化育人的途径，利用课程思政等形式加强文化与课堂的连接，强化课堂中的文化育人成效，在校园文化活动的开展上要与时俱进，形式新颖，将优秀的传统文化与现代艺术传播方式有机结合，将青年大学生日常关注的网络文化与校园文化适度添加丰富的民族文化色彩，弘扬主旋律，传播正能量。

（五）注重群体需求，精准文化自信培育方式

随着全球化进程的加快，多元文化思潮交流碰撞，新的社会发展要求对青年大学生文化认同的培育过程，要与时俱进，创新培育模式。结合“95后”“00后”大学生的身心发展现状，创新“青马工程”的培育模式，将文化自信的深刻内涵与时代发展相联系，改变僵硬的单向传授模式，在实践活动中加强互动和感染。发挥“课程思政”的育人成效，“让所有课都上出‘思政味’，所有任课教师都挑起‘思政担’，构建全员大思政教育体系。”发挥“互联网+教育”培育模式的效力，发挥融媒体平台的文化传播效应，利用校园主流媒体平台，微博、微信公众号等其他形式，征集大学生原创的文化艺术作品，发布文化内涵深刻、具有价值引领意义的纪录片、影视作品等，增强青年大学生对中华文化的亲切感。

（六）加强内外交流互动，提升民族文化软实力

随着中国经济实力与人民生活水平的日益提高，中国在世界舞台中获得越来越多的话语权，习近平总书记多次在国际重要场合发表讲话，引用中国文化典故，传递民族文化能量。当前我国正着力建设社会主义文化强国，面对国际文化领域日益激烈的竞争，提升民族文化软实力势在必行。越来越多的优秀青年出现在世界舞台上，参与感强，与世界关联度更高，提升大学生的文化认同，能够帮助青年学子更好地提升自身文化素养，把握

民族文化内涵，对外积极宣传中华优秀文化，传播新时代的中国声音，在多元的文化环境中，向世界传播中国文化自信。同时，通过国际高校教育成果、文化成果的互动交流，推动中华文化与国外优秀文化深层次的交流研讨，大学生主动担当起宣传中华文化的重任和历史使命，讲述中国经济社会发展成就、民族文化内涵等，扩大民族文化的话语权，为提升中华文化的国际影响力和民族文化软实力做出积极贡献。

生活叙事铸牢中华民族共同体意识的理论基点、价值意蕴与实践理路

党的二十大报告指出："以铸牢中华民族共同体意识为主线，坚定不移走中国特色解决民族问题的正确道路，坚持和完善民族区域自治制度，加强和改进党的民族工作，全面推进民族团结进步事业。"[①]"中华民族共同体意识"作为凝聚各民族奋斗共识，铸育团结一致价值规约的"观念上层建筑"，其理念叙事成效能否深得人心、永矢弗谖，并促成人民群众自觉传扬、实化于行，关涉"五个认同""四个与共"的认可涵濡与服务"两个大局"的认知蒙养。叙事作为讲故事手段，与价值观的宣介紧密相关。新征程，以铸牢中华民族共同体意识为主线建构叙事传播体系，势必要实现中华民族共同体意识与各族群众日常生产生活的深度契合，[②]继而高效昭彰力透纸背的生活叙事效能，敬终如始发出并讲好铸牢中华民族共同体意识的声音与故事。

① 习近平.高举中国特色社会主义伟大旗帜 为全面建设社会主义现代化国家而团结奋斗——在中国共产党第二十次全国代表大会上的报告[M].北京：人民出版社，2022：39.

② 高旸.构筑共有精神家园：新时代铸牢中华民族共同体意识叙事的理论逻辑与实践探索[J].统一战线研究，2024，8(01)：105-121.

一、生活叙事铸牢中华民族共同体意识的理论基点

通俗语境下，叙事乃叙述故事之谓也。[①]人类群体无论是出于文明承续，还是为了强化人际的抱团行为，都需要叙事这一介体。且叙事行为具备鲜明意识形态，甚至特殊政治意蕴的本体论和认识论选择。[②]在叙事学论域中，生活叙事是指真实环境、事实意义上的事件阐述，本质是一种实在的、大众的，与生活实践经验密切相关的交流活动。因此，生活叙事铸牢中华民族共同体意识，是通过贴近人们日常生活的表征、阐释及传播方式，推进中华民族共同体意识扎根于人们生活世界和思想世界的实践举措。[③]在生活叙事铸牢中华民族共同体意识的命题上，要以创新中国叙事体系为主基调，持守正确显豁的理论导向，深挖细嚼博大精深的马克思主义经典文本，深耕细作新时代以来党的理论创新生活叙事范式，从各族群众的生活日常中探源生活叙事经验，继此寻绎生活叙事铸牢中华民族共同体意识的学理厚度。

（一）马克思主义经典文本提供了生活叙事思想供给

“铸牢中华民族共同体意识”这一重要论断，是始基于历史沿革的经验总结和时代发展的任务亟须。迈入新征程，要致力于将新论断由“宏大叙事”的权威公理信条，转变为贴近实际、贴近生活、贴近群众的精微叙事。马克思主义经典作家与民族相关的经典论述中，也常用独有的叙事技巧来强化民族叙事文本的理念生活化，且达成了所期待的叙事能动力。说明了生活叙事是可以实现自叙与他叙的结合，形成共叙的大众化

---

① 曹银忠，闫兴昌．思想政治教育数字叙事：内涵、生成与优化进路［J］．思想教育研究，2023（10）：18-24.

② 谭君强．叙事学导论——从经典叙事学到后经典叙事［M］．北京：高等教育出版社，2014：10.

③ 张国启，蔺叶坤．生活叙事铸牢中华民族共同体意识的内涵、价值与路径［J］．河海大学学报（哲学社会科学版），2023，25（03）：48-56.

阐释格局。[①]

一方面,对生活叙事内容的切近。列宁在《论〈宣言书〉》一文中指出:“在传达这种思想时,要善于运用通俗易懂的语言,并且能够借助于日常生活中他们所知道的事实。”[②]直接说明了宏大叙事有必要与日常生活链接。在阐释民族融合问题时,列宁提到民族的融合加强也可以源于“在修筑的每一俄里铁路,建立每一个国际托拉斯,建立每一个工人协会”[③]。在具体做法上,列宁认为需尊重民族传统和特殊性,“要照顾到各该民族在文化上和生活上的特点”[④]。除此之外,对民族国家的形成及历史作用的研究,列宁还注重以生活事实数据为依据,从数据现象中挖掘问题本质。恩格斯在民族团结上,更鲜明地提出:“要实现‘欧洲各民族人民的兄弟同盟’,不能依靠空洞的言辞和美好的意愿,而必须通过彻底的革命和流血的斗争。”[⑤]从这些经典论述中无不体现出经典作家对实际的实践的,摸得着看得见的生活叙事内容的切近。

另一方面,对生活叙事作用的描述。恩格斯对费尔巴哈的《基督教的本质》评价道,凭靠美文学的、有时甚至是夸张的笔调,而赢得了广大的读者。而在往来书信中,马克思、恩格斯也表达了叙事“枯燥”“教义问答形式”等弊处。因此,在阐述民族和国家形成过程时,马克思把部落的迁徙比作野兽的游荡,把人类的定居比作“猿猴栖息在树上”[⑥]。释述民族阶级分化时,恩格斯将“不再从事生产而只从事产品交换的阶级——商人”,视作“社会寄生虫阶级”[⑦]。关于各民族交往形式,列宁将“打成一片”作为高频词,譬如各民族共同的文化“能使一切民族在高度的社会主义团结中打成一片”“支持一切

---

① 张国启,蔺叶坤.中国式现代化叙事体系的建构:时代旨趣、思维逻辑及实践向度[J].社会主义研究,2023(03):1-8.

② 列宁全集(第4卷)[M].北京:人民出版社,2013:277.

③ 列宁全集(第24卷)[M].北京:人民出版社,1990:136-137.

④ 列宁全集(第12卷)[M].北京:人民出版社,1987:210-211.

⑤ 马克思恩格斯全集(第6卷)[M].北京:人民出版社,1961:322-323.

⑥ 马克思恩格斯文集(第8卷)[M].北京:人民出版社,2009:123.

⑦ 马克思恩格斯文集(第4卷)[M].北京:人民出版社,2009:184-185.

促进各民族间日益紧密的联系和促进各民族打成一片的措施”①。在论及民族统一时，马克思把能够实现民族统一的公社制度职能人员称为勤务员②。此外，经典作家在明晰民族问题时，也常以“兄弟般”“大家庭”“星星之火”“燎原烈火”“长城”等用词开展生活叙事，即运用平民化、生活化的叙事进行理念传递，使无产阶级的各族群众能够听得明白、深入体悟。

（二）新时代以来党的理论创新赋予了生活叙事范式导引

在中西文化交流激荡，争夺国际话语权必要激烈的时代背景下，习近平总书记提出：“打造融通中外的新概念、新范畴、新表述，更加充分、更加鲜明地展现中国故事及其背后的思想力量和精神力量。”③迈入新时代以来，以习近平同志为核心的党中央聚焦党的理论创新，通过古典、隐喻等方式开展生活要素“叙述透视”。经由对主导意识形态、大政方针的生活叙事“视点采择”，使党的创新理论得以生活化诠释，人民向度界说。

生活叙事在提供基本的概念阐释、价值规范、规律准则的前置要旨下，又使党的民族工作理论叙事下沉至民众生活，投影到生活实际场域，真正做到“化大众”的理论指导，以及“为大众所化”的生活实践④，继而使“铸牢中华民族共同体意识”在生动的生活叙事中说得清楚、说得全面、说得令群众信服。

（三）各族群众的生活创造是生活叙事的经验来源

人民的生活创造对于生活叙事的发展处于动力之位。各族群众在生活实践中不只有物质生产资料的创造，更宝贵的是精神财富的出产。

一方面，科学理论发端群众生活。生活叙事铸牢中华民族共同体意识

① 列宁全集（第24卷）［M］.北京：人民出版社，1990：123.

② 马克思恩格斯文集（第3卷）［M］.北京：人民出版社，2009：355-356.

③ 习近平谈治国理政（第4卷）［M］.北京：外文出版社，2022：317.

④ 税强，刁俊文.马克思主义哲学生活化叙事的理据、阻碍与策略——以提升解释能力为中心［J］.学习论坛，2023（04）：101-107.

的根基深植于各族群众生活，力量蕴藏于各族群众生活，价值体现在各族群众生活。生活实践活动承续着各族群众的行为心理和行为方式,涵盖了衣、食、住、行、婚姻、节庆、娱乐、礼仪等等，触及各族群众社会生活的各个层面。因此，生活叙事要把握好各族群众的共同历史渊源、共同生产方式、共同的文化、共同的风俗习惯、共同的心理认同。特别是进入融媒体时代，各族群众更广泛的交往交流交融，使各族群众的日常生活方式的共同因素在逐日递增，更体现了重视各族群众生活创造的必要性。思辨的终点即人民群众的现实生活和实践活动，是一切精神产品和精神生活构造的唯一源泉。[①]唯有站稳人民生活创造立场，植根人民生活实践，紧紧依靠人民创造历史，才能摆脱先验观念的空想，从而使铸牢中华民族共同体意识从价值理念形态转化为现实生活的表现。

另一方面，聚焦生活耦合人民所需。溯源中国共产党百年来的奋斗历程，无论是党对于社会主要矛盾的三次判断，抑或在革命、建设、改革时期对各项方针政策的理论建构，都是从物质现象中分离出精神内涵，将生活形态表达于叙事诉求。历史见证，中国共产党始终重视深入各族群众的实际生活中，去推动民族团结事业持续取得新进展。实践已然证明，唯有抓准人民生活实践的题中要义，才可更好激发各族群众共同奋斗的能动自觉，使党的创新理论成果契合各族群众生活所需，继而形成能够解决现实困顿，推动社会日新月异的社会合力。也唯有聚焦生活问题本域，才能体现理论中各族群众的主体地位，以及科学理论的实践特质，进而使铸牢中华民族共同体意识在生活叙事中落到实处。

二、生活叙事铸牢中华民族共同体意识的价值意蕴

价值意蕴是对生活叙事缘何重要的探求。习近平总书记强调:“要创新涉民族宣传的传播方式，丰富传播内容，拓宽传播渠道，讲好中华民族共

① 曹静文.铸牢中华民族共同体意识的三重逻辑——基于“人民群众是历史创造者”视角[J].理论研究，2022(01):56-65.

同体故事。”[①]迈向百年中国梦，更应秉持重在平时及重在基层的叙事理念，提高能见度，扩大宣传面，将叙事方式向下看，复归人民是历史主宰者的身份重视。从而解决叙事配方陈旧、信息碎化、效应式微等弊端，呈现情感确成—理性谙通—意识践履的生活叙事价值。进而达成共情—共识—共行的生活叙事效果转化，推动新时代党的民族工作高质量发展。

（一）生活叙事有助于铸牢中华民族共同体意识的情感确成

“情感确成”是铸牢中华民族共同体意识的感性前提。情感是人类独具的生存因素之一，因有情感而对感性事物有所感悟和表现。一次成功的叙事，在做到满足认知目的之前，应当先做到满足人的情感需要，实现“以情引人、以情动人、以情化人”。人是感性认识和理性认知的结合体，生活叙事首先建立在对生活感性材料的充分占有。如果使受述者脱离生活体验，缺少生活归属，则不会产生任何肯定或否定的情感反馈。而情感的激发，能有助于人类群体感的建立。在叙事过程中受述者是否表现出积极的情绪感知，会影响叙事内容的进程、效果乃至方向。

首先，生活叙事能以情引人。生活叙事聚力于各族群众生活日常，通过将各族群众感人至深的事件嵌入叙事文本，得以使政治化理念生活化形塑和大众化传播。从而引导各族群众增强政治认同、民族认同、文化认同、价值认同，络续夯实我国民族关系发展情感基础。再者，生活叙事能以情动人。作为政治化说理叙事的补证，生活叙事实质上是要通俗易懂、喜闻乐道地讲好铸牢故事，赋值理念大众。继此进一步促进各族群众对铸牢中华民族共同体意识的深入理解，形成广泛的情感体认，使“一荣俱荣、一损俱损”的共同体关系，在心灵土壤生根发芽，发自内心巩固和发挥中华民族共同体意识的韧性与潜力。最后，生活叙事能以情化人。作为政治理念大众化的实施载体，生活叙事不仅是对春风化雨式叙事方式的细微表征，还

---

① 习近平．铸牢中华民族共同体意识 推进新时代党的民族工作高质量发展[J].求是，2024(03)：4–8.

是对空洞口号叙事行为的反思，更是为了达到引而不发、日用而不觉的叙事效能。在外部环境变乱交织，复杂性、挑战性多年未有的现实境况下，更应以各族群众现实生活的真实经历为切入点，构筑各族群众的共有信仰与情感，实现各族群众对中华民族共同体意识的科学认识，推动各族群众达到对这一重要论断的情感认同，进而建构合理行动。由是观之，生活叙事所涵化的稳定积极情感，能够有助于各族群众养成对该时代命题的意志坚决，并内化为自身的坚定信念，形成对铸牢中华民族共同体的情感自觉，是进一步产生“理性谙通”的先决过程。

（二）生活叙事能促成对铸牢中华民族共同体意识的理性谙通

意识谙通是蒙养中华民族共同体意识的理性要义。2014年第二次中央新疆工作座谈会上，“铸牢中华民族共同体意识”以严肃、宏观的主流意识形态出场，标志其正式进入官方话语体系，并后经“牢固树立”“积极培养”“大力培育”“铸牢”的任务革新。而这一顶层设计也因其属性，兼顾着社会现实超越性、理想展望前瞻性以及实践标准指向性等特质。中华民族共同体意识这一叙事文本是否能在各族群众当中铸得牢、扎得深、内化久，成为各族群众的共同意志，既事关国家战略全局、各族群众福祉，更关涉中国式现代化的根本长远。同时也要意识到，每一现实个体间会因原生环境、认知水平、实践阅历等殊异，而对这一重要命题产生理解上的差别、存在认同上的张力。在全面建成社会主义现代化强国的政治语境下，铸牢中华民族共同体意识的理论内涵也更为迫切地要求走入人心、落到实处、见到实效，决定了要以生活叙事的宣介方式，达成理念谙通的叙事成效。

理念谙通是对情感确成的深化，反映了对实践本质的再认识，将政治认同从情感体认上升至理性认知的生活叙事价值逻辑。一方面，生活叙事是对改造世界的理性蒙养。列宁同志指出“我们应当跟随着实际生活前进”①，作为受述者的各族群众是铸牢中华民族共同体意识的内化主体、行

①列宁选集（第3卷）［M］.北京：人民出版社，2012：315.

动主体，其意识是物质的产物，来源于对客观世界的主观映像。因而在生活叙事中以各族群众的日常样态、交往形式、生活领域为规范，对叙事要素重新规整，可以对各族群众进行这一重大命题意识谙通的深刻蒙养，由此产生民族大家庭与家庭成员间的广泛心理认同与普遍情感共鸣，发挥意识谙通而改造客观世界的蒙养作用。另一方面，生活叙事是对复兴伟业的理性营构。要在扎实推进共同富裕中铸牢中华民族共同体意识。全面建成社会主义现代化强国，一个民族也不能少。党的十八大以来，以习近平同志为核心的党中央顺应历史潮流，积极应变、主动求变，使居民收入稳步增长，高新技术产业成果频出，资源、环境保护取得新成效，营构了各族群众共居共学、共建共享、共事共乐的社会条件。这些都为讲好中华民族故事，引领各族群众同筑中国梦提供了具有说服力的叙事素材。

（三）生活叙事有益于对铸牢中华民族共同体意识的意识践履

意识践履是铸牢中华民族共同体意识的实践复归。认识辩证运动基本规律的最后阶段，是从认识中再回到实践当中，实现认识的第二次能动飞跃。即在实现理念谙通的基础上，政治意识已经上升为理性认同的阶段时，使认识的真理性在实践中得到检验和发展，形成对铸牢中华民族共同体意识的践履促逼，从而完整呈现"情感认同—理性认同—践履认同"的叙事价值，发挥铸牢中华民族共同体意识的思想武装作用，转化为社会向善向上的强大物质力量。从组织行为学视域上分析，身处共同体中的个人，才能够在组织中最大程度发挥个体的积极性、主动性、创造性，从而实现组织目标，达到组织结构最优化。因此化情感、理性为实践，是铸牢中华民族共同体意识生活化诠解的促迫所求。

在越是接近中华民族伟大复兴的时刻，就越要各族群众以亲身参与的实际行动形成实践共同体，推动中华民族共同体意识铸稳铸牢，维系一种充分有效的契约式自觉，使各族群众共绘中国式现代化的美好图景。当各族群众持守能够同频共振、同声响应的政治共识，并能够凝聚于一项共同事业而不懈奋斗时，则能达成改造世界的使命愿景。"要取得革命的胜利，还必须有一个必不可少的条件，就是使群众根据亲身经验确信这些口号的正确。只有这样，党的口号才会成为群众自己的口号。只有这样，革命才会成为真正的人民革命”①。要意识到，仅有铸牢中华民族共同体意识的“政治情感”“理念谙通”是远远不够的。需引导各族群众从生活细微之处入手，从潜移默化的小事情出发，在意识践履过程中创造属于自身的政治经验，认识到民族团结的真正作用。进而使各族群众引发政治共鸣，将政治意识外化于实践当中，最终营构中华民族共有精神家园。概言之，生活叙事本身不是目的，而是通过生活叙事这种传播形式，使铸牢中华民族共同体意识深植各族群众精神世界及物质世界，从而在现实世界中呈现各族群众共赴美好生活的行动图景。

三、生活叙事铸牢中华民族共同体意识的实践理路

“实践理路”是对生活叙事“如何叙”的布展寻绎。新征程新任务，要以打造“有形有感有效”的生活叙事文本，生成“看得见摸得着”的生活叙事图像，培塑“难忘且感人”的生活叙事记忆，凸显好生活叙事谋略、技巧、优势。将讲好铸牢中华民族共同体意识的工作做深做细做实，使铸牢中华民族共同体意识的价值意涵深入人心，彰显民族工作“主旋律”的现实效用。

（一）打造“有形有感有效”的生活叙事文本

“文本”是指书面语言的表现形式，后指“任何由书写所固定下来的任何话语”。文本的选择会直接影响叙事的方向性、正确性、有效性。新征程上，要做好铸牢中华民族共同体意识的生活叙事文本挖掘与阐释，将生活叙事文本往实里抓、往细里做，耦合时代所需的同时也要契合人民所愿，观照当代人的现代化所向，推动“铸牢中华民族共同体意识”叙事文本入脑入心入行。

① 斯大林全集（第6卷）[M].北京：人民出版社，1956：338-339.

首先，打造有形的生活叙事文本。“有形”就是生活叙事文本要做得有声有色、全面细致、具体深入。党的二十大以来，我国编纂了首部《中华民族共同体交往交流交融史》，编写了首部《中华民族共同体概念》教材，为生活叙事文本提供了基本导向与叙事规范。其次，打造有感的生活叙事文本。“有感”是要使生活叙事文本用心用情，做到受众有感，共情移情。新征程，要着力推出能鲜明展现中华民族共同性的文艺精品，推出各族群众喜闻乐见的，承载着中华文化底蕴和中华文明的文化作品。各地可以依托资源禀赋，因地制宜地讲好铸牢中华民族共同体意识的故事。如重庆石柱土家族自治县把源于群众生产生活的“土文化”，与党的创新理论相结合，转化成各族群众一听就懂、一学就会的新曲调，让党的创新理论受众广泛外延。最后，打造有效的生活叙事文本。“有效”是要使生活叙事文本不脱离政治性、学理性，还要做到久久为功，长期有效地烙印在各族群众心中。叙事文本必须走出纸上谈兵式的与世隔绝。应深入到各族群众的工作学习、衣食住行、休闲娱乐、社会交际等生活场域，掌握当前铸牢中华民族共同体意识叙事文本存在问题的第一手资料。当前生活叙事文本探索取得了显著成就。例如《百年甘南实录》《中国土家族大百科全书》等出版，叙事文本涵盖特色产业、设施完善、民生改善、人居环境等事关各族群众生活中的大事小事。因此，需在看似平常无奇的日常生活中，透过社会发展脉搏，考究生活叙事的科学文本。如鱼儿入水一般，下到社会最前沿、群众最前端、在田间地头中考察有效的生活叙事文本，用各族群众最能接受的生活故事，以海纳百川的胸怀去对待生活叙事文本的补充与革新。

（二）生成看得见、摸得着的生活叙事图像

生活叙事图像是指以生活事件为叙事内容的影视、绘画、摄影、广告等图像符号为基本表意系统的叙事表达。从功能上来看，生活叙事图像能将学理性的内容演变为直观生动的图景，改变叙事以听说为主的灌输方式。

一方面，生成看得见的生活叙事图像。相较于文本叙事，图像叙事既能

抓住事物的细微变化，又能把握叙事的整体性和完整性。[①]能将叙事文本从复杂化易懂，从抽象化具体，达到政治理念教化民众的目标。一则，把各族群众的交往交流交融活动划分为不同主题，从吃穿住行用等多角度，开办照片展、摄影展、文物古籍展。最近多地出版的《中国少数民族文物图谱》，直观映现了各族群众千百年来互动交流，汇聚一堂形成"中华民族共同体"的历史进程；新疆拍摄了《阳光照耀喀什库尔干》影片，呈现了民族团结的底气自信；湖南播出了《于青山绿水间》《石榴花开》纪录片，记录了少数民族同胞为迈向现代化共同努力的精神风貌。此外，"道中华"文宣品牌推出民族交融史话、文明互鉴等图文视听产品，为树立各族群众共享的文化语言符号贡献了典例。二则，运用"两微一端一抖"新式平台。近年来各地区运用多元手段，使各民族发展成就可视化，让受述者在感人至深的视觉盛宴中，清晰明了地理解铸牢中华民族共同体意识的必要性。譬如，新疆深入挖掘各族群众交往交流交融的历史事实、考古实物、文化遗存，通过"石榴云"客户端、县级融媒体中心等互联网平台，形成了"报、刊、台、网、端、微、屏"的全媒体传播体系，真正实现了从看得见的角度铸牢中华民族共同体意识。

另一方面，生成摸得着的生活叙事图像。在数智技术迭代赋能下，生活叙事图像从二维的单一平面，向数字化三维沉浸转型，实现了装置范式的革新。新征程上，要创新生活叙事载体运用。例如使用数字孪生技术、扩展现实技术、人工智能生成技术、云平台虚拟形象技术，建构沉浸式、体验式、互动式的宣传教育活动，凸显新潮叙事趋向。如今一些民俗馆、民族体验空间、博物馆、民族团结进步教育基地，引入VR投影屏、多功能互动屏、裸眼3D、三折屏，使受述者能够观看立体的视觉演示，并在现场进行交互体悟。更可围绕各族群众的就业、产业、消费、人才等领域，设置模型群、形象墙、竞技台等让受述者真实触碰民族风采。以此讲述党中央民族工作中与各族群众息息相关的生动感人故事，揭示铸牢中华民族共同体意识的道理、学理、哲理，激发爱国主义效应，增强各族群众对中华民族大家庭的

① 汪大本，孙迎光．思想政治教育图像叙事[J]．思想教育研究，2021，(01)：38-42.

认同感、归属感与自豪感。

(三)培塑难忘且感人的生活叙事记忆

集体记忆是具有历史厚重感的社会成员共同回忆。它与主流意识形态叙事耦合共生,通过仪式活动、纪念性空间符号等多样载体,实现主流意识形态叙事的泛在传扬。集体记忆不断形塑集体意识,而中华民族的集体记忆中蕴藏着共同体的民族意识,应当适宜唤醒集体记忆,发挥出团结各族群众的作用力。

一方面,培塑难以忘却的生活叙事记忆。中华民族一直以来把统一作为主流。从秦汉雄风到大唐气象,各族群众铸就了共同的中华历史。但近代以来,中华民族曾遭受任人宰割的沉重灾难,也经历了勠力同心共创新中国的艰苦历程。进入新时代,中华民族更取得了世界瞩目的成就,这是各族群众团结互助的集体贡献,也是各族群众最深刻的难忘记忆。对此,要借由重大纪念日、纪念场所举行纪念活动对各族群众进行仪式洗礼,细致挖掘纪念仪式的时空资源。开展如重走长征路等仪式复制性操演,引领人民从仪式状态转入到日常生活场景,由此逐步强化各族群众共属一体的共同体理念。

另一方面,培塑震撼人心的生活叙事记忆。党的十八大以来,以习近平同志为核心的党中央,带领全国各族人民解决了许多长期以来悬而未决的大事要事。其中,有如西藏心系民生的社区改建、菜蔬供应,和关系现代化发展的交通建设、产业培育等都展现出新气象。也有如新疆各族群众住上富民安居房,走上柏油路、喝上自来水等惠及群众的实事好事,构筑了“石榴花开幸福长”的美好记忆。应把从雪域高原到塞外草原,从天山南北到西南边陲的各族群众生活蒸蒸日上的美好记忆,存储编码于叙事文本、图像等媒介中,创设新意的生活叙事话语。并通过舆论导向、环境熏染、乡贤文化等日常生活机制建设,增强各族群众对“铸牢中华民族共同体意识”的向心力,形塑“我者”同一性的共融血脉。使各族群众珍视“中华民族是一家”的身份标识,怀抱同样的中国梦期待,最终促成实现中华民族伟大复兴的共性动能。

中华民族共同体意识融入大中小学思政课一体化的理路探新

习近平总书记指出:“要构建铸牢中华民族共同体意识宣传教育常态化机制,纳入干部教育、党员教育、国民教育体系,搞好社会宣传教育。”①大中小学思政课作为宣传中华民族共同体意识教育的重要实践讲台,更是以立德树人为根本任务的重要课程,大中小学思政课在推进一体化教学过程中把中华民族共同体意识融入其中,这不仅是以铸牢中华民族共同体意识为主线全面推进民族团结教育的应有之义,更是培养新时代德智体美劳全面发展的时代新人的现实需要。因此,中华民族共同体意识融入大中小学思政课一体化,能够推进思想政治理论课的创新发展,同时也能增强学生对伟大祖国、中华民族、中华文化、中国共产党、中国特色社会主义的认同,对建设中华民族共有精神家园,培养中华民族共同体意识具有重要意义。

一、中华民族共同体意识融入大中小学思政课一体化的原则遵循

中华民族共同体意识融入大中小学思政课一体化是巩固意识形态主动权的必然选择。中华民族共同体意识融入大中小学思政课一体化逻辑理路集中体现在社会主义核心价值观、爱国主义、民族团结教育和思想政

① 习近平谈治国理政(第4卷)[M].北京:外文出版社,2022:247.

治理论课课程等方面。

(一)以社会主义核心价值观为价值引领

习近平总书记在党的二十大报告中指出:“用社会主义核心价值观铸魂育人,完善思想政治教育工作体系,推进大中小学思想政治教育一体化建设。”[①]社会主义核心价值观通过围绕国家层面、社会层面和个人层面对中华民族共同体意识进行了高度凝练,阐释了中华民族共同价值追求。中华民族共同体意识作为“第二个结合”的具体体现,是马克思主义民族理论同中国实际相结合的具体实践,更是同中华优秀传统文化相结合的精神实践。社会主义核心价值观是中华优秀传统文化的精髓,具有凝聚人心的强大精神力量。深入开展社会主义核心价值观宣传教育,是深化社会主义教育的重要举措,是中华民族共同体意识教育融入大中小学思政课一体化的价值目标。因此,社会主义核心价值观是中华民族共同体意识教育融入大中小学思政课一体化的价值引领。

(二)以爱国主义教育为核心

习近平总书记强调:“要把加强青少年的爱国主义教育摆在更加突出的位置,把爱我中华的种子埋入每个孩子的心灵深处。”[②]大力弘扬爱国主义教育,不断增强青少年对中华民族的认同感,并进一步提出:“要坚持全员全过程全方位育人,把爱国主义教育贯穿国民教育和精神文明建设全过程。”[③]中华民族共同体意识融入大中小学思政课一体化教育,不仅能促进各民族之间相互交往交流,还能增进“五个认同”,构筑中华民族共有的精神家园。爱国主义教育是培养中华民族共同体意识的基础,更是思想政治

① 习近平.高举中国特色社会主义伟大旗帜为全面建设社会主义现代化国家而团结奋斗——在中国共产党第二十次全国代表大会上的报告[M].北京:人民出版社,2022:44.

② 习近平谈治国理政(第3卷)[M].北京:外文出版社,2020:301.

③ 新时代爱国主义教育实施纲要[M].北京:人民出版社,2019:31.

理论课的重要内容。大中小学思政课一体化教育的核心就是通过推进大中小学中华民族共同体意识教育培育青少年的爱国主义精神。

(三)以民族团结教育为着力点

在《国务院关于加快发展民族教育的决定》中指出:"建立民族团结教育常态化机制……深入推进民族团结教育进学校、进课堂、进头脑。"[①]在大中小学思政课开展民族团结教育更为直观地指向中华民族共同体意识,有助于各民族之间相互交流交往交融。习近平总书记强调:"要以铸牢中华民族共同体意识为主线,把民族团结进步事业作为基础性事业抓紧抓好。"[②]这就要求在中华民族共同体意识融入大中小学思政课一体化过程中,将民族团结教育作为基础性工程,引导各族未成年学生和大学生牢固树立休戚与共、荣辱与共、生死与共和命运与共的共同体理念。因此,中华民族共同体意识融入大中小学思政课一体化过程是以民族团结教育为着力点,重在培养各阶段学生对中华民族的认同,形成正确的民族观。

(四)以大中小学思政课为主阵地

习近平总书记指出:"思政课是落实立德树人根本任务的关键课程,思政课作用不可替代。"[③]大中小学思政课是中华民族共同体意识的铸牢的有效渠道和关键课程。中华民族共同体意识并不是一个事物的简单叠加,是由不同阶段相互作用结合而成的,因此这就需要在大中小学思政课一体化进程中,将中华民族共同体意识分解为不同的阶段以适应各个阶段受教育者的思想道德水平,最终形成完备的思想体系。此外,还要凸显一体化建设中的创新性、增强针对性、注重统筹性,力求通过大中小学思政课一体化

① 国务院关于加快发展民族教育的决定[M].北京:人民出版,2015:6.

② 中共中央党史和文献研究院.十九大以来重要文献选编(中)[M].北京:中央文献出版社,2021:216.

③ 习近平.思政课是落实立德树人根本任务的关键课程[M].北京:人民出版社,2020:2.

建设，深化大中小学学生坚定“五个认同”、树立“四个与共”的共同体理念，进一步提高思想认识。

二、中华民族共同体意识融入大中小学思政课一体化的学段特色

推动中华民族共同体意识融入大中小学思政课一体化，要结合不同学段的具体要求，小学阶段重在情感学习，增强情感认同；初中阶段重在知识性学习，打牢理论基础；高中阶段重在常识性学习，提升政治素养；大学阶段重在理论性学习，增强使命担当，全力展现中华民族共同体意识融入大中小学思政课一体化的学段特色。

（一）小学阶段：以重情感为重点的中华民族共同体意识启蒙教育

小学阶段重在启蒙学生对中华民族共同体意识的情感认同，情感认同也是这一阶段中华民族共同体意识的目标体现。小学阶段主要是让学生从视觉和听觉中初步认识中华民族共同体意识，通过观看中华民族一家亲的图片、音视频，以及学习一系列歌颂中华民族的儿歌，使学生初步了解中华民族大家庭，时刻铭记自己是个中国人。一是使学生养成行为习惯，通过开展升国旗仪式、少先队员仪式等活动，以及重大纪念日、中华民族传统节日等载体，建立学生对中华民族的初步认识。二是使学生区别差别性和共同性，通过观看各民族的传统服饰、风俗习惯以及建筑风格，让学生理解中华文化的多样性。三是让各民族学生共居共学共事，使学生明白中华民族大家庭是血脉相连的关系。

（二）初中阶段：以重理论认同为重点的中华民族共同体意识知识教育

初中阶段重在学生对中华民族共同体意识的知识的理解，理论认同是这一阶段中华民族共同体意识的目标体现。初中阶段主要以凸显中华民族共同体意识教育理念，将中华民族多元一体的国情教育、爱国爱党、民族团结、中华民族历史文化和革命历史教育等渗透到教育教学全过程，增强教育的生动性和针对性，引导学生牢固树立自己是中华民族一员的意识，

清楚认识中国、中华民族、中华文化、中华文明和中国各民族之间的关系，树立正确的国家观、民族观、宗教观、历史观和文化观，教育引导学生树立休戚与共、荣辱与共、生死与共和命运与共的共同体理念。

(三)高中阶段:以提升政治素养为重点的中华民族共同体意识精神教育

高中阶段重在提升学生的政治素养，政治认同是这一阶段中华民族共同体意识的目标体现。高中阶段中华民族共同体意识应更加侧重于价值理性的教育，引导增强公民意识、政治意识、民主法治观念及社会责任感，帮助其形成理性的中华民族共同体认同，为大学阶段的中华民族共同体意识实践夯实牢固的内在根基。根据高中核心素养的要求，这一阶段学生对中华民族共同体的认识来源于政治层面。这就要求我们在对高中生进行中华民族共同体意识教育时，重点把握在开展民族自信、民族政策、民族常识和民族文化教育等，让高中生对中华民族共同体意识具有政治敏锐性。

(四)大学阶段:以理想信念为重点的中华民族共同体意识

大学阶段重在提升学生的使命担当，树立共同体理念是这一阶段中华民族共同体意识的目标体现。大学阶段重点从史出发、史论结合、论从史出，重点讲述中华民族共同体意识的发展脉络、中华民族多元一体格局、统一的多民族国家的基本国情以及中华民族取得的灿烂成就和对人类文明的重大贡献，从中激发大学生对中华民族在当下时代所面临的艰难险阻，将小我融入大我的担当。其次，在强化中华民族共同体意识教育的过程中，优化理想信念教育、爱国主义教育、集体教育，社会主义教育等，深化党的统一领导，更好地发挥大学生的责任担当意识。

三、中华民族共同体意识融入大中小学思政课一体化的发展路向

习近平总书记鲜明提出:“要把统筹推进大中小学思政课一体化建设作为一项重要工程，坚持问题导向和目标导向相结合，坚持守正和创新相

统一，推动思政课内涵式发展。”[①]推动中华民族共同体意识融入大中小学思政课一体化，作为大中小学思想政治教育一体化的重要组成部分，需要在紧扣各学段特色的基础上，从学理研究、课程体系、主体合力和资源整合等多角度，探索整体贯通大中小学中华民族共同体意识的多重路径。

（一）提升教师队伍对中华民族共同体意识的开发利用能力

习近平总书记提及：“办好思想政治理论课关键在教师，关键在发挥教师的积极性、主动性、创造性。”[②]中华民族共同体意识融入大中小学思政课一体化建设中，教育主体的激活直接影响着课堂效果的好坏，因此提升教师队伍对中华民族共同体意识的开发利用能力是至关重要的。第一，加强思政课教师的专业培训。组织教师参加专题研修班、培训课程，提供深入学习和了解中华民族共同体意识的机会，增强他们的专业素养和知识储备。第二，建立思政课教师交流平台。创建一个教师交流学习的平台，让教师们可以分享经验、讨论教学方法和资源，为教师们提供相互学习和借鉴的机会。第三，制定教材教法学习指南。制定关于中华民族共同体意识的教材教法学习指南，明确教师在教学过程中应注重培养学生的家国情怀、传递中华传统文化的知识和价值观。第四，提供教学相关的资源支持。提供教师所需的教学资源，包括课件、教案等，帮助教师更好地开展相关课程教学，激发学生对中华民族共同体意识的兴趣。第五，鼓励跨学科合作。鼓励不同学科教师之间的合作，共同培养学生的中华民族共同体意识。通过整合各学科的知识和资源，创设跨学科教学活动，使学生能够从多个角度去认识和理解中华民族共同体的概念。

（二）促进中华民族共同体意识教育资源向大中小学思政课教学资源转化

要着眼于大中小学思政课一体化建设内容的强化优化。一方面，是对

① 习近平.思政课是落实立德树人根本任务的关键课程[M].北京：人民出版社，2020：27.

② 习近平.思政课是落实立德树人根本任务的关键课程[M].北京：人民出版社，2020：10.

已融入的内容进一步优化强化。从学段要求看，小学阶段多采用游戏教学、展演式教学、案例教学等方法开展中华民族共同体意识教育，在寓教于乐中养成行为规范，启发情感认同。初中学段的课程通过对教材内容的深入挖掘，找到中学思政课课程内容与中华民族共同体意识教育的契合点，可以融入的章节包括“走进法治天地”“勇担社会责任”“维护国家利益”等，以情景教学、案例教学、实践教学等方法中华民族共同体意识，打牢民族团结的思想基础。高中学段的课程内容以理解中华民族多元一体格局是历史发展的产物，初步理解马克思主义民族理论；增强“五个认同”等内容进行教学时多采用启发式、研讨式、案例式等教学方法，提高学生政治素养，形成坚定的政治认同。大学阶段重在增强学生的使命担当，强调理论与实践相结合，在具备系统的理论知识的基础上要求大学生自觉维护祖国统一和民族团结，能在共同奋斗中担起大任。另一方面，及时融入最新成果。将党和政府关于中华民族共同体意识的文件、政策等整理成体系，不断研究中华民族共同体意识的内涵与外延，将最新的知识融入大中小学思政课中。

（三）强化中华民族共同体意识融入大中小学思政课一体化的教育合力

大中小学思政课一体化是一项循序渐进的教育工程，强调思政课与家校联动、教育资源的聚集、教育效果的合力，因此中华民族共同体意识资源融入大中小学思政课一体化必须强化教育协同作用以及优化的保障制度。一是加强与家校合作制度，完善融入一体化格局。家长是学生的第一任老师，家庭教育也是中华民族共同体意识入脑入心的最直接的教育方式。因此，大中小学应与家长建立长期联系，搭建好中华民族共同体意识融入大中小学思政课的校外课堂，如通过家长会、家访等渠道加强中华民族共同体意识渗透到各个方面。二是加强社会统筹协调，促进资源共建共享。学校和民族团结教育基地、民族团结模范人物之间应建立协同联动工作机制，促进资源共建、信息共享，力求破除中华民族共同体意识资源闲置与教师缺少中华民族共同体意识教育资源之间的矛盾，将中华民族共同体意识资源优势转化为大中小学思政课的资源优势。三是强化评价激励作用，推动以评促建。进行过程性评价是推动大中小学思政课一体化科学化的必要举措，各级各类学校要将中华民族共同体意识与大中小学思政课融合程度作为教学成果评选和思政课建设评价的重要内容，通过多元科学评价，持续推动中华民族共同体意识赋能大中小学思政课一体化评价建设。

（四）完善中华民族共同体意识融入大中小学思政课一体化的课程体系

党的二十大报告指出："必须坚持系统观念。万事万物是相互联系、相互依存的。只有用普遍联系的、全面系统的、发展变化的观点观察事物，才能把握事物发展规律。"[①]系统构建中华民族共同体意融入大中小学思政课一体化要正确处理好课程体系的内部和外部各要素之间的关系。首先，确定中华民族共同体意识融入大中小学思政课一体化的课程设置，明确规定各个阶段的思政课在融入中华民族共同体意识教育内容时的课时数量、课程分值和教学班级规模等要求，充分展示在大中小学思政课中中华民族共同体意识的重要性，确保其教学效果。其次，规范中华民族共同体意识融入大中小学思政课一体化的教材内容，对于在保证中华民族共同体意识教育内容循序渐进的基础上，充分全面满足学生的差异性，根据不同阶段的学生制定不同的教材内容，保证其内容具有逻辑且不重复，有一个递进的教学内容。再次，创新中华民族共同体意识融入大中小学思政课一体化的教学形式，在大中小学思政课中讲授中华民族共同体意识教育时要广泛开展教师集体备课，确定教师应讲授什么和不讲授什么，保障思政课教学不跑偏，坚持课程的政治性和学理性。最后，统一中华民族共同体意融入大中小学思政课一体化的课程目标，系统构建中华民族共同体意融入大中小学思政课一体化的课程目标体系，架构思政课课程目标相对应的教学目标，解决当下中华民族共同体意识教育融入大中小学思政课教学中教学目

---

① 习近平.高举中国特色社会主义伟大旗帜为全面建设社会主义现代化国家而团结奋斗——在中国共产党第二十次全国代表大会上的报告[M].北京：人民出版社，2022：20.

标的不明确和涣散的问题，实现课程目标和教学目标的协同并进，推进中华民族共同体意识与大中小学思政课一体化的目标并举。

（五）创新中华民族共同体意识融入大中小学思政课一体化的传播载体

中华民族共同体意识有效融入大中小学思政课一体化需要优化载体方法。随着学生认知行为和特点的变化，传统的教育载体和方法如不加以创新，就难以使学生接受。数智化时代的来临，为教育手段的多元化提供良机，中华民族共同体意识有效融入大中小学思政课一体化应擅于运用大数虚拟仿真技术、人工智能技术等新科技手段使中华民族共同体意识资源“活”起来和“融”进来。

首先，让中华民族共同体意识“活”起来，意味着枯燥的中华民族共同体意识活跃起来，也意味着以全新的载体形式进行中华民族共同体意识的讲述。其次，通过改进当前滞后的教育方法，使中华民族共同体意识真正“融”进来。除了传统教学方法，如在讲授法、案例法之外，大中小学思政课一体化还应注重课堂教学中的互动式、实践式、情景式的教学方法，以情育情提升学生的获得感。最后，在课堂教学中，创新教学阵地，将课堂“搬”到实践场地，鼓励师生根据教学需要，结合重大事件、纪念日、节日和主题党团日走进民族团结教育基地，开展现场教学、主题活动、志愿服务、实习实践、研学旅行等。

后　记

当前,思想政治教育学科已经走过了四十多年的发展历程,思想政治教育学科的一个重要特点就是理论与实践相结合。思想政治教育研究的重点人群包括两个,一个是党员干部,一个就是青少年。关于青少年的思想政治教育研究的理论与实践的探讨一直是学术界常谈常新的问题,也是思想政治教育研究的热点问题。实践性是思想政治教育最显著的特征,高校思想政治教育研究的实践导向就是坚持实事求是,在直面高校思想政治教育的矛盾与难题中深化理论,善于抓住青年大学生思想政治教育的主要矛盾,树立问题意识和实践导向,为高校思想政治教育理论与实践的创新发展注入活力。因此,青年大学生思想政治教育研究应站在时代的最前沿,聚焦青年人政治立场、思想观念和道德规范形成中面临的现实问题和挑战,结合青年大学生的身心发展特点,坚持问题导向,把握实践要求,协同交叉学科,力求找到解决问题的突破口,最终在问题破解中不断开创青年大学生思想政治教育发展的新局面。

在从事思想政治教育研究的十几年中,本人一直关注青少年思想与身心发展。自入校工作开始,就从事青年大学生思想政治工作,与大学生存在天然的联系。在最初的工作中建立了对大学生思想政治教育的初步认识,尤其是对大学生思想教育实践产生了全面的了解和把握。在学校教育管理部门工作四年后,如愿就读了思想政治教育专业的博士研究生,在寒窗苦读的三年中，系统学习了思想政治教育理论，奠定了今后学术生涯的重要基础。学业有成后，返校继续从事思想政治理论课教学和思想政治教育研究工作，关注的依然是大学生群体的思想教育与管理。十几年的潜心研究、探索实践，终究积累了相关问题的一些认识和成果，现将其分类整理，形成了这本著作，以期对当前青年大学生思想政治教育研究给予借鉴和启示。

《青年大学生思想政治教育理论与实践》一书共分为五个部分，主要包括思想政治理论课教学改革创新、培育和践行社会主义核心价值观、思想教育与引导、网络思想政治教育、铸牢中华民族共同体意识。全书共收录论文40篇，具体参与书稿写作，分工如下：第一部分（陈玲、王汐牟、程梦媛、陈艺鸣），第二部分（陈玲、王建基、寇钰、陈艺鸣），第三部分（陈玲、范伊旋、阿丽努尔·塔斯恒、靳格格、佟晓玲、陈艺鸣），第四部分（陈玲、佟晓玲、蔡颜涛、陈艺鸣），第五部分（陈玲、王易、尹涛、陈艺鸣、晁晶晶、苏比努尔·提力瓦力迪），其中，陈艺鸣负责全书统稿工作。

书中主要采用脚注方式进行了标明，因时间有限、工作量较大，如有遗漏之处，恳请相关专家学者理解与指正。本书中的一些研究成果由于出版时间较早，一些观点还有待与时俱进、深入探讨，对于本书的局限与不足有待今后继续补充与完善，我们也真诚地希望各位专家、读者批评指正。

2024年4月